文献信息检索

申 燕 主编

中国纺织出版社

图书在版编目（CIP）数据

文献信息检索 / 申燕主编. -- 北京：中国纺织出版社，2018.7

ISBN 978-7-5180-2916-7

Ⅰ.①文… Ⅱ.①申… Ⅲ.①信息检索—高等学校—教材 Ⅳ.①G254.9

中国版本图书馆CIP数据核字（2016）第210420号

责任编辑：汤 浩　　　　　　　责任印制：储志伟

中国纺织出版社出版发行
地　　址：北京市朝阳区百子湾东里A407号楼　邮政编码：100124
销售电话：010—67004422　传真：010—87155801
http：//www.c-textilep.com
E-mail：faxing@c-textilep.com
中国纺织出版社天猫旗舰店
官方微博http：//weibo.com/2119887771
北京虎彩文化传播有限公司　各地新华书店经销
2018年7月第1版第1次印刷
开　本：787×1092　1/16　印张：14.125
字　数：200千字　定价：70.00元

凡购本书，如有缺页、倒页、脱页，由本社图书营销中心调换

前 言

21 世纪是信息化、数字化、全球化的知识经济时代。信息意识和信息检索及利用能力是本世纪人才应具备的一项基本素质。作为新时代的大学生，信息检索能力的培养显得越来越重要。文献检索课已成为我国高等院校培养大学生信息素质的公共课之一。

随着信息科技步入多媒体发展时期，计算机信息检索已进入了应用与发展阶段，以 Internet 为代表的全球性网络的实际应用进一步推动了这一发展，这既是对手工检索的扩展，也是时代进步的需要。

教材是教学内容的主要依据，是实现教学预期目标的工具。而在当前适合应用型本科院校层次的教材很少，我们在吸收众多同类教材优点的基础上，根据课程改革的要求和计算机检索发展的要求编写了本教材。

本教材层次结构清晰，逻辑性强，注重检索过程的实际操作，难易程度适合高职高专及应用型本科院校学生的实际。

本教材在编写过程中，参照和引用了国内外许多专著、论文、教材和网站的有关观点，在此对提供文献资料的作者表示由衷的感谢！

由于编者水平有限，难免存在不足和疏漏之处，敬请同仁及广大读者批评指正。

编 者
2017 年 10 月

目 录

第1章 文献信息检索概述 1
1.1 文献信息基本知识 1
1.1.1 文献及其相关概念 1
1.1.2 文献的属性 3
1.1.3 文献的分类 3
1.2 文献信息检索 6
1.2.1 文献信息检索的含义、类型和基本原理 6
1.2.2 检索语言及其类型 8
1.2.3 文献信息检索的途径 15
1.2.4 文献信息检索的方法和步骤 17
1.3 文献信息检索工具 21
1.3.1 文献信息检索工具的概念、特点与分类 21
1.3.2 检索工具的常见类型介绍 21
1.3.3 检索工具的结构和刊名缩写问题 25

第2章 网络信息检索 26
2.1 网络信息检索概述 26
2.1.1 网络检索的产生 26
2.1.2 网络检索的特点 26
2.2 网络信息资源 27
2.2.1 网络信息资源的种类 27
2.2.2 网络信息资源的特点 30
2.3 网络检索工具 31
2.3.1 搜索引擎的定义 31
2.3.2 搜索引擎的工作原理 31
2.3.3 搜索引擎的基本检索功能 32
2.3.4 搜索引擎的类型 33
2.4 常用中文搜索引擎 34
2.4.1 谷歌（Google）搜索引擎 34
2.4.2 百度中文搜索引擎 38

2.5 网络资源目录 40
2.5.1 目录型网络检索工具简介 40
2.5.2 常用中文目录型网络检索工具 41
2.5.3 常用英文目录型网络检索工具——Yahoo 43
2.6 多元搜索引擎 44
2.6.1 概述 44
2.6.2 常用多元搜索引擎 45
2.7 教育信息检索——中国高等教育文献保障系统（CALIS） 47
2.7.1 CALIS简介 47
2.7.2 CALIS的服务功能 47
2.7.3 CALIS引进网络数据库简介 48
2.8 学科专业资源特色网站选介 50
2.8.1 中国经济信息网（http：//www.cei.gov.cn） 50
2.8.2 北大法律信息网（http：//www.chinalawinfo.com） 51
2.8.3 中国工程技术信息网（http：//www.cetin.net.cn） 52
2.8.4 当当网（www.dangdang.com） 53

第3章 中文数据库检索 54
3.1 中国知网（CNKI）知识资源网站 54
3.1.1 CNKI资源概况 54
3.1.2 检索页面介绍 55
3.1.3 检索方法 56
3.2 万方数据库 64
3.2.1 概述 64
3.2.2 主要数据库简介 64
3.2.3 检索方法 65
3.2.4 文章浏览与编辑 68
3.3 维普数据库 69
3.3.1 维普数据库概述 69
3.3.2 CQVIP中文科技期刊全文数据库检索 69
3.3.3 CQVIP中文科技期刊资源使用（题录/文摘检索） 73
3.3.4 OpenUrl增值服务 76
3.3.5 辅助功能 76
3.4 中国人民大学报刊复印资料全文数据库 77
3.4.1 概述 77
3.4.2 检索方法 77
3.4.3 查询词帮助功能 79
3.5 电子图书数据库 80
3.5.1 电子图书与电子图书馆 80

3.5.2　超星数字图书馆 80

第4章　外文数据库检索 85

4.1　《工程索引》 85
　　　4.1.1　Engineering Village 2页面介绍 85
　　　4.1.2　Engineering Village 2检索方法 85
　　　4.1.3　检索结果的分析与显示 89

4.2　INSPEC数据库 90
　　　4.2.1　INSPEC数据库概述 90
　　　4.2.2　INSPEC的特点 91
　　　4.2.3　INSPEC的学科范围 91
　　　4.2.4　INSPEC数据库检索 91
　　　4.2.5　检索字段 92
　　　4.2.6　检索方法 94
　　　4.2.7　检索结果处理 95
　　　4.2.8　检索历史及个性化服务 96

4.3　SCI与SSCI数据库 97
　　　4.3.1　概述 97
　　　4.3.2　Web of Science 98

4.4　EBSCO系列数据库 103
　　　4.4.1　数据库简介 103
　　　4.4.2　选择数据库 104
　　　4.4.3　检索方法 104
　　　4.4.4　检索结果处理 109

4.5　ASME电子全文期刊数据库 110
　　　4.5.1　ASME简介 110
　　　4.5.2　Scitation平台介绍 110
　　　4.5.3　Scitation平台检索方法 111
　　　4.5.4　ASME电子期刊数据库检索 113

4.6　Science Direct全文电子期刊数据库 114
　　　4.6.1　数据库介绍 114
　　　4.6.2　SDOL数据库检索方法 115
　　　4.6.3　检索技术 116
　　　4.6.4　检索结果处理 116

第5章　特种文献检索 118

5.1　科技报告 118
　　　5.1.1　科技报告的类型 118
　　　5.1.2　国内科技报告及其检索 119

5.1.3　获取科技报告原文的方法……………………………………………124
5.2　会议文献及其检索……………………………………………………………125
　　5.2.1　会议文献…………………………………………………………………125
　　5.2.2　国内会议文献检索工具…………………………………………………126
　　5.2.3　国外会议文献检索工具…………………………………………………129
5.3　标准文献检索…………………………………………………………………135
　　5.3.1　标准文献基础知识………………………………………………………135
　　5.3.2　标准文献分类……………………………………………………………136
　　5.3.3　中国标准文献检索………………………………………………………138
　　5.3.4　国外标准文献检索………………………………………………………140
5.4　学位论文及其检索……………………………………………………………142
5.5　专利文献及其利用……………………………………………………………143
　　5.5.1　专利文献概述……………………………………………………………143
　　5.5.2　专利文献的编排结构……………………………………………………145
　　5.5.3　国际专利分类法…………………………………………………………146
　　5.5.4　英国德温特分类系统……………………………………………………149
　　5.5.5　专利文献检索与利用面临的问题………………………………………149
5.6　中国专利文献检索……………………………………………………………150
　　5.6.1　中国专利概况……………………………………………………………150
　　5.6.2　中国专利文献的编排结构………………………………………………150
　　5.6.3　中国专利文献的编号体系………………………………………………153
　　5.6.4　中国专利文献的计算机检索……………………………………………156
5.7　外国专利文献检索……………………………………………………………160
　　5.7.1　德温特印刷型专利检索工具简介………………………………………160
　　5.7.2　《世界专利索引》…………………………………………………………160
　　5.7.3　外国专利文献网上检索系统和数据库…………………………………166

第6章　参考工具书 ………………………………………………………………170

6.1　参考工具书的含义、特征……………………………………………………170
　　6.1.1　参考工具书的含义………………………………………………………170
　　6.1.2　参考工具书的特征………………………………………………………170
6.2　参考工具书的类型及功用……………………………………………………171
　　6.2.1　字典、词典………………………………………………………………171
　　6.2.2　类书………………………………………………………………………175
　　6.2.3　政书………………………………………………………………………176
　　6.2.4　百科全书…………………………………………………………………177
　　6.2.5　年鉴………………………………………………………………………179
　　6.2.6　手册………………………………………………………………………181
　　6.2.7　资料汇编…………………………………………………………………182

6.2.8 表谱..184
6.2.9 图录..187
6.2.10 名录...188

第7章 文献合理利用与论文写作..190

7.1 学术规范...190
7.1.1 学术道德规范..190
7.1.2 学术法律规范..190
7.1.3 学术引文规范..191
7.1.4 写作技术规范..192

7.2 文献的合理使用..192
7.2.1 合理使用概述..192
7.2.2 传统文献的合理使用...193
7.2.3 电子文献的合理使用...194
7.2.4 学术造假与剽窃...195

7.3 学术论文的撰写..197
7.3.1 学术论文概述..197
7.3.2 学术论文的编写格式...197
7.3.3 数字的使用规则...205
7.3.4 图表的设计和制作原则..207
7.3.5 中图分类号和文献标识码的选取............................207

7.4 学术论文的投稿..208
7.4.1 国际学术成果发表制度..208
7.4.2 投稿与审稿结果的处理..209
7.4.3 学术论文成功发表的策略.....................................212
7.4.4 二次发表与一稿多投...213
7.4.5 常用投稿网址..215

第1章　文献信息检索概述

现代社会已进入信息时代。通信技术、计算机技术和声像技术等现代信息技术的发展及相互融合，拓宽了信息的传递和应用范围，使人们在广阔范围内可随时随地获取和交换信息。信息与物质、能量构成了现代社会的三大资源，成为社会进步的强劲推动力。在信息社会，信息量急剧增长，信息载体呈多样化，如何有效地检索、处理和利用信息资源，已成为人们亟待解决的问题。

我们所处的时代是一个前所未有的不断产生、传递和利用信息情报的时代。因此，有人称我们的时代为信息时代。那么，究竟什么是信息、什么是知识，它们与本书大量讨论的文献有着什么关系，这是我们首先需要了解的问题。

1.1　文献信息基本知识

1.1.1　文献及其相关概念

（1）文献

文献的定义多种多样。根据《中华人民共和国国家标准：文献著录总则》（GB3792.1-83），文献是记录有知识的一切载体。国际标准化组织《文献情报术语国际标准》（ISO/DIS5217）则将文献解释为："在存储、检索、利用或传递记录信息的过程中，可作为一个单元处理的，在载体内、载体上或依附载体而存储有信息或数据的载体。"也有学者认为"文献是用符号、声像等记录在一切载体上的知识。"

从上述文献的定义可以看出，文献具有两个基本要素：一是文献含有知识信息；二是负载知识信息的物质载体；三是记录知识信息的符号和技术。文献记录知识信息，而这些知识信息又依附于载体而存在。

文献是记录知识信息的物质形式，也是借以传递知识信息的工具。由于有文献的存在，人类的知识才得以保存和传播，人类的科学技术和文化才得到继承和发展。文献不仅包括书刊等印刷型出版物，而且包括会议文献、科技报告、专利文献、学位论文、科技档案等各种类型的出版物，也包括古代的甲骨文、竹简、帛书等，以及当今的声像出版物、电子出版物和Internet上的信息。

文献不仅指知识，同时还包括载体、信息媒体（信息或知识的表达方式或技术手段）。载体是物理的，信息媒体是逻辑的；信息媒体类似于计算机的操作系统的平台，例如，Unix、Linux、Windows。

（2）信息

什么是信息？半个世纪以来，科学界一直在对其定义进行积极的探讨。信息在不同的领域人们赋予它不同的定义。关于信息的定义多达数十种，它们都从不同的角度反映了信息的某些特征。到目前为止，尚无一种定义被社会各界一致接受。概括起来主要有以下观点：《辞海》（1989年版）对信息的解释是：①音讯、消息。②通信系统传输和处理的对象，泛指消息和信号的具体内容和意义。

还有些观点认为：信息是消息、情报、信号、数据和知识；信息是通过文字、数据和各种信号来传递、处理和表现客观事物特性的知识流。

对信息具有广泛影响的定义为：信息是指应用文字、数据或信号等形式通过一定的传递和处理，来表现各种相互联系的客观事物在运动中所具有的特征性内容的总称。

总之，信息是对客观世界中各种事物的变化和特征的反映；是客观事物之间相互作用和联系的表征；是客观事物经过感知或认识后的再现。信息普遍存在于整个宇宙之中，信息无处不在、无时不有，是人们认识世界、改造世界、取之不尽、用之不竭的宝贵资源。信息的增长速度和利用程度已成为现代社会文明和科技进步的重要标志之一。

（3）知识

知识是信息的一部分，是人们对客观事物存在和运动规律的认识。它提供某种经过思考的判断和某种实验的结果。

《辞海》对知识的解释为：人类认识的成果或结晶。包括经验知识和理论知识。经验知识是知识的初级形态，系统的科学理论是知识的高级形态。人的知识是后天在社会实践中形成的，是对现实的反映。

知识借助于一定的语言形式，或物化成为某种劳动产品的形式，可以交流和传递给下一代，成为人类共同的精神财富。知识随社会实践、科学技术的发展而发展，一般可以分成三大类：自然科学知识、社会科学知识和思维科学知识。哲学知识则是关于自然、社会和思维知识的概括和总结。

换言之，知识是人类在改造客观世界实践中所获得的认识和经验的总和。人们认识客观事物的过程就是人脑对外界事物传来的信息加工的过程，而认识飞跃的结果即为知识。也就是说信息被有选择地收入到人们的思维系统，经过人们大脑的储存、识别、加工、处理、转换等而形成知识。

人们不仅能通过信息感知世界、认识世界和改造世界，而且能将获得的信息转变成知识作为认识和改造世界的武器。把信息转化为知识，再把知识转化为智慧，是一种动态过程，是一种开拓过程。反过来，智慧又会转化为新知识，新知识又会转化为新信息，人们通过一定的手段和社会传递过程，借助媒体传给使用者。

（4）文献、信息、知识之间的关系

信息的内涵和外延在不断扩大，并渗透到人类社会和科学技术的众多领域，人类在接受了来自人类社会及自然界的大量信息，通过认识、分析和重新组合，使信息系统化而形成知识。知识是人类大脑加工提炼信息的成果，是同类信息的深化、积累，所产生的新的知识又会转化为新的信息，如此循环反复。知识依附于载体上就是文献。文献是传递知识信息的介质，是固化了的知识信息。

综上所述，系统化的信息就是知识，知识是信息的一部分，文献是知识的一种载体。文献不仅是知识传递的主要物质形式，也是吸收利用信息的主要手段。

1.1.2 文献的属性

文献本身所固有的性质包括四个方面：

一是知识信息性。这是文献的本质属性。任何文献都记录或传递一定的信息知识。离开知识信息，文献便不复存在。传递信息、记录知识是文献的基本功能，人类的知识财富正是依靠文献才得以保存和传播的。

二是客观物质性。文献所表达的知识信息内容必须借助一定的信息符号、依附于一定的物质载体，才能长时期保存和传递。

三是人工记录性。文献所蕴涵的知识信息是通过人们用各种方式将其记录在载体上的，而不是天然荷载于物质实体上的。

四是动态发展性。文献并非处于静止状态，而是按新陈代谢规律运动着。随着人类记录水平的提高，信息交流的频繁，文献的数量日益庞大，形式日益多样；与此同时，文献的更新速度也在加快，生命周期日益缩短，形成了有规律的运动。

1.1.3 文献的分类

根据不同的划分标准，文献可分成多种类型。分类的标准主要有记载内容、记录方式、载体材料等。

（1）按载体形式划分

①印刷型文献：是以纸张为载体，以印刷（油印、胶印、铅印、影印、复印等）为记录手段而产生的具有悠久历史的一种文献形式，是迄今为止仍占主导地位的一大文献类型。其优点是用途较广、读取方便、流传不受时空限制等。其缺点是存储密度低、较笨重、占据空间大。

②缩微型文献：是以感光材料为载体，以缩微照相为记录手段而产生的一种文献类型，包括缩微平片和缩微胶卷等。优点是：体积小、价格低、存储信息密度高，便于收藏、保存和传递。其缺点是必须借助缩微阅读机，使用不方便。

③声像型文献：是以磁性材料或感光材料为载体，以磁记录或光学技术为手段直接记录声音、视频图像而形成的一种文献。如唱片、录音录像带、幻灯片、电影等。其优点是：生动直观；缺点是成本较高且不易检索和更新。

④电子文献：是近年来由于计算机和网络的广泛应用而产生的一种新文献。电子文献系指以数字代码方式将图、文、声、像等信息存储在磁光电介质上，通过计算机或具有类似功能的设备阅读使用，用以表达思想、普及知识和积累文化的文献。它包括正式出版的电子文献（即电子出版物，如电子图书、电子期刊、电子报纸等），也包括非正式出版的电子文献（如校园上的各类行政报告、网上的会议资料、内部电子期刊、电子教程、信函等）。

电子文献按贮存内容的表现形式划分为：电子图书，电子期刊，电子报纸，数据库，音像，多媒体，程序，文档；按信息存贮载体的不同划分，电子文献可分为：磁带、磁盘、光盘、集成电路卡（包括各类游戏卡、磁卡等）、网络。上述的磁带、磁盘、光盘、集成电路卡等电子文献又可统称为制品型（或封装型）电子文献。

电子文献的存贮、阅读和查找利用都须通过计算机、网络才能进行，所以既有信息量大、查找迅速的优点，又有设备昂贵、使用费用高的缺点。

（2）按加工层次划分

根据加工层次不同，可将文献划分为零次文献、一次文献、二次文献、三次文献四个等级。

①零次文献：指记录在非正规物理载体上，未经出版发行的或未进入社会交流的最原始的文献。如私人笔记、手稿、考察记录、试验记录、原始统计数字、技术档案等。其主要特点是内容新颖，但不成熟，不公开交流，难以获得。

②一次文献：指以作者本人的生产与科研工作成果为依据而创作的原始文献。如专著、期刊论文、科技报告、会议论文、专利文献、学位论文等。一次文献真实、具体、参考使用价值高，但也有分散、数量庞大而查阅不便的缺点。

③二次文献：也称检索性文献，指对一次文献进行精选、提炼、浓缩和加工，标引出文献的主题，编制成具有多种检索途径的检索工具，如文摘、索引、题录等。二次文献具有浓缩性、汇集性、有序性等特点，它是查找一次文献的工具或手段。

④三次文献：也称参考性文献，是指利用二次文献的线索，系统地检索出一批相关文献，并对其内容进行综合、分析、研究和评述而编写出来的文献。如述评、动态综述、进展报告、数据手册、年鉴等。

三次文献可再分为：①文献型（知识浓缩型）：如综述、述评、专著之类；②数据型：如字典、词典、数据手册、百科全书等。其中文献型为三次文献的主要代表。

另外，还有半文献（灰色文献）的说法。半文献是指未公开出版的内部文献，往往是通过正规售书途径得不到的资料，主要通过交换、赠送或其他途径获得。近年出现的私人网站、博客（Blog）可视为半文献。

（3）按出版类型划分

根据出版类型的不同，文献大体可分为如下13种类型。

①图书：是单册出版的正式公开出版物。这是历史最悠久的文献类型。图书的特点是内容一般比较成熟，代表了某一时期某一学科的发展水平，但出版周期较长。

图书有书号，如：ISBN 0-13-165316-4是书号。其中ISBN是国际标准书号，后面共有10位数字，这10位数字分为四段，每段之间用短横线相连。0为第一段组号，是语言区域代码。13为第二段组号，是出版者代码。165316是第三段组号，又叫书序号或书名。这里的165316是指第165317种，因为第一种为零。4为第四段组号，又叫检验码或校验号。它的作用是可用其检查ISBN后面的数字是否有误。近年来国际标准化组织（ISO）发布了ISBN标准的新版本，对1972年ISBN标准进行了修正，自2007年1月1日起，ISBN号将变为13位数，并且首次要与相应的条形码相一致。

②期刊：是指定期或不定期出版的有固定名称的连续出版物。其特点是出版周期短，报道速度快，数量大，内容丰富新颖，能及时反映当代社会和科技的发展水平和动向。

③会议文献：指各种学术会议上发表的论文和报告。会议义献学术性较强，往往反映了当前的学科进展和发展动态，是获取最新信息的重要来源。

④研究报告：是研究单位和个人向上级或委托单位撰写的关于某个课题研究成果的正式报告。其出版特点是各篇单独成册，统一编号，由主管机构连续出版。在内容方面，报告比期刊论文等专深、详尽、可靠，是一种不可多得的情报源。科技报告是科技

人员从事某一专题研究所取得的成果和进展的实际记录。其特点是反映新技术、新学科较快，内容比较专深、新颖，数据比较可靠，保密性较强，有相当一部分科技报告不公开发行。

⑤专利文献：专利文献是指根据专利法公开的有关发明的文献，主要为专利说明书，也包括专利法律文件和专利检索工具。专利文献具有新颖性、创造性和实用性的特点，且范围广泛、出版迅速、格式规范。

⑥学位论文：是指高等院校的博士研究生、硕士研究生、本科生毕业时所撰写的学术性研究论文。学位论文（博士论文、硕士论文）具有一定的独创性，论及的问题比较专深、详尽，有较高的参考价值。

⑦标准文献：是对工农业新产品和工程建设的质量、规格、参数及检验方法所做的技术规定。它是一种经权威机构批准的规章性文献，具有一定的法律约束力。

⑧政府出版物：是各国政府及所属机构颁布的文件，如政府公报、会议文件和记录、法令汇编等。所包括的内容范围广泛，几乎涉及整个知识领域，但重点则在政治、经济、法律、军事等方面。政府出版物具有正式性和权威性的特点。

⑨产品样本：是对定型产品的性能、构造、原理、用途、使用方法和操作方法、产品规格等所做的具体说明。它往往配有外观照片、结构图，直观性强、技术成熟。

⑩技术档案：指生产建设、科技部门和企事业单位针对具体的工程或项目形成的技术文件、设计图样、图表、照片、原始记录的原本及复印件。包括任务书、协议书、技术经济指标和审批文件、研究计划、研究方案、试验记录等。它是生产领域、科学实践中用以积累经验、吸取教训和提高质量的重要文献。技术档案具有保密性，常常限定使用范围。

⑪报纸：是一种报道及时、内容广泛、文字通俗的信息源，其中的广告、新闻报道更是重要的信息源。由于报纸信息累积信息量大且杂乱无章，不借助检索工具查找起来很困难，因此重要的报纸都编有月度或年度索引，有的报纸文章与期刊论文一起被摘录编排，形成报刊索引。

⑫电子预印本文献（e-preprint）：即电子版的学术文献，它是学术论文的数字形式，作为一类重要的免费电子资源，越来越被人们重视。其实质包括预印本（Preprint）与后印本（Postprint）两种形态的文献。预印本指论文原稿完成后，送至期刊出版社等待发表的文献，或是已投稿但未被审核接受的文章，也可以是未投稿至任何期刊的论文。后印本是指经过同行评审，并多次校对已经正式出版的文章。在传统的期刊出版过程中，预印本是研究成果正式发表前同行之间进行非正式交流的基本手段。预印本文献具有开放程度高、时效性强、学术性强、被引率高、费用低等特征。1991年8月，美国洛斯阿拉莫斯国家实验室（LosAlamos National Laboratory）的物理学家Paul Ginsparg建立的arXiv.org是第一个电子预印文本库。近年来，我国也出现了一些预印本文献，如中国科学技术信息研究所与国家科技图书文献中心共同开发的"中国预印本服务系统"（网址：http：//preprint.nstl.Gov.Cn/newprint/index.jsp）、教育部科技发展中心主办的"中国科技论文在线"（网址：http：//www.paper.edu.cn）等。

⑬多媒体（Multimedium）：是近年出现的一种新型的文献载体。它将声音、图像、文字、数据录入光盘，通过计算机实现重放或检索，因此具有前几种文献载体的优

点，发展特别迅速。

除了上述介绍的13种主要文献类型之外，还有新闻稿、统计资料等类的文献。在以上13类文献中，一般把图书、期刊、报纸、电子预印本文献作为普通文献，其他均列入特种文献。

另外，按文献内容的学科属性划分分为哲学文献、社会科学文献、自然科学文献、综合科学文献及专科文献；按文献产生的时代阶段划分分为古代文献（1840年前）、近代文献（1911年前）、现代文献（1949年10月前）、当代文献（1949年10月以后）。

1.2 文献信息检索

如果说图书馆是一座知识的宝藏，那么"文献信息检索"就是打开这座宝藏的金钥匙。文献信息检索的发展经历了萌芽、发展和现代化三个阶段。

18世纪中期，人们为了便于进行学术交流和文献信息的交流，不少学术团体先后创办了自己的学术刊物和检索性刊物，如德国1769年创刊的《各学院优秀外科论著摘要汇编》，是国外最早创办的一种检索性刊物。

到20世纪中期，随着科学技术的发展和需要，逐渐形成了较为完善的传统手工检索工具——目录、索引和文摘。

20世纪60年代后，形成了电子计算技术、光学缩微技术和网络通信技术三位一体的现代化文献信息检索手段，使文献信息检索发展到了一个新的阶段。

1.2.1 文献信息检索的含义、类型和基本原理

（1）文献信息检索的含义

文献信息是指关于文献的线索和文献中记录着的信息。文献信息检索是信息检索和文献检索两个概念的统一。

文献检索的概念有狭义和广义之分。狭义的文献检索是指依据一定的方法，从已经组织好的大量有关文献集合中，查找并获取特定的相关文献的过程。这里的文献集合不是通常所指的文献本身，而是关于文献的信息或文献的线索。要获取文献中所记录的信息，还要依据检索所取得的文献线索索取原文。广义的文献检索包括存储和检索两个过程。存储是指工作人员将大量无序的文献信息集中起来，根据文献源的外表特征和内容特征，经过整理、分类、浓缩、标引等处理，使其系统化、有序化，并按一定的技术要求建成一个具有检索功能的工具或检索系统，供人们检索和利用。而检索是指运用编制好的检索工具或检索系统查找出满足用户要求的特定文献。

信息检索是指依据一定的方法，从已经组织好的有关大量信息集合中查找出特定的相关信息的过程。

（2）文献信息检索的类型

根据检索（查找）对象的不同，文献信息检索分为文献检索、事实检索、数据检索和概念检索。

文献检索（Document Retrieval）：文献检索所检索到的是关于文献线索的文献全文，它回答的是诸如"关于铁路大桥有哪些文献"之类的问题。

文献线索包括文献题目、著者、来源或出处、文摘等项目。文献线索检索指从一个

文献集合中找出专门文献的活动、方法与程序,是利用检索系统的工具查找文献线索,获取情报信息的过程,本质是文献需要与文献集合的匹配。例如,"关于自动控制系统有些什么参考文献?"这就需要我们根据课题要求,按照一定的检索标识(如主题词、分类号等),从所收藏的文献中查出所需要的文献。

数据检索(Data Retrieval):是以数据为检索对象,从已收藏数据资料中查找出特定数据的过程。例如,喜马拉雅山有多高,杭州六和塔建于何年等。

事实检索(Fact Retrieval):即通过对存贮的文献中已有的基本事实,或对数据进行处理(逻辑推理)后得出新的(即未直接存入或所藏文献中没有的)事实过程。例如:本学年成绩优秀有多少人;某同类产品中哪种牌号的销量最大。

概念检索(Concept Retrieval):就是查找特定概念的含义、作用、原理或使用范围等解释性内容或说明。

数据、事实和概念检索所得到的是能够确切解答问题的信息,或者说是文献中的具体信息。文献线索检索则是要检索出包含所需要信息的文献,其结果是与某一课题有关的若干篇论文、书刊的来源出处以及收藏地点等。

文献检索是最典型、最重要和最常用的文献信息检索。掌握了文献检索的方法就能以最快的速度,在最短的时内,以最少的精力了解前人和别人取得的经验和成果。

(3)文献信息检索系统的构成

无论采用什么手段对何种类型的检索系统进行文献信息检索,其检索系统必须具备四大要素:检索文档、检索设备、系统规则、作用于系统的人。

①检索文档:检索文档就是经过序列化处理并附有检索标识的信息集合。例如,手工检索系统使用的检索文档是由卡片式目录、文摘、索引所构成的系统;计算机检索系统使用的是存储在磁性或光性介质上的目录、文摘、索引或全文以及多媒体信息所构成的数据库。

②检索设备:检索设备即用以存储信息和检索标识,并实现信息检索标识与用户需求特征的比较、匹配和传递的技术手段,即检索所需的硬件环境。在手工检索系统中指印刷型检索工具,在计算机检索系统中包括各种类型的主机、终端、计算机外围设备和网络通信传输设备。

③系统规则:系统规则是用以规范信息采集分析、标引著录、组织管理、检索与传输等过程的各项标准体系,例如检索语言、著录规则、检索系统构成与管理、信息传输与控制标准、输出标准等规则。

④作用于系统的人:作用于系统的人包括信息用户,信息采集分析、信息标引员,系统管理与维护员,检索服务人员等。

(4)文献信息检索的基本原理

文献信息检索的基本原理是:通过对大量的、分散无序的文献信息进行搜集、加工、组织、存储,建立各种各样的检索系统,并通过一定的方法和手段使存储与检索这两个过程所采用的特征标识达到一致,以便有效地获得和利用文献信息源。其中存储是为了检索,而检索又必须先进行存储。文献信息的存储和检索的全过程可用图1.1表示。

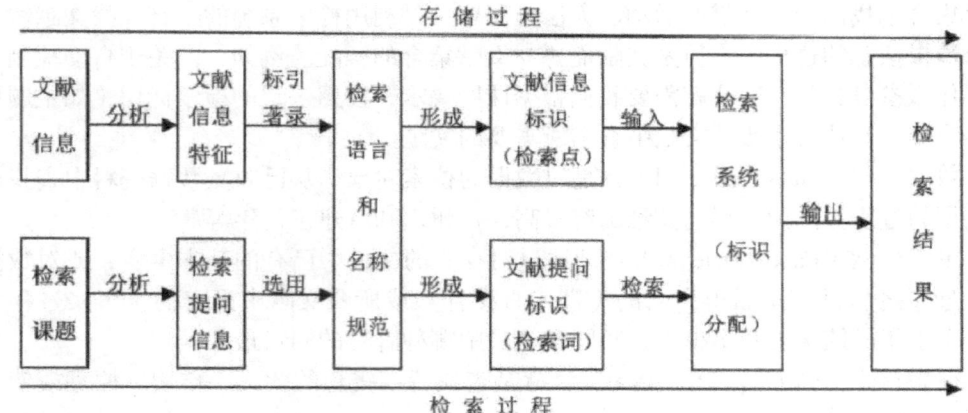

图1.1　文献信息检索基本原理示意图

存储的过程，主要对信息源进行标引，将其外表和内容的特征（如文献的标题、作者、来源和主题等）用特定的检索语言转化为一定的标识（如主题词、分类号和类目名称等），再将这些标识按一定的顺序编排后输入检索系统，从而为检索提供有规可循的途径。

（5）文献信息检索与专家评审及科技查新的区别

文献信息检索是针对具体课题需要，仅提供文献线索或原文，对课题不进行分析和评价。专家评审主要是依据专家本人的专业知识、实践经验、对事物的综合分析能力以及所了解的专业信息，对被评对象的创造性、先进性、新颖性、实用性等做出评价。评审专家的作用是一般科技情报人员无法替代的，但具有一定程度的个人因素。

科技查新是文献检索和情报调研相结合的情报研究工作，它以文献为基础，以文献检索和情报调研为手段，以检出结果为依据，通过综合分析，对查新项目的新颖性进行情报学审查，写出有依据、有分析、有对比、有结论的查新报告。也就是说查新是以通过检出文献的客观事实来对项目的新颖性做出结论。因此，查新有较严格的年限、范围和程序规定，有查全、查准的严格要求，要求给出明确的结论，查新结论具有客观性和鉴证性，但不是全面的成果评审结论。这些都是单纯的文献信息检索所不具备的，也有别于专家评审。

1.2.2　检索语言及其类型

（1）检索语言的概念

把文献存储与检索联系起来，把标引（及著作）人员与检索人员沟通起来的思想工具就叫做检索语言。

文献检索语言是一种人工语言，用于各种检索工具的编制和使用，并为检索系统提供一种统一的、作为基准的、用于信息交流的一种符号化或语词化的专用语言。因其使用的场合不同，检索语言也有不同的叫法。例如在存储文献的过程中用来标引文献，叫标引语言；用来索引文献则叫索引语言；在检索文献过程中则为检索语言。

（2）检索语言的类型

检索语言的种类很多。按学科范围分有：综合性语言、专业性语言；按标识的使用方法分有：先组式语言（文献标识在编表时就固定组配好）、后组式语言（文献标识在检索时才组配起来）；按标识的性质与原理分有分类语言（包括体系分类语言、组配分类语言）、主题语言（包括标题词语言、叙词语言、关键词语言、单元词语言）、代码语言。另外，检索语言按表达文献的特征分有：

①描述文献外部特征语言：与文献内容关系不太紧密，包括题名语言、著者语言、号码语言（如专利号、报告号等）。

②描述文献内部特征语言：与文献内容的关系紧密，包括分类语言（体系分类语言）、主题语言（包括标题词语言、叙词语言、关键词语言、单元词语言）和引文语言（题录引文语言）。

a.分类语言。用分类号和相应的分类款目来表达各种概念，以学科体系为基础将各种概念按学科性质和逻辑层次结构进行分类和系统排序，能反映事物的从属派生关系，便于按学科门类进行族性检索。按照分类方式的不同，分类语言又分为体系分类语言、组配分类语言和混合分类语言。

b.主题语言。主题语言就是对表达信息主题内容特征的主题词汇概念，经规范化处理所形成主题性质的不同，它又可分为标题词语、单元词语言、叙词语言、关键词语言等。

c.题录引文语言。根据文献与文献之间存在着引用和被引用的关系，按照"引文索引法"的基本原理产生的一种新型检索语言。其基本原理是：若著者A在其论文中引用了著者B、C、D的文章，而著者B、C、D又分别引用了E、F、G、H等著者的文章，以此类推，于是形成了一个引用被引用的"著者网络"，这些著者在同一或相邻学科领域发表了一系列文献，构成了一个"文献网络"，因而借助于这个"著者网络"，从著者姓名入手，即可检索出这个"文献网络"中的有关文献。

下面重点介绍分类语言和主题语言。

（3）分类语言及分类法

①基本概念

分类语言是一种用分类（类号和类目）来表达文献主题内容的语言；以类号、类目组成分类表，以作为文献分类、存储和检索的依据。这里主要介绍体系分类语言。

体系分类语言是一种直接体现知识分类的等级制概念的标识系统，是按文献内容特征进行分类的检索语言。其主要特点是按学科、专业集中文献，并从知识分类角度揭示各类文献在内容上的区别和联系，提供从学科分类角度检索文献的途径。

所谓"类"是指具有多共同属性事物的集合。凡用来表达同一事物的概念称为"类目"。每类事物，除了有共同的属性外，还有其个性，也就是说还可以用个性相近事物为标准再进行划分。例如，通信类，可以划分为通信系统、有线通信、电话、电报、传真等子类目。"通信"属于被划分的类，一般称其为"母类"或"上位类"（即属概念），经过依次划分所形成的一系列概念，如通信系统、有线通信、电话、电报、传真等称为"子"概念或"下位类"（种概念）。子类与子类之间称同位类（并列概念）。子类中的某一概念还可再进行划分，如通信系统，又可分成数字通信系统、扩展频谱通信系统、多址通信系统等，依次层层细分下去。

由此可见，体系分类语言是以学科的分类为基础，概括文献的内容特征及某些外表特征，运用概念划分的方法，按知识门类的逻辑次序，从总到分、从一般到具体、从简单到复杂，进行层层划分，从而产生许多不同级别的类目，层层隶属，形成一个严格按学科门类划分和排列的等级制体系。

体系分类语言的优点是以学科为中心能适合人们认识事物的习惯，以概念划分为基础逐层展开体现系统性，使用阿拉伯数字和字母来做检索标识，容易推广；缺点是不能反映学科之间的交叉关系，此类分配语言的各级类目都预先固定，以字母或数字作为检索标引容易发生错误。

体系分类语言广泛用于图书、资料的分类和检索，它是图书情报界使用最普遍的一种检索语言，它的具体体现形式就是图书分类法。世界上比较著名的分类法有：《国际专利分类表》（IPC）、《杜威十进分类法》（DDC）、《美国国会图书馆图书分类法》（LC）。我国在图书情报系统广泛采用的有《中国图书馆分类法》（简称中图法）和《中国科学院图书馆图书分类法》（简称科图法）。

《国际专利分类表》（IPC）是一部国际上通用的用来划分各国专利技术的分类表。它由八个部和一个使用指南组成，每一部代表一个大部类（如H代表电学、C代表化工、G代表电工等），是人们标引专利技术文献和检索专利文献的重要工具。

《中图法》由22个大类组成，归属于五大部类：马列主义、毛泽东思想；哲学；社会科学；自然科学；综合性图书。每一大类下又分成若干小类，如此层层划分，形如一个知识的地图。

②《中国图书馆分类法》介绍

《中国图书馆分类法》（原名《中国图书馆图书分类法》），简称《中图法》，由"编制说明"、"基本大类表"、"主表"、"附表"组成。《中图法》已普遍应用于全国各类图书馆，国内主要大型书目、检索刊物、机读数据库，以及《中国国家标准书号》等都著录《中图法》分类号。《中图法》是按照一定的思想观点，以科学分类为基础，结合图书资料的内容和特点，分门别类组成的分类表。它将知识门类分为"哲学"、"社会科学"、"自然科学"三大部类。这三大部类前后分别加上一个马列主义类和综合性图书类，组成五个基本部类。同时，社会科学部类下又展开9大类，自然科学部类下又展开10大类。此外，在社会科学和自然科学各大类之前，均分别列出"总论"类，这是根据图书资料的特点，按照从总到分、从一般到具体的编制原则编列的，以组成社会科学和自然科学的完整体系。目前的《中国图书馆分类法》是2010年第五版，其中的22大类为：

A 马克思主义、列宁主义、毛泽东思想、邓小平理论
B 哲学、宗教
C 社会科学总论
D 政治、法律
E 军事
F 经济
G 文化、科学、教育、体育
H 语言、文字
I 文学
J 艺术
K 历史、地理

N 自然科学总论
O 数理科学和化学
F 天文学、地球科学
Q 生物科学
R 医药、卫生
S 农业科学
T 工业技术
U 交通运输
V 航空、航天
X 环境科学、安全科学
Z 综合性图书

《中图法》的类目配号采用字母和阿拉伯数字相结合的混合号码制，即一个字母标识表示一个大类，以字母的顺序反映大类的序列，在字母后用数字表示大类下的类目划分。为适应"工业技术"领域中的图书文献分类的需要，对其下一级类目的复分，也采用了字母标志，即工业技术的二级类为双字母。整个"工业技术"的二级类目为：

T 工业技术	
TL 原子能技术	TB 一般工业技术
TM 电工技术	TD 矿业工程
TN 电子技术、通信技术	TE 石油、天然气工业
TP 自动化技术、计算机	TF 冶金工业
TQ 化学工业	TG 金属学、金属工艺
TS 轻工业、手工业、生活服务业	TH 机械、仪表工业
TU 建筑科学	TJ 武器工业
TV 水利工程	TK 能源与动力工程

在《中图法》这样层层细分的分类体系中，处于被区分的类称为上位类，相应地说，区分出来的类就是下位类。《中图法》总共设置了5.3万多个类目。

③《中图法》的标记符号

a.基本标记符号：

分类法中的分类号也称标记符号，它是类目的代号，《中图法》采用拉丁字母与阿拉伯数字相结合的混合制标记符号。

个别类用两位拉丁字母标记二级类目。如："T工业技术"大类内容繁多，故采用双位拉丁字母标记16个二级类目。如：TB，TD，TE，TF等。

有的类在类目最后使用字母标记其下位类。如："TP312"程序语言类用的就是这种标记方法，如："ALGOL程序语言"的分类号为"TP312AL"。

b.辅助标记符号：

为进一步增强标记符号的表达能力，适应类号灵活组合的需求，《中图法》在采用拉丁字母与阿拉伯数字相结合的混合制标记符号的基础上，还另外采用了一些其他特殊符号，作为辅助标记符号。

".": 间隔符号，读作"点"。例，S512.1，F755.126.240.1。

"a"：推荐符号，读作"小a"。
"/"：起止符号，读作"起止符号"。
"[ ]"：交替符号，读作"方括号"。
"-"：总论复分符号，读作"短横"。如，P1-49，Q.33。
"（）"：国家、地区区分号，读作"括号"。如，《美国小麦杂交育种经验》分类号为S512.103.51（712）。其中712表示美国的地区复分。
" " "：民族、种族区分号，读作"双引号"。如，《西藏民族建筑艺术图集》分类号为TU-882"214"，其中2表示中国，14表示藏族。
"<>"：通用时间、地点区分号，读作"尖括号"。如，《美军冬季训练》分类号为E712.3<114>。
"："：组配符号，读作"冒号"。如，《航海妇科学》分类号为R711：R83。
"+"：联合符号。如，《激光与红外》分类号为TN24+TN21。
"="：时代区分号，读作"等号"。如，《古代长度计量仪》分类号为TH711=2。

c.辅助符号的使用次序：

分类号组合时如涉及多种辅助符号的使用，应按-、（）、" "、=、<>的顺序组合。例，TL25-35（712），TF351.4（545）=53，J523.5"17"=42，R183.1（334）〈112〉。

④《中图法》分类号确定的方法

现在国内许多期刊都要求作者发表论文时提供中图法分类号。要较为正确地确定论文或课题在《中图法》分类表中的类目，除了了解《中图法》的体系外，还要掌握以下的分类基本方法。

a.凡属并列关系的主题，即互不关联的主题，一般是依其前一主题的科学属性归类；如果内容侧重于后一主题，则依重点，按后一主题归类；如果是有从属关系的并列主题，则依大概念归类；如果是两个以上的主题，则归入它们的上属类。例：

《实变函数与泛涵分析》，上海师范大学数学系主编，内容包括函数与泛涵分析两个主题，依前一主题入实变函数O174.1。

《岩石与矿物的物理性质》，（美）特鲁基安、Y.S.等编，入岩石物理与岩石化学P584。

《承包、租赁、股份制》，丁力、贾和亭主编，内容论述三种企业管理体制，入F271。

《洛克、巴克莱、休谟》，郭本道编，内容是对三位18世纪英国哲学家哲学思想的评述，入英国18世纪哲学B561.2。

b.凡属具有比较关系（即对比、对立或主客关系）的主题，则依主要阐述的或主体关系的主题归类。例：

《中日近代化比较研究》，（日）依田熹家著，本书是对日本和中国近代历史发展的比较研究，入日本近现代史K313.4。

c.凡属具有因果关系、影响关系或应用关系的主题，一般依其结果被影响、被应用到的主题归类。例：

《帝国主义侵华史》，刘培华著，入中国近代史K25。

《建筑、环境与城市建设》，（前苏联）波索欣著，内容主要论述莫斯科城市规划，入TU984.512。

《激光在大地测量中的应用》，（前苏联）帕里列宾著，入大地测量P225.2。

《计算机与企业管理》，（美）奥布赖思著，内容主要是论述计算机在企业管理中的应用，入F270.7。

《植物激素与蔬菜化学控制》，叶自新编著，入蔬菜生化S630.1。

（2）主题语言

①基本概念

主题语言是以文学作为检索标识，其特点为直接、准确、灵活。主题语言包括关键词语言、标题词语言、单元词语言和叙词语言等。

关键词语言：以关键词为标识和检索证据。关键词是指那些出现在文献的标题以及文摘、正文中，对表征文献的主题内容具有重要意义的词，没有经过规范化处理。

标题词语言：以标题作为文献内容标识和检索依据。标题词是从文献题名和内容中挑选出来的，并经过规范化处理的词和词组，标题词的规范化处理是通过标题词表来实现的。

单元词语言：以单元词作为文献内容标识和检索的依据。单元词是从文献题名和内容中挑选出来的，并经过规范化处理得不能分解的词。

叙词语言：叙词是指一些以概念为基础的，经过规范化的，具有组配功能并可以显示词间关系和动态性的词或词组。叙词语言就是以叙词作为文献检索标识和查找依据的一种检索语言。叙词语言是多种情报检索语言的原理和方法的综合，体现了情报检索语言的发展趋势。概念组配是叙词语言的基本原理。

概念组配与字面组配在形式上有时相同，有时不同；而从性质上来看两者区别是很大的。字面组配是词的分析与组合（拆词）；概念组配是概念的分析与综合（拆义）。例如：

模拟+控制→模拟控制，香蕉+苹果→香蕉苹果，属于字面组配；

模拟+控制→模拟控制，香蕉味食品+苹果→香蕉苹果，属于概念组配。

在以上第一例中，无论是字面组配还是概念组配，其结果都是"模拟控制"。第二例中，根据字面组配原理，"香蕉"和"苹果"组配是"香蕉苹果"，而概念组配的结果应是指种香蕉和苹果杂交的品种"，而这样的品种目前是不存在的。所谓"香蕉苹果"只能是一种有香蕉味的苹果，因此，根据概念配原理，这个概念应当用"香蕉味的食品"和"苹果"两个同组配，才符合概念逻辑。

叙词语言吸取了多种情报检索语言的原理和方法，包括：

a.它保留了单元词法组配的基本原理；

b.采用了组配分类法的概念组配，以及适当采用标题词语言的预先组配方法；

c.采用了标题词语言对语词进行严格规范化的方法，以保证证与概念的一一对应；

d.采用并进一步完善了标题词语言的参照系统，采用了体系分类法的基本原理编制叙词范畴索引和词族索引，采用叙词轮排索引，从多方面显示叙词的相关关系。

叙词作为标引和检索人员之间的共同语言，是通过叙词表来实现的。叙词表的结构比较复杂，一般由一个主表和若干辅表构成。

②《汉语主题词表》简介

《汉语主题词表》是通用的汉语叙词表，分为自然科学和社会科学两个部分。自然科学部分在1996年做了修订，它有5个分册，共收录8万多主题词条目，包括正式和非正式主题词。它由主表和附表组成。

a.主表。《汉语主题词表》一、二分册是其主体部分，称主表。它将全部正式（规范）与非正式（非规范）主题词按汉语拼音顺序排列，该表是标引和检索汉语文献、组织目录的主要工具。主题词条目的结构中，条目主题词的参照项是根据词之间的关系（如，等同、分属、相关等）建立的。参照项包括Y（用）、D（代）、F（分）、S（属）、Z（族）、C（参）等。参照项Y（"用"项）的作用是指引相应的正式主题词；参照项D（"代"项）的作用是指引相应的正式主题词；参照项F（"分"项）的作用是指引所含的下位主题词；参照项S（"属"项）的作用是指引所从属的上位主题词；参照项Z（"族"项）的作用是指引所从属的族首词；参照项C（"参"项）的作用是指引有语义关系的相关词。著录格式如下：

Dian ci bo ce ju[2]
电磁波测距[1]　　　　　　[39C][4]
Electromagnetic distance Measurement f[3]
D[5]　　　　　　　　　　电子测量法
　　　　　　　　　　　　无线电测距物理测距
F[6]　　　　　　　　　　光电测距
　　　　　　　　　　　　雷达测距
　　　　　　　　　　　　微波测距
S[7]　　　　　　　　　　精密测距
Z[8]　　　　　　　　　　测量*
C[9]　　　　　　　　　　三边测量

注：①条目主题词；②主题词汉语拼音；③英译名；④范畴分类号；⑤参照项D；⑥参照项F；⑦参照项S；⑧参照项Z；⑨参照项C。

b.附表。第三、四、五分册为附表部分，包括词族索引、范畴索引、英汉对照索引、轮排索引。

· 词族索引。第三分册中有《词族索引》，它以族首词为条目词，按其汉语拼音排序，按级别展开成词族系统，用加"·"号方式表示级别，同《INSPEC叙词表》的等级表。

· 范畴索引。第三分册中有《范畴索引》，范畴索引即分类索引，它按学科范畴把全部主题词编列成分类体系，以便从分类角度查找有关的主题词。自然科学部分划分为43个大类，展开成333个二级类及770个三级类，每类都有范畴号标记，采用数字与字母混合号码形式，如：39C。

· 英汉对照索引。第四分册是《英汉对照索引》，主要提供按英译名检索主题词的检索途径。索引按英文字顺排序，将英文主题词与汉语主题词对应。

· 轮排索引。第五分册是《轮排索引》，它是1996年新增的一个分册，与《汉语主题词表》前四分册构成配套系列。该索引为表中的主题词提供了18万条轮排索引条目，扩大了检索途径。轮排索引将全部正式与非正式主题词按其词素予以轮排，将含有同一词素的主题词聚集到一起。例如"磁击穿"、"电击穿"、"电介击穿"、"预击穿"、"介质击穿"等词,在主表中分散在不同字顺位置,但在轮排索引中,通过相同的词素"击穿"聚到一处,其作用如同SHE(《EI主题词表》)中的倒置式标题词,如:

·击穿32A 54RA。
Breakdown

磁	击穿	32NC		1223左
电	击穿	32NB	Y电介击穿	331右
电介	击穿	32NB	D电击穿,介质击穿	516左

③《汉语主题词表》的使用方法

假设一篇论文涉及"森林火警监测与警报"等主题内容,用《汉语主题词表》确定有关主题词(关键词)的过程如下:

第一步:查索引

a.查词族索引。

拟定几个词(自由词)查词族索引,用参照体系初步确定主题词:

报警　　报警系统(包括"近地警告系统"等下级主题)
警报　　警报器(包括"火警报警器"等7个下级主题)
森林　　森林防火D(代替)"护林防火",S(属于)"防火"
防火　　F飞机防火林木防火森林防火等主题
防火系统　D火灾探测器　灭火系统

b.查范畴索引(相当于从分类查):

49　农业科学
49GE　森林保护

有"护林防火,森林火,森林防火"等条目。

第二步:核查主表

本例可选择报警系统、警报器、森林防火、防火等词核对主表。其中从"报警系统"查的结果是:

Baojing xitong　[58BC]
报警系统
Warning systems
D报警指示器　警告系统　告警系统
C安全装置　虚警　自动探测　自动报警系统

第三步:选择关键词

本例从"森林火警"角度至少可选择"森林防火(防火)"、"报警系统(自动报警系统)"等主题词。

1.2.3　文献信息检索的途径

检索途径是和检索工具中的索引对应起来的。按照文献的外部特征和内容特征,文献信息检索的途径分为两大类:按外部特征的途径(包括题名途径、著者途径、序号途径)和按内容特征的途径(包括分类途径、主题途径、关键词途径)。

（1）按文献外部特征的检索途径

①题名途径

从书名、刊名、篇名着手，从文献名称可以查到文献。但是由于文献的数量极多，文献名称相似者较多，不能将内容、主题相同的文献集中，所以在文摘和题录刊物中一般不采用文献题名途径，而仅仅对期刊是用刊名字顺排列。

②著者途径

根据文献的外部特征，利用著者（个人或单位著者）目录和著者索引进行检索的途径。国外比较重视著者途径的利用，许多检索工具和著作都把著者索引作为最基本的辅助索引。它是按著者的姓名字顺，将有关文献排序而成。以著者为线索可以系统、连续地掌握他们的研究水平和研究方向，同一著者的文章往往具有一定的逻辑联系，著者途径能满足一定族性检索功能要求。已知课题相关著者姓名，便可以依著者索引迅速准确地查到特定的资料，因此亦具有特性检索的功能。

当然，用著者途径也有困难之处。因为作者姓名受到国别、文种、风俗习惯不同而变化多样，如姓就有单姓、复姓、婚姻改姓、父母姓连写等；名有单名、多名、教名、父名等，有的姓在前，有的名在前，还有用不同文字书写的姓名要有"转译"的问题（如英、俄对译，日语罗马字母化等），一般用音译或字译的方法解决。

③序号途径

根据文献的序号特征，利用其序号索引进行检索的途径。许多文献具有唯一性或一定的序号，如专利号、文摘号、国际标准图书编号、电子元件型号等。根据各种序号编制成了不同的序号索引，在已知序号的前提下，利用序号途径能查到所需文献，满足特性检索的需要。利用序号途径，需对序号的编码规则和排检方法有一定的了解；往往可以从序号判断文献的种类、出版的年份等，有助于文献信息检索的进行。序号途径一般作为一种辅助检索途径。

（2）按文献内容特征的检索途径

①分类途径

指根据文献的内容特征，利用分类目录或分类索引查找文献的途径。分类检索途径在我国具有悠久的历史。许多目录大多以分类方法编排，也称为体系分类途径。体系分类索引是指利用科技文献的体系分类法所建成的索引系统。利用这一途径检索文献，首先要明确课题的学科属性、分类等级，获得相应的分类号，然后逐类查找。按分类途径检索文献便于从学科体系的角度获得较系统的文献线索，即有族性检索功能。它要求检索者对所用的分类体系有一定的了解；熟悉分类语言的特点；熟悉学科分类的方法，注意多学科课题的分类特征。

②主题词途径

指根据文献的主题特征，利用各类主题词目录和索引进行检索的途径。美国的《工程索引》就是按照主题词索引排列的。主题词途径在我国的使用没有像分类途径那样普及。主题词目录和主题词索引就是将文献按表征其内容特征的主题词组织起来的索引系统。利用主题词途径检索时，只要根据所选用主题词的字顺（字母顺序、音序或笔划顺序等）找到所查主题词，就可查得相关文献。主题词途径具有直观、专指、方便等特点，不必像使用分类途径那样，先考虑课题所属学科范围、确定分类号等。主题词途径表征概念较为准确、灵活，不论主题多么专深都能直接表达和查找，并能满足多主题课题和交叉边缘学科检索的需要，具有特性检索的功能。

③关键词途径

所谓关键词，是从文献的题目、正文或摘要中选出的，表征文献主题内容的具有实际意义的词汇。关键词与主题词不同的地方，在于主题词是规范化的语言，而关键词则是采用原文献的同义词，而不予以规范化。

关键词索引，就是将文献分拆成几个关键词，然后按照每个关键词的字顺加以排列，以便从关键词入手来检索。

例如"汽车排气中铅的消除"（Removing lead in automobile exhausts）可以分解为removing（消除）、lead（铅）、automobile（汽车）、exhaust（排气）等关键词。同时，考虑到汽车排气主要与空气污染有关，还可加上air（空气）、pollution（污染）两个关键词。

这样，这篇文献在关键词索引中有6种排列方法：

Air, Pollution, Automobile, Lead, Removing, Exhausts
Automobile, Air, Pollution, Lead, Removing, Exhausts
Exhausts, Air, Pollution, Automobile, Lead, Removing
Lead, Automobile, Air, Pollution, Removing, Exhausts
Pollution, Air, Automobile, Lead, Removing, Exhausts
Removing, Air, Automobile, Lead, Exhausts, Pollution

从这6个关键词的任何一个入手，都可以查到这篇文献，大大提高了文献的检索机会。但是由于关键词索引在各词之间未体现语法关系，容易导致概念上的混淆。如"空气污染"、"肺部疾病"、"影响"等关键词，可以含义为"空气污染对肺部疾病的影响"，也可以为"肺部疾病对空气污染的影响"。

文献信息检索主要根据文献的外部特征和内容特征的描述，利用各种途径获得所需的相关文献。除了以上所讲的几种途径以外，还有引文途径、分子式途径、化学物质途径等，只有根据课题的需要，选用相应的检索途径，才能获得相关的文献信息。

1.2.4 文献信息检索的方法和步骤

（1）文献信息检索的方法

检索文献信息需要采用什么方法，根据课题性质和研究目的而定，也要根据可否获得检索工具而定，归纳起来，检索文献一般有以下几种方法：

①浏览法

通过检索工具搜索文献是科技人员获得文献的主要途径，只要方法得当，往往可以事半功倍，在短时间里获得大量切合课题需要的文献。但是，由于任何一种检索工具都只能收录有限的期刊和图书，因此检索工具与原始文献之间往往有半年左右的时间差。为了弥补这些缺陷，科技人员还必须借助其他方法来收集文献。其中，浏览法就是科技人员平时获取信息的重要方法。具体地说就是科技人员对本专业或本学科的核心期刊每出一期便浏览阅读的方法。该方法的优点是：能最快地获取信息；能直接阅读原文内容；基本上能获取本学科发展的动态和水平。缺点是：科技人员必须事先知道本学科的核心期刊；检索的范畴不够宽，因而漏检率较大。因此，在开题或鉴定时还必须进行系统的检索。

②追溯法

追溯法又称回溯法，这是一种传统的查找文献的方法。就是当查到一篇参考价值较大的新文献后，以文献后面附的参考文献为线索而查找相关文献的一种方法。这是一种扩大信息来源最简单的方法，在没有检索工具或检索工具不完整时可借此获得相关文献。由于参考文献的局限性和相关文献的不同，会产生漏检。同时，由近及远的回溯法无法获得最新信息，而利用引文索引进行追溯查找则可弥补这一缺点。

③常规法

常规法也叫检索工具法，是利用检索工具查找文献的方法，即以主题、分类、著作等途径，通过检索工具获取所需文献的一种方法，这种方法又可分为顺查法、倒查法、抽查法和分段法四种。

a.顺查法：即由远及近的查找法。如果已知某创造发明或研究成果最初产生的年代，现在需要了解它的全面发展情况，即可从最初年代开始，按时间的先后顺序，一年一年地往近期查找。这种方法所查得的文献较为系统全面，基本上可反映某学科专业或某课题发展的全貌，能达到一定查全率。在较长的检索过程中，可不断完善检索策略，得到较高的查准率。此法的缺点是费时费力，工作量较大。一般在申请专利的查新调查和新开课题时采用这种方法。

b.倒查法：即由近及远、由新到旧的查找法。此法多用于查找新课题或有新内容的老课题，在基本上获得所需信息时即可终止检索。此法有时可保证情报的新颖性，但易于漏检而影响查全率。

c.抽查法：这是利用学科发展一般是波浪式的特点查找文献的一种方法。当学科处于兴旺发展时期，科技成果和发表的文献一般也很多。因此，只要针对发展高潮进行抽查，就能查获较多的文献资料。这种方法针对性强，节省时间。但必须是在熟悉学科发展阶段的基础上才能使用，有一定的局限性。

d.分段法：又称循环法或综合法，是交替使用"追溯法"和"常规法"来进行检索的综合方法。即首先利用检索工具查出一批文献资料，再利用这些文献资料所附的参考文献追溯查找相关文献。如此交替、循环使用常规法和追溯法，不断扩检，直到满足检索要求为止。分段法的优点在于：当检索工具缺期、缺卷时，也能连续获得所需年限以内的文献资料。

各种检索方法在使用上各具特色，可根据检索的需要和所具备的条件灵活选用，以便达到较好的检索效果。

（2）选择检索方法的原则

①要看检索条件

检索工具缺乏而原始文献收藏丰富宜用追溯法，有成套检索工具则宜用直接法，其查全率、查准率都比追溯法高。

②要看检索要求

要求收集某一课题的系统资料，要求全面，不能有重大遗漏，最好用顺查法；要解决某一课题的关键性技术，不要求全面，只要能解决这个关键问题就行，要快，针对性强，要准，宜用倒查法，迅速查得最新资料。

③要看检索学科的特点

古老学科，开始年代很早，只好用倒查法；新兴学科，起始年代不远，可用顺查法；波浪发展的学科，可选择发展高峰，用分段法。

文献信息检索总是根据文献的某种特征，从各个不同的角度进行的。根据文献的不同特征，就可以按照不同的途径使用上述方法进行检索。

（3）文献信息检索的步骤

人们的检索课题和需要虽各不相同，但为了达到检索目的，都要利用一定的检索工具按照一定的途径与方法才能把需要的文献检索出来。一般而言，要经过以下几个步骤：

①课题分析

课题分析是文献信息检索过程中最重要的环节，课题的内容是什么？主要解决什么问题？一定要通过认真的课题分析，才能将它们揭示出来。能否正确地分析课题，将直接影响到检索的质量与效果。课题分析要从以下几个方面进行：

a.分析主题内容：所谓主题的内容，就是课题研究的中心问题。如果一个课题研究的中心问题有一个或两个，那么，就有一个或两个主题。有多个研究的中心问题，就有多个主题。根据课题的内容，深入分析主题内容的目的，是要明确课题检索的要求，找出课题需要解决的关键，从而形成反映课题中心问题的主题概念，即拟出关键词。当课题比较生疏时，应先利用百科全书、图书等弄清楚概念，了解课题的有关专业知识，弄清楚课题的内容和要解决的问题以及解决该问题的初步设想等，再确定检索的主题范围。

b.分析问题类型：分析问题类型的目在于确定检索工具，仅有检索的学科和主题范围还不够，还要进一步确定文献类型的范围。因为科技文献类型繁多，而检索工具对文献的收集有所侧重，如果不根据文献类型选定检索工具，就会使检索工具达不到最佳效果。

分析文献类型，一般从课题的性质来考虑。自然科学领域的研究通常分为基础研究、应用研究和开发研究三种。前者寻求对自然界的认识，所要文献类型侧重专著、期刊、会议论文及原始性的科学考查、实验和述评等；后两者研究属于解决应用工程技术问题，所要文献侧重于科技用书、技术性期刊、报告、论文、专利、手册、标准、样品和产品目录等。

c.分析查找年代：分析查找年代的目的在于确定检索的时间范围。科技文献浩若烟海，即使检索工具也是卷帙浩繁，若查找年代不当会浪费大量的时间和精力，而且还会影响查找信心。分析查找年代，就是分析学科发展的历史背景，如学科发展有初期、高潮期和稳定期。高峰期的文献较多。早期原始文献中的精华都已综合在后来的图书、专著和述评等文献中了，只要直接查阅图书和近几年的文献检索工具就可以了，这样可以节省时间和精力。

②选择检索工具

检索工具的种类繁多，其文献类型、学科和专业的收录范围各有侧重，所以，根据课题的检索要求，选准、选全检索工具十分重要。

检索工具的选择通常有两种方法：

a.从常用检索工具中选择：

所谓常用检索工具，是人们在长期检索实践中公认的著名检索工具。它们属于文摘、索引之类的工具，具有收录范围广、报道时差短和检索方便等特点。检索工具书的类型，按收录范围划分可分为综合性检索工具、专业性检索工具和单一性检索工具。

b.从检索工具指南中选取：

可利用中国科学技术情报研究所编辑出版的《国外科技文献检索工具书选介》《国外科技文献单卷检索工具书简介》以及《国内科技文献检索工具书简介》等选取。

③确定检索途径

确定检索途径，应根据已知条件，选取最易查获所需文献的途径。例如：

第一，若已知文献的著者、号码、分子式和地名等，可利用相应索引查获所需文献，同时，还可通过上述途径间接核准确切的分类号或主题词。

第二，要根据检索工具的具体情况选择检索途径。检索工具一般都有多种检索途径，若课题的检索泛指性较高，即所需文献范围较广，则选用分类途径较好；反之，课题检索的专指性较强，即所需文献比较专深，则选主题途径为宜。

④选择检索方法

选择检索方法的目的在于寻求一种花时少、检索效果好的有效方法。

检索方法多种多样，究竟采用哪种方法最合适，主要应根据检索条件、检索要求和学科特点而定。

a.检索工具的条件：在没有检索工具可利用的情况下，可采用追溯法。在检索工具比较齐全的情况下，可采用常规法和分段法，因为这两种方法的查全性、查准性都较高。

b.检索课题的要求：通常要求检索全、快、准确，但三者又难以兼得。若以全、准为主，应采用顺查法。顺查法适应科研主题复杂、研究范围较大、研究时间较长的科学研究。新兴的课题研究以快、准为主，宜用倒查法。

c.学科发展特点：选择检索方法还须考虑课题的学科发展特点：

·检索课题属于年轻新兴学科，起始年代不太长，一般采用顺查法（也可采用倒查法）；

·课题检索属于较老课题，起始年代较早或无从考查，则可采用倒查法。

·有的学科在一定的年代里处于兴旺发展时期，文献发表得特别多，则在该时期内采用抽查法检索效果好。

d.进行科学计量学的研究，比如引文分析，可选用引文法，用美国《科学引文索引》进行统计分析。

⑤辨别文献来源

上述检索步骤，其实都是文献信息检索的准备阶段。当通过检索途径查找到与课题相一致的文献时，就要仔细阅读其文摘内容，判定是否切题。如符合检索要求，必须记下篇名、著者、来源、文种等款目。能否获得原始文献，前提是正确识别文献来源。

⑥索取原始文献

索取原始文献是检索程序的最后一步。当出版物全称查清楚以后，即可根据文献出处查取原始文献。查找原始文献首先从本单位、本地区的图书馆、情报部门进行，若查不到，再利用联合目录查找收藏单位，并进行信函联系、查询和复制所需原始文献。

1.3 文献信息检索工具

1.3.1 文献信息检索工具的概念、特点与分类

（1）文献信息检索工具的概念

从广义上讲，文献信息检索工具是指人们为存储、报道和检索文献的需要，按文献的内容特征或外部特征编制的工具书或数据库，一般包括目录、题录、索引、引文、文摘、字典、词典、百科全书、类书、政书、年鉴、综述、名录、表谱、图录等。可分为两大类：

①文献检索工具：包括目录、题录、索引、文摘，所要获得文献线索。

②参考工具书：除目录、题录、索引、文摘之外的。事实和数据的检索主要利用参考工具书。

从狭义上讲，文献信息检索工具主要指目录、题录、索引、文摘等。

（2）文献信息检索工具的特点

一般检索工具必须具备四个基本条件：

①必须详细记录文献的外部特征和内容特征；

②必须具有既定的检索标识。如主题词、分类号、著者姓名和文献序号等；

③必须根据标识的顺序，系统地、科学地排列文献，使其成为一个有机的整体；

④能够提供多种检索途径。

（3）文献信息检索工具的分类

根据不同的分类标准，检索工具有不同分类方式。

按检索手段分，有手工检索工具和机器检索工具。手工检索工具有卡片式和书本式（包括期刊式、单卷式、附录式）两种；机器检索工具有磁带式、缩微式、穿孔式、光碟式、网络式等五种。按著录方式分，有目录、题录、索引、文摘等几种。按收录范围分，有综合性、专业性、专题性三种。最常见的文献检索工具是以著录方式分类。

二次文献目录、题录、文摘等三个类型是按揭示报道一次文献的程度而划分的，这三种类型的检索工具，其正文后的索引，不管有几种，都是依附于正文并为正文服务的，脱离了正文，就失去了索引的价值和意义。所以，检索工具的索引，又称为检索工具的检索工具。因此，可以说掌握利用二次文献的方法，实际上是掌握利用索引的方法。在一定程度上说，没有索引的检索工具，不能称其为真正的检索工具。

1.3.2 检索工具的常见类型介绍

主要介绍按著录形式划分的几种检索工具，即目录、题录、文摘和索引。

（1）目录

目录（Bibliography/Catalogue），通常指以文献的"本"、"种"、"件"等为单位，对一批相关文献外表特征的揭示和报道，是有序的文献清单。目录又称书目，辨其名之谓目，定其次之谓录，目录在我国具有悠久的历史。公元前一世纪刘向、刘歆父子等编纂的目录巨著《别录》和《七略》，就是最早的目录典范。

目录的著录项目一般有：题名、著者/编者、文献出处（包括出版单位名称、出版年等）、编号（科技报告号、专利号等）、描述性注释（原文文别，译文来源，有关会

议的名称、届次、会期及地址，文献的页数、价格，参考文献数等）等。

①按照目录的编制和社会功能，可分为登记书目、科学通报书目、推荐书目、专题书目、书目之书目五种基本类型。

登记书目：全面登记和反映一个时期、一定范围或某一类型文献的出版或收藏情况而编制的书目。国家书目是登记书目的主要类型之一，是全面系统地揭示一个国家出版的所有文献的总目。我国现行的国家书目是《全国新书目》（月刊）、《全国总书目》（年刊）。英国出版的国家书目《英国国家书目》、日本国立国会图书馆出版的《全日本出版物总目》等。

科学通报书目：向读者和图书情报机构提供新出版和新入藏的文献的情报而编制的一种书目。它的特点是要求迅速、准确地提供国内外最新出版的图书目录。例如：中国科技信息研究所编的《中文科技资料馆藏目录》等。

推荐书目：是针对一定范围的读者对象，围绕某一专门问题，对文献进行选择性的推荐，供读者学习某门知识，了解某一事件而编的书目。如各类专业阅读书目，导师推荐的书目等。

专题书目：为一定范围的读者对象全面系统地揭示与报导关于某一特定学科、某一专门研究方向和研究课题的文献而编制的书目。它具有很强的针对性，是在特定范围帮助读者选择文献的向导。

书目之书目：又称书目指南。它将各种书目、索引、文摘等二次文献汇辑起来而编成的书目，是读者了解和掌握书目索引的钥匙。如中国科学院图书馆编写的《中国科学院各图书馆所编书目之总录》。

②按照目录收录文献的内容范围可分为：综合书目，专科（专题）书目，地方文献书目，个人著述书目等。

③按照目录反映文献收藏情况，可以划分为馆藏目录和联合目录。

④按照文献的出版时间与书目编制的时间的关系，可以分为现行书目、回溯书目和预告书目。

馆藏目录格式举例：

《全国报刊索引》著录格式

```
U464.176
WPL        汽车制冷发动机的构造原理/王平利，张虹主编.
Ⅱ         2版.北京：高等教育出版社，2004.1
           242页：16开
           ISBN7-04-012789-X/22jt
```

（2）题录

题录（Title）是在目录基础上发展起来的一种检索工具，是将图书和报刊中论文的篇目按照一定的排检方法编排，供人们查找篇目出处的工具。它按照论文的篇名顺序排列，按"篇"报道，不论是否收藏原文，只要是已出版发行的文献都收录，具有"广"、"全"、"快"的特点，但无内容摘要。从揭示程度讲，它比目录更深入了一层。

题录著录的项目主要包括篇名、著者（或含其所在单位）、来源出处（包括出版物名称、卷（期）、页数、出版年等）、文种、附表及参考文献等。例如，《中国社会科学文献题录》《全国报刊索引》《期刊文献读者指南》、美国的《化学题录》（ChemicalTitle）等。

题录款目格式举例：

> 051113647户外散射环境下的MIMO信道容量分析/曹恺（电子科技大学光电信息学院，610054）；吴援明/弹箭与制异学报（西安）.-2005，25（2）.-97-99，103

（3）文摘

文摘（Abstracts）是在题录的基础上发展起来，以简明的文字摘述文献的主要内容和原始数据，并按一定方式编辑而成的检索工具。作为一种检索工具，它以精练的语言把文献的重要内容、学术观点、数据及结构准确地摘录下来，并按一定的著录规则与排列方式编排起来，供读者查阅使用。文摘是随着各种文献的数量急剧增加而产生的，是近现代的产物。它是报道科学文献发展状况，系统积累科学情报的重要工具。如《科学文摘》《新华文摘》《中国社会科学文摘》《化学文摘》《工程索引》等都是重要的文摘刊物。

文摘的著录项除G题名相同的著录项外，还有揭示文献内容的著录项H：文摘正文与文摘员、检索标识（主题词、关键词等）。

文摘的种类很多，根据文献资料的内容性质和摘要方式等可以划分为不同的类型。

①按文摘的编写方式分为报道性文摘、指示性文摘和报道—指示性文摘。

指示性文摘（indicative abstract）：又称描述性文摘。它根据原文的主题内容编写。主要揭示文献研究的主要问题，以及文献涉及的范围、目的等，从而为判断是否需要阅读原始文献提供依据。由于此种文摘字数少、概括性强，一般又称简介性文摘，如我国出版的《电工文摘》。

报道性文摘（Informative Abstract）：也常称为说明性文摘、描述性文摘或论点文摘，一般只用两三句话概括论文的主题，而不涉及论据和结论，多用于综述、会议报告等。该类文摘可用于帮助潜在的读者来决定是否需要阅读全文。

报道—指示性文摘（Informative-indicative Abstract）：以报道性文摘的形式表述一次文献中的信息价值较高的部分，以指示性文摘的形式表述其余部分。

②按编写的形式可以分为传统的文摘和结构式文摘。

传统的文摘：多为一段式，在内容上大致包括引言、材料与方法、结果和讨论等主要方面，即IMRAD（Introduction，Methods，Results and Discussion）结构的写作模式。

结构式文摘（Structured Abstract）：是20世纪80年代中期出现的一种文摘文体，实质上是报道性文摘的结构化表达，即以分层次、设小标题的形式代替原来传统的编写形式。结构式文摘一般分为四个层次：目的（Objective）、方法（Methods）、结果（Result）、结论（Conclusion），但各期刊在具体操作上仍存在细微的差异。

③按出版形式分为期刊式文摘、单卷式文摘、附录式文摘和卡片式文摘等。

④按编写人分为著者文摘、非著者文摘。

文摘著录格式举例：

Purpose

To explore and describe the role and effectiveness of corporate advisory boards.

Design/methodology/approach

Twenty-two individuals from Silicon Valley all involved in some way with corporate advisory boards were interviewed in a structured way to provide the data for the research. There were eight key topics for questions and their responses were collated for the discussion sections of the paper.The different ways in which boards function are described：quasi-board, mentoring board, as advisors, networkers, as names, as an ideas group, etc.A board's effectiveness is examined and issues such as leadership and expertise are raised.

Findings

Key to effectiveness are：clear terms and responsibilities for the members of the board, optimum size of five to seven members, regular meetings, the skills.and experience of members, and playing their critical part in the early stages of a company's start-up.

Research limitationsJimplications (optional)

Limitations of the study are that it is a small sample which over-represents the high-tech industries and is based in the US.Also one should not assume that effective advisory boards make for effective new or star-up companies. That's another study altogether.

Practical implications (optional)

Understanding the role of advisory boards can improve the chances of success of a new company.Creating the right kind of board can help coach and support the CEO.

Originality/value

There has been little empirical research work conducted in advisory boards although they have become quite commonplace in parts of the US over the last decade.This paper forms the beginning of the work needed to discover how boards work in practice and point to the ideal composition and function of them for the future.

《公司管理》（Corporate Governance）的6层次结构式文摘著录格式。

（4）索引

索引（Index）有两个概念：其一是指检索工具，其二是指检索途径。作为检索工具的索引是将文献中有价值的知识单元，如图书的章节、期刊的论文题目、著者、学科主题、重要人名、地名、名词术语、分子式等分别摘录，注明页码，并按照一定的方法排列。Index原意为指点，借用作查阅书刊资料的工具的名称；日本人译之为"索引"。索引又名"引得"，古称"通检"、"备检"。

索引是对文献内容较深入的揭示，由索引款目、编排方法和出处指引系统三部分构成。它能解决目录只对文献做整体的宏观著录的不足，满足读者对文献内容单元的微观揭示和检索的要求。随着科技文献数量的急剧增长，人们越来越重视对索引的利用。索引的著录项包括标目（标识）/索引词、说明语、存储地址等。

索引的种类繁多，按照索引的对象可分为篇目索引、分类索引、主题索引、著者索引、号码索引、语词索引、引文索引及专用索引（如型号索引、功能索引、分子式索引等）。常用的索引有：篇名索引、主题索引、辅助索引等。

索引款目著录格式举例：

    Ewen-Sinith，B.M.   23777

    Ewing，M.   20974，20976

    Excel1，P.S.   22613

1.3.3 检索工具的结构和刊名缩写问题

（1）检索工具的结构

检索工具大体上可分为三大部分，即文前栏目、正文和书后附属部分。

文前栏目就是工具书主体部分之前的各个组成部分，就如普通图书一样，它也由封面、书名页、版权页、导言页、目次、序言（导言、前言）等基本组成部分。它们在检索中都具有一定的作用，但较为重要的有：目次页，导言、序言和前言，使用说明，缩略词表等。

主体部分：经过精选和浓缩的信息汇编，由众多的格式统一而各自独立的信息单元组成。这些信息单元包括短文条目和描述式款目。它们的排列顺序以强调检索为目的，而不着重要求具有逻辑性，且具有很大的随意性，主要通过其固定的顺序号码，依赖索引和其他检索途径进行检查。

附属部分：为了便于检索，参考工具书通过提供附加材料来保证尽可能具有最大的信息容量和完善的查检途径。大体上可分为附录、辅助检索途径。

附录在百科全书、语言词典、传记词典中附设得最多。附录虽种类繁多，但从性质上讲，与正文关系密切，其目的是为了使主体部分更紧凑，其作用有"小工具书"之称。

辅助检索途径一般指书末各种索引和研究指南等。一种参考工具书除了根据目次和正文进行检索外，还有其他辅助检索途径。其中书后索引是最主要的辅助检索途径。一般有主题索引、书名或篇名索引、著者索引或职业索引、地区索引、名称索引等。

（2）刊名缩写及其解决方法

国外大部分检索工具为了压缩篇幅，其在文献线索中著录的刊名一般采用缩写名称。因此，在索取原文时，还必须将缩写转换成全称。解决方法如下：

①掌握刊名缩写规则，按外文缩写习惯解决，例如：Mech Eng是美国《机械工程》的缩写。可参照《国际期刊名称用语缩写一览表》。

②利用检索工具附录的期刊表，可供查获刊名缩写的全称。例如，在美国《工程索引》中查到Arch Ration Mech Anal时，可利用工程索引的"出版物目录"（Publication List），1989年以前可查"工程出版物索引"（Publication Index for Engineering，简称PIE），即可查出刊名全称Archive for Rational Mechanics & Analysis。

第2章　网络信息检索

2.1　网络信息检索概述

2.1.1　网络检索的产生

网络检索是基于因特网（Internet）的信息检索方式。据统计，网络提供给人们的信息呈指数增长，这种增长势头无疑给网络带来了前所未有的繁荣，而这种信息爆炸也不可避免地导致了网络信息泛滥，给人们在网上查询信息带来了很多的麻烦。另外，由于Internet具有高度的自治性，并且在其建立过程中，始终执行一种开放的策略，对信息开发者不做任何限制，这样虽然使网上信息资源十分丰富，但是由于Internet没有统一的管理机构和统一的标引标准，信息缺乏有效的管理。有价值的信息和各种无用的信息混杂在一起，给需要它的用户带来相当大的困扰。如何能够快速、准确、有效地找到和获取与自身信息需求相关的信息，对所有用户来说是非常重要的，这就涉及网络检索问题。

网络检索是在计算机检索的基础上发展起来的，20世纪70年代，自从联机检索系统开始投入使用以来，人们已经开发了许多种类的信息检索软件，形成了软件开发研究和情报科学研究的一个相对独立的分支——计算机检索。尽管信息检索软件的功能与日俱增，技术水平也不断提高，但是这些软件的运行环境基本上还是单机或局部网络。虽然20世纪80年代出现了分布式的信息检索系统，但其主机台数十分有限，只是分布在几个点上。随着Internet的不断扩张，原有的检索工具已不能适应新的网络环境需要。这些因素促使许多联网的机构纷纷开发能在广域网环境下工作的新型检索工具，于是一类被人们称为网络检索工具（Networked Information Retrieval Tools）的新型检索工具便应运而生了。网络检索工具的研究与开发产生了信息检索这一学科的新的分支学科"网络检索"（Networked Information Retrieval，NIR）。

2.1.2　网络检索的特点

网络检索是最能够体现Internet特色的新型信息检索方式，也是目前网络环境下水平最高的信息服务方式。网络检索的主要特点有：

（1）交互式作业方式

所有的网络检索工具都具有交互式作业的特点，能够从用户请求中获取指令，即时响应用户的要求，执行相应的操作，具有良好的信息反馈功能和瞬间响应功能。用户能够在检索过程中及时地调整检索策略以获得更好的检索效果，并能就所遇到的问题获得联机帮助与指导。

（2）用户透明度

网络检索对用户屏蔽了各种物理差异，让用户在使用这些服务时感受到明显的系统透明度。这里所指的物理差异包括主机的硬件平台、操作系统等软件上的差异、客户程序和服务程序版本上的差异、主机的地理位置、信息的存储方式甚至通信协议的差别（如Web客户程序可以通过多种协议使用各种不同的信息资源）等。这一特点对网络环境下的信息检索来说是十分关键的。

（3）信息检索空间的拓宽

信息检索空间是衡量检索工具的重要指标之一。网络检索在这方面具有传统信息检索和Internet信息服务所不具备的优势。它可以检索Internet上的各类资源而检索者不必预先知道某种资源的地址。其检索范围覆盖了整个Internet，为访问和获取分布在世界各地的成千上万台服务器和主机上的大量信息提供了可能。如原来的国际商用联机检索只能检索某一台或几台主机或某一局域网内的数据库。而网络检索工具的工作方式则与此不同，它们可以同时使用多个主机甚至是所有主机的某种资源而且用户不必知道它们的具体地址。这一特点为用户带来的好处是显而易见的。

（4）友好的用户界面

网络检索系统的用户界面比较友好，特别是一些商业化软件（如Mosaic和Netscape），即使是Internet上的一些免费软件也设计得相当不错。对于有一定微机使用经验的人来说，学会使用这些软件是轻而易举的事情。Internet的普及在很大程度上是得力于这些设计精良的软件。

2.2 网络信息资源

网络之所以吸引了大量用户，很大程度上是因为网络上信息极其丰富。网络的开放性与交互性使其成为全球范围内传播和交流科研信息、教育信息、商业信息和社会信息的最主要渠道。要想在这浩瀚无边、变化多端而又鱼龙混杂的电子信息环境下完成有效的信息检索，对于每个检索者都是一项挑战。而熟练掌握网络信息资源的检索是我们在全球信息化、网络化的今天生存和发展的必备素质之一。要进行有效的信息检索，首先就必须对网络上的信息资源有较全面的认识和了解。

迄今为止，对于"网络信息资源"尚没有统一的定义，类似的名称也很多，如"电子信息资源"（Electronic Information Resources）、"因特网信息资源"（Internet Information Resources）、"联机信息"（On-line Information）、"万维网资源"（World Wild Web resources）等。有关其定义也多种多样，如有人提出"电子信息资源是以电子数据的形式将文字、图像、声音、动画等多种形式的信息存放在光磁等印刷纸质的载体中，并通过网络通信，计算机或终端等方式再现出来的信息资源"。网络信息资源，从字面上可以理解为"透过计算机网络可以利用的各种信息资源的总和"；从目的上看是"为了提高信息系统效率，实现资源共享而采用计算机网络整理、传递、获取的各种信息"；在范围上它不仅包括Internet上的信息资源，也包括各种局域网、城域网和广域网上的信息资源。

2.2.1 网络信息资源的种类

网络信息资源包罗万象，广泛分布在整个网络之中，依据不同的划分方法可以将网络信息资源分为不同的类型：

（1）按照网络信息的内容划分

①网络数据库

数据库亦称文献库、资料库，是发展最早、影响最广的一种主要电子信息源。脱离单机或专门的检索终端，与网络相结合，借助网络而提供服务的数据库即为网络数据库。网络数据库主要包括联机数据库和光盘数据库。提供光盘产品和联机服务的大型商业数据库公司在网络大发展的形势下通过网络提供信息服务，这就形成了网络数据库，目前很多大型联机数据库、光盘数据库已经联入网络，如国外的DLALOG、EiCompendexWeb，国内的《中国学术期刊（网络版）》等。

②联机馆藏目录库

图书馆作为信息的集散地，在网络的影响下纷纷向着数字化、网络化方向发展。为了使更多的读者充分利用图书馆资源并实现资源共享，众多图书馆建立了馆藏机读目录数据库并通过网络对外开放。目前网上已有6000多个图书馆的馆藏目录库通过网络对外开放。

③电子出版物

网络上出现了越来越多的电子出版物，包括电子图书、电子期刊和电子报纸等。网上出版物是指在网络环境中编辑、出版、发行的出版物以及印刷型出版物的网络版。由于现有的相关技术为网上出版物的出版、发行、传播创造了良好条件，网络出版物的数量正急剧增加，从而营造了一个崭新的出版发行环境。网上图书日益增多，内容涉及方方面面，其中网上参考工具书更是独树一帜，像一些百科全书、辞典、手册、名录等都进入了网络，这些网络版参考工具书使用起来方便、快捷；网上期刊在数量上超过网上图书，因为期刊的出版要求周期短、内容新、发行快，而网络正好适合期刊的这些要求。目前网络上有上万种电子期刊向用户提供服务，其中很多是免费提供；网上报纸在近几年也在迅速发展，据统计现已有上千种报纸上网提供给用户使用，其中很多也是免费查阅的。

④政府机构信息

政府机构以政府信息服务系统向公众提供信息。包括有关组织机构的宗旨、业务范围、人员、出版物、最新消息发布、各种法律、法规或相关政策信息等，内容相当广泛。随着各国政府信息公开制度及相应法规的确立，政府信息在不久的将来会成为网络信息中的一种重要的信息资源。

⑤休闲娱乐信息

这类资源较多，且大多免费提供给用户，包括各种新闻、广告、讨论组以及各种开放软件。

（2）按照所采用网络信息的协议不同划分

①基于超文本传播协议（HTTP）的信息资源

万维网（World Wide Web，简称WWW或Web）是互联网最重要和最广泛的应用方式，利用万维网，用户可以浏览互联网上所有的信息资源。Web建立在超文本、超媒体基础上，集文本、图形、图像、声音为一体，并以直观的图形用户界面（GUI）展现和提供信息的网络信息资源形式。由于其使用简单，功能强大，自20世纪90年代问世以来，成为发展最快、信息最丰富的一种网络信息资源形式。HTTP是浏览器与Web服务器之间相互通信的协议，即Web客户机和服务器用于在网上传输、响应用户请求的协议。当用户以http：//开始一个链接的名字时，是告诉浏览器去访问使用HTTP的Web网页。

URL（Universal Resource Locator），中文直译为"统一资源定位器"。URL一般包括协议部分、主机部分、目录部分、文件部分，例如：http：//www.bxemail.com/bxfaq/faq.htm

协议主机目录文件：

通过URL，我们就可以在因特网茫茫的信息海洋中定位出具体的某个资源。根据这个解释，我们可以发现，URL等于我们通常所说的网址。

用浏览器去访问某一个服务器，这也是一种客户机/服务器的工作模式，客户机是用户用来在Internet站点上请求Web文档的浏览器，Web服务器则是指保存Web信息的计算机，它允许用户在客户机上发出请求，在服务器和浏览器之间利用HTTP传输超媒体信息，浏览器的作用就是把从服务器传回的超媒体信息展现在读者的面前，它知道如何去解释和显示在Web上找到的超文本信息。

②基于文件传输协议（FTP）的信息资源

FTP协议的主要功能是完成从一个系统到另一个系统完整的文件复制，即在网络的联网计算机之间传输文件。通过FTP可以获得的信息资源类型很广泛。广义地说，任何以计算机方式存储的信息均可通过FTP协议获取，包括书籍、图像、音频、多媒体、一些书籍的电子版、电子期刊、某些政府机构发布的信息、大量的免费与共享软件等。

FTP是基于客户/服务器模型设计的，客户和服务器之间利用TCP建立连接。FTP服务器在这里是指提供FTP服务的机器。客户端的FTP程序按操作方式可以分成两种：命令方式和图形方式。一般在DOS下多是命令方式，Windows下多是图形方式。无论是何种方式使用FTP都要经过连接的建立、文件传输及连接解除三个步骤。连接的建立是指建立FTP会话连接，在这一过程中要求用户输入FTP服务器的地址、用户名和口令。连接建立后就可以在服务器和本地机之间传输文件了。

③基于远程登录（Telnet）的信息资源

这是指通过Telnet协议所访问到的网络信息资源。其实现方法为在远程计算机上登录，使自己的计算机暂时成为远程计算机的终端，进而可以实时访问、使用远程计算机中对外开放的资源。这些资源包括硬件资源，如超级计算机、精密绘图仪、高速打印机、高档多媒体输入、输出设备等；也包括软件资源，如大型的计算机程序、图形处理程序以及大型数据库等信息资源。

目前，许多机构都建立了可供远程登录的信息系统，如各类图书馆的公共查询目录系统、信息服务机构的综合信息系统等。

Telnet是提供较早的一种服务，它引用了UNIX多用户系统的用户账号概念。用户账号规定了用户对系统的使用权，用户登录后就可以访问系统的全部或部分资源。Telnet协议的目的是提供一个通用、双向、基于8位字符的通信服务，一个用户在登录后系统并不区分是否是本地用户，所以用户在本地可以做的任何操作都可远程进行。微机上的Telnet程序很多，常见的有NETTERM、TERATERM、EASN等。

除了以上三种信息资源外，组成Internet资源的还有Gopher资源、WAIS资源和网络新闻资源等。这些信息资源同FTP与Telnet信息资源一起被称为传统的Internet资源。

现在Web客户浏览程序除了可以访问HTTP资源之外，还可以访问Internet的其他资源，平时所说的网络资源多数情况下指的就是Web信息资源。

对网络信息资源的种类还有很多其他的划分方法，这里不再一一赘述。

从信息资源的观点来看，网络无疑是一个集各个部门、各个领域的各种信息资源为一体的供网上用户使用和共享的数据资源网。人们从不同的角度可以对网络资源进行不同的分类，不管如何分类，其目的都在于使人们更好地认识、了解、检索和使用网络信息资源。

2.2.2 网络信息资源的特点

（1）从内容上看

①数量的海量化

现代的高密度存储技术、柔性的系统结构和严密的处理方式为网络信息资源数量的海量化提供了前提，据统计网络信息数量正以指数级增长。

②种类繁多

在网络信息中，除文本信息外，还包括大量的非文本信息，如图形、图像、声音信息等，使网络信息资源呈现出多类型、多媒体、非规范、跨地域、跨语种等特点。

③分布开放，但内容之间关联程度强

网络信息被存放在网络计算机上，一方面由于信息资源分布分散、开放，显得无序化；另一方面由于网络特有的超文本链接方式，使得内容之间又有很强的关联程度。

④信息庞杂，不易控制

网络信息的发布具有很大的自由性和任意性，由于缺乏必要的过滤、质量控制和管理机制，不仅学术信息、商业信息、政府信息、个人信息混为一体，而且诸如大量种族歧视、不健康的黄色信息也得以扩散，引发了许多方面的问题。信息流动跨越了国境和疆界，虽然极大地促进了人类信息资源的共享，但也带来了一些意想不到的问题，如文化冲突、信息侵略、信息威慑、信息鸿沟等。

（2）从形式上看

①非线性

超文本技术的一大特征是信息的非线性编排，将信息组织成某种网状结构。浏览超文本信息时可根据需要，或以线性顺序依次翻阅，或沿着信息单元之间的链接进行浏览。

②交互性

网络信息资源中基于电子平台、数字编码基础上的新型信息组织形式——多媒体，不仅集中了语言、非语言两类符号，而且又超越了传统的信息组织方式。

③动态性

网络信息资源的呈现方式从静态的文本格式发展到动态的多模式链接。

（3）从效用上看

①共享性

网络信息除了具备一般意义上的信息资源的共享性外，还表现为一个网页可供所有的网络用户随时访问，不存在传统媒体信息由于副本数量限制所导致的信息不能获取现象。

② 时效性

网络信息的时效性远超过其他任何一种信息。网络媒体的信息传播速度及影响范围使得信息的时效性增强。同时网络信息增长速度快、更新频率高也是其他媒体信息所不能企及的。

2.3 网络检索工具

随着因特网的迅猛发展和网络信息资源的急剧增长，为了便于人们有效地利用网上信息资源，就要对网上信息资源进行有效的组织与管理，而搜索引擎就是人们对网上各种信息资源进行标引和检索的工具。

2.3.1 搜索引擎的定义

搜索引擎（Search Engine）是指对因特网各种信息资源进行标引和检索的工具。搜索引擎使用自动索引软件来采集、发现、收集并标引网页、建立数据库，以WWW页面形式提供给用户一个检索界面，供用户通过关键词、词组或短语等检索项来进行检索。搜索引擎本身也是一个WWW网站，与普通网站不同的是，搜索引擎的主要资源是描述互联网资源的索引数据库和分类目录，为人们提供一种搜索互联网信息资源的途径。它可以代替用户在数据库中进行查找，根据用户的查询要求在索引库中筛选满足条件的网页记录，并按照其相关度排序输出，或根据分类目录一层层浏览。搜索引擎包含了极其丰富的网上资源信息，对用户的检索响应速度极快，一般每次检索只要几秒钟。但由于人工干预过少，而且搜索引擎大多采用自然语言标引和检索，没有受控词，导致信息查询的命中率、准确率、查全率较差，往往是输入一个检索式，得到一大堆网页的地址，检索结果中可能会有很多冗余信息。

2.3.2 搜索引擎的工作原理

搜索引擎的工作原理主要可以概括为以下三个过程。

（1）信息采集与存储

信息的采集包括人工采集和自动采集两种方式。人工采集由专门的信息人员跟踪和选择有用的WWW站点或页面，并按规范方式分类标引并组建成索引数据库。自动采集是通过自动索引软件（Spider、Robot或Worm）来完成的，Spider、Robot或Worm在网络上不断搜索相关网页来建立、维护、更新索引数据库，能够自动搜索、采集和标引网络上众多站点和页面，并根据检索规则和数据类型对数据进行加工处理，因此它收录、加工信息的范围广、速度快，能及时地向用户提供Internet中的新增信息，告诉用户包含这个检索提问的所有网址，并提供通向该网址的链接点，检索比较方便。

（2）建立索引数据库

信息采集与存储后，搜索引擎要对已收集的信息进行整理，建立索引数据库，并定时更新数据库内容。索引数据库中每一条记录基本上对应于一个网页，记录包括关键词、网页摘要、网页URL等信息。由于各个搜索引擎的标引原则和方式不同，所以即使是对同一个网页，它们的索引记录内容可能也不一样。

索引数据库是用户进行检索的基础，它的数据质量直接影响检索效果，数据库的内容必须经常更新、重建，以保证索引数据库能准确反映网络信息资源的最新状况。

（3）检索界面的建立

每个搜索引擎都必须向用户提供一个良好的信息查询界面，接收用户在检索界面中提交的搜索请求，搜索引擎根据用户输入的关键词，在索引数据库中查找，把查询命中的结果（均为超文本链接形式）通过检索界面返回给用户，用户只要通过搜索引擎提供的链接，就可以立刻访问到相关信息。

2.3.3 搜索引擎的基本检索功能

大多数搜索引擎都具备基本的检索功能，如布尔逻辑检索、词组检索、截词检索、字段检索等。

（1）布尔逻辑检索

所谓布尔逻辑检索，就是指通过标准的布尔逻辑关系运算符来表达检索词与检索词间逻辑关系的检索方法，主要的布尔逻辑关系运算符有：

①AND关系，称为逻辑与，用关系词AND来表示，要求检索结果中必须同时包含所输入的两个关键词。

②OR关系，称为逻辑或，用关系词OR来表示，要求检索结果中只包含所输入的两个关键词中的一个。

③NOT关系，称为逻辑非，用关系词NOT来表示，要求检索结果中包含第一个关键词但不包含所输入的第二个关键词。

（2）词组检索

词组检索是将一个词组（通常用双引号""括起）当作一个独立的运算单元进行严格的匹配，以提高检索的精度和准确度，这也是搜索引擎检索中常用的方法。

（3）截词检索

截词检索指在检索式中使用截词符来代替相关字符，扩大检索范围。截词检索也是一般搜索引擎检索中的常用方法，在搜索引擎中常用的截词符是星号"*"，通常使用右截断。如输入comput*，将检索出computer、computing、computerised、computerization等词汇。

（4）字段检索

搜索引擎提供了许多带有网络检索特征的字段型检索功能，如主机名（host）、域（domain）、统一资源定位地址（URL）等，用于限定检索词在数据库中出现的区域，以控制检索结果的相关性，提高检索效果。

（5）自然语言检索

自然语言检索指用户在检索时，直接使用自然语言中的字、词或句子组成检索式进行检索。自然语言检索使得检索式的组成不再依赖于专门的检索语言，使检索变得简单而直接，特别适合于不熟悉检索语言的一般用户。

（6）多语种检索

提供不同的语种的检索环境供用户选择，搜索引擎按照用户设定的语种检索并返回检索结果。

（7）区分大小写检索

主要针对检索词中有西文字符、人名、地名等专有名词时，区分其字母大小写的不同含义。区分大小写检索，可有助于提高查准率。

2.3.4 搜索引擎的类型

随着Internet的技术的发展与应用水平的提高，各种各样的搜索引擎层出不穷，为了帮助用户准确、快捷、方便地在纷繁、浩瀚的信息海洋里查找到自己所需的信息资源，网络工作者为各类网络信息资源研制了相应的搜索引擎。搜索引擎按其工作方式主要可分为三种：

（1）全文检索型搜索引擎（Full Text Search Engine）

全文检索型搜索引擎处理的对象是互联网上所有网站中的每个网页。每个全文检索型搜索引擎都有自己独有的搜索系统和一个包容因特网资源站点的网页索引数据库。其数据库最主要的内容由网络自动索引软件建立，不需人工干预。网络自动索引软件自动在网上漫游，不断收集各种新网址和网页，形成数千万甚至亿万条记录的数据库。当用户在搜索框中输入检索词或检索表达式后，每个搜索引擎都以其特定的检索算法在其数据库中找出与用户查询条件匹配的相关记录，并按相关性大小顺序排列并将结果返回给用户。因此它们是真正的搜索引擎。用户获得的检索结果，并不是最终的内容，而是一条检索线索（网址和相关文字），通过检索线索中指向的网页，用户可以找到和检索内容匹配的内容。它具有检索面广、信息量大、信息更新速度快等优点，非常适用于特定主题词的检索。但在检索结果中会包括一些无用信息，需要用户手工过滤，这也降低了检索的效率和检索效果的准确性。

（2）分类目录型搜索引擎（SearchIndex/Directory Search Engine）

分类目录型搜索引擎提供按类别编排因特网站点的目录，是由网站工作人员在广泛搜集网络资源，并由人工进行加工整理的基础上，按照某种主题分类体系编制的一种可供检索的等级结构式目录。在每个目录分类下提供相应的网络资源站点地址，使因特网用户能通过该目录体系的引导，查找到和主题相关的网上信息资源。

分类目录型搜索引擎收录网站时，并不像全文检索型搜索引擎一样把所有的内容都收录进去，而是首先把该网站进行类别划分，并只收录摘要信息。

分类目录型搜索引擎的主要优点是所收录的网络资源经过专业人员的人工选择和组织，可以保证信息质量，减少了检索中的"噪声"，从而提高了检索的准确性，不足之处是人工收集整理信息，需花费大量的人力和时间，难以跟上网络信息的迅速发展，而且所涉及信息的范围比较有限，其数据库的规模也相对较小，因此其搜索范围较小，而且这类搜索引擎没有统一的分类标准和体系，如果用户对分类的判断和理解与搜索引擎有所偏差，将很难找到所需要的信息，从而成为制约分类目录型搜索引擎发展的主要因素。

（3）多元搜索引擎（Meta Search Engine）

多元搜索引擎又称集合式搜索引擎，它将多个搜索引擎集成在一起，向用户提供一个统一的检索界面，将用户的检索提问同时发送给多个搜索引擎，同时检索多个数据库，并将它们反馈的结果进行处理后提供给用户，或者让用户选择其中的某几个搜索引擎进行工作。使用多元搜索引擎，可让用户省时、省力，因而该类搜索引擎又被称为"并行统一检索索引",即用户输入检索词后,该引擎自动利用多种检索工具同时进行检索。

多元搜索引擎的最大优点就是省时,不必就同一提问一次次地访问所选定的搜索引擎,也不必每次均输入检索词等,而且检索的是多个数据库,扩大了检索范围,提高了检索的全面性。

2.4 常用中文搜索引擎

2.4.1 谷歌(Google)搜索引擎

(1)Google搜索引擎的基本情况

Google(http://www.google.com)(其主页见图2.1)是目前因特网上最优秀的支持多语种的搜索引擎之一,其功能强大,特点突出,技术先进,服务优良,在业界评测中获得多项大奖。Google的索引目录中贮存了30多亿个网页及网页快照,以及4亿多张图片,用户可以使用86种语言文字进行搜索。

Google公司是由两个斯坦福大学博士生拉里·佩奇和谢乐盖·布林于1998年9月创办的。公司提供的唯一服务就是搜索引擎。Google采用自动索引软件网络蜘蛛(Spider)按某种方式自动地在因特网中搜集和发现信息,并采用先进的网页级别(Page Rank)技术,根据因特网本身的链接结构对相关网站用自动的方法进行分类、清理、整合,任何网页均可直接地链接到另一网页,使信息在网站之间畅通无阻,从而为用户提供面向网页的全文检索服务的因特网信息查询系统。其富于创新的搜索技术和具有的界面简洁、易用、快速、相关性强等优点,使Google从当今的新一代搜索引擎中脱颖而出,深受用户的喜爱。2000年7月,Google替代Inktomi成为雅虎(Yahoo)公司的搜索引擎,同年9月,Google成为中国网易公司的搜索引擎。

图2.1 Google搜索引擎主页

(2)Google搜索引擎的检索方式与检索功能

①Google关键词检索

Google首页非常简洁,在Google标题下排列了几大功能模块:网站、图像、资讯、网上论坛、网页目录,默认的是所有网站搜索。用户只需要在文本框中输入查询内容并按一下回车键（Enter），或单击"Google搜索"按钮即可得到相关资料。通过单击按钮下方的3个单选按钮可以分别在"所有网站"、"所有中文网页"、"简体中文网页"中搜索相关内容。

②Google高级搜索

Google除提供基本查询外，还提供了一些全新的功能，如"手气不错"、"高级搜索"等。如果在输入关键词后按"手气不错"按钮，Google将直接进入查询到的第一个网页，用户将完全看不到其他的搜索结果。

如果需要更精确的搜索，可以单击Google首页右侧的"高级搜索"链接，打开Google高级搜索页面，如图2.2所示。在高级检索页面中可以对搜索结果进行更多的设定，包括各种语言、文件格式、日期、检索内容位于网页的不同位置等，并对每个页面显示的搜索结果数量做出设定。

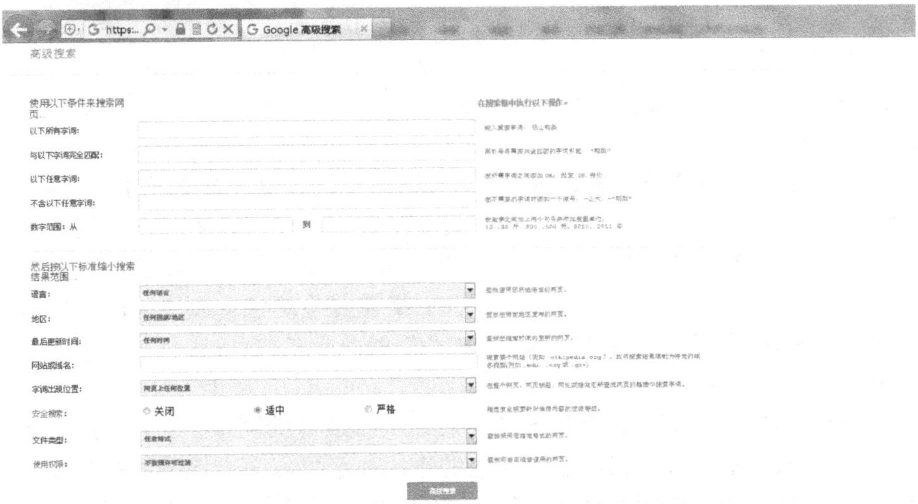

图2.2 Google高级搜索界面

（3）Google的检索语法特点

①Google检索时有自己的语法结构，它不支持逻辑运算符"AND"、"OR"的使用。Google自动带有"And"功能进行查询，用空格表示逻辑"与"操作，如搜索结果要求包含两个及两个以上的关键字，则在多个关键字之间加上空格即可。Google用减号"-"表示逻辑"非"操作，"A-B"则表示搜索结果要求包含A但不包含B的网页。Google用大写"OR"表示逻辑"或"操作。搜索"A OR B"，则表示搜索的网页中，要么有A，要么有B，要么同时有A和B。

②Google不支持通配符"*"、"?"等的搜索，只能做精确查询，关键字后面的"*"或者"?"会被忽略掉。

③Google对英文字符大小写不敏感，所有的字母均作小写处理。例如搜索"FOOTBALL"、"football"或"Football"，得到的结果都一样。

④Google的关键字可以是词组（中间没有空格），也可以是句子（中间有空格），但是，用句子做关键字进行搜索必须加英文引号。

示例：搜索所有包含"long, long ago"字符串的网页。

⑤Google对一些网络上出现频率极高的词（主要是英文单词），如"i"、"com"、"http"，以及一些符号如、"·"和"的"等，均作忽略处理。因为这类字词频繁出现在网页中，不仅无助于信息的查准和查全，缩小查询范围，而且会大大降低搜索速度。

示例：搜索关于第一次世界大战的信息。

搜索："world wari"

结果："i"过于频繁，没有被列入搜索范围。

（4）Google的高级搜索语法

①site：（按网域搜索）

用"site"表示搜索结果局限于某个具体网站或者网站频道，如"baidu.com"、"sina.com.cn"、"edu.sina.com.cn"，或者是某个域名，如"edu.cn"、"com"等。如果要排除某个网站或者域名范围内的页面，只需用"-网站/域名"即可。

示例：搜索式为"巴金site：edu.cn"，表示在中文教育科研网站（edu.cn）上搜索所有包含"巴金"的页面。

示例：搜索式为"鲁迅site：edu.sina.com.cn"，表示在新浪文教频道中搜索关于"鲁迅"的页面。

示例：搜索式为"莫言site：baidu.com"，表示在百度网站中搜索关于莫言的网页。

注意：搜索关键词可以在"site：站点域名"前，也可以在其后，关键是关键词与"site：站点域名"之间必须留一个空格隔开。site后的冒号为英文字符，而且，冒号后不能有空格，否则，"site："将被作为一个搜索的关键字。此外，网站域名不能有"http"以及"WWW"前缀，也不能有任何"/"的目录后缀。

②link：（按链接搜索）

使用"link"语法，可搜索所有链接到某个URL地址的网页。"link："和后面所跟的URL地址之间，不要有空格。这个功能的作用在于可以知道该网站被关联的程度，如果搜索结果很多，说明该网站被连接得很多，从侧面说明该网站受欢迎的程度越高。另外，一般互相连接的网站都有某种相关性，这也为查找某些特定领域内的知识提供了参考源。

示例：搜索所有指向www.cqnu.edu.cn链接的网页，搜索式为："link：www.cqnu.edu.cn"。

注意：link搜索区别于其他搜索方式，不能将link搜索与普通关键词搜索相结合。

③inurl（按URL搜索）

使用inurl语法，返回的网页链接中包含第一个关键字，后面的关键字则出现在链接中或者网页文档中。有很多网站把某一类具有相同属性的资源名称显示在目录名称或者网页名称中，比如"MP3"等，于是，就可以用inurl语法找到这些相关资源链接，然后，用第二个关键词确定是否有某项具体资料。inurl语法和基本搜索语法的最大区别在于，前者通常能提供非常精确的专题资料。

示例：搜索式"inurl：MP3在希望的田野上"，表示查找MP3曲"在希望的田野上"。

示例：查找微软网站上关于windows2000的安全课题资料。

搜索式为："inurl：security windows2000 site：Microsoft.com"

注意："inurl："后面不能有空格。

(5) Google 的其他重要功能

①网页快照

网页快照是 Google 抓下来缓存在服务器上的网页。网页快照主要有三个作用：一是如果原地址打开很慢，则可直接查看 Google 缓存页面，因为 Google 服务器速度极快。二是如果原链接已经死掉或暂时不通，则可通过 Google 快照看到该页面的信息。三是如果打开的页面信息量巨大，找不到关键词所在位置，则可通过 Google 快照，因为在快照中，Google 用鲜明的黄色表明关键字位置。

②工具栏

为了方便搜索者，Google 提供了工具栏，工具栏将内嵌于 Internet Explorer 中，用户无需打开 Google 主页就可以在工具栏内输入关键字进行搜索。

此外工具栏还提供了其他许多功能：

搜索网页：让用户在任何网页上随时使用 Google 的查询。

检索网址：站内查询，限定搜索范围于用户所在的网站内。

PageRank：网页级别，让用户知道 Google 对这网页的评价。

③新闻组搜索

新闻组中有详尽的分类主题，某些主题还有专人管理和编辑，具有大量的有价值信息。由于新闻组中包含了巨大的信息，因此不利用工具进行检索是不大可能的。DEJA 一直是新闻组搜索引擎中的佼佼者，2001 年 2 月，Google 收购 DEJA 并提供所有 DEJA 的功能。现在，除了搜索之外，Google 还支持新闻组的 WEB 方式浏览和张贴功能。进入 Google 新闻组 http：//groups.Google.com/，你可用两种方法查找所需信息：一种是一层层地点击进入特定主题讨论组，另一种则是直接搜索。

④图片搜索

Google 提供了 Internet 上图像的搜索功能。在 Google 首页点击图像链接就进入了 Google 的图像搜索界面 "https：//www.google.com/imghp?hl=zh-CN&tab=wi"。Google 给出的搜索结果是一个具有直观性的缩略图，以及对该缩略图的简单描述，如图像文件名称、大小等。点击缩略图，页面分成两帧，上帧是图像的缩略图，以及页面链接，而下帧，则是该图像所处的页面。屏幕右上角有一个 "RemoveFrame" 按钮，可以把框架页面迅速切换到单帧的结果页面。

⑤搜索结果翻译

如果搜索出来的页面是法文、德文、拉丁文，Google 提供了搜索结果翻译的功能，可以把非英文的搜索结果翻译成英文。进入 Google 的设置页面选中语言工具这个选项即可，https：//translate.google.com/。

⑥PDF 文档搜索

Google 提供对 PDF 文档内文的检索。PDF 是 ADOBE 公司开发的电子文档格式，现在已经基本成为互联网的电子化出版标准。PDF 文档通常是一些图文并茂的综合性文档，提供的资讯一般比较集中全面。目前 Google 可检索的 PDF 文档大约有 2500 万个。

2.4.2 百度中文搜索引擎

（1）百度中文搜索引擎的基本情况

百度（https：//www.baidu.com）于1999年底成立于美国硅谷，是由资深信息检索技术专家、超链分析专利的唯一持有人李彦宏及徐勇博士创建的。百度搜索引擎由四部分组成：蜘蛛程序、监控程序、索引数据库、检索程序。百度采用超链分析技术，即通过分析链接网站的多少来评价被链接的网站质量，已为世界各大搜索引擎普遍采用，目前已成为全球最优秀的中文信息检索与传递技术供应商，中国所有具备搜索功能的网站中，由百度提供搜索引擎技术支持的超过80%。

百度是世界上最大的中文搜索引擎，支持搜索4亿中文网页，并且每天都在增加几十万新网页，对重要中文网页实现每天更新，用户通过百度搜索引擎可以搜索到世界上最新最全的中文信息。百度在中国各地分布有服务器，能直接从最近的服务器上，把所搜索信息返回给当地用户，使用户享受极快的搜索传输速度。此外，在百度标题下，还对最常用的搜索对象做出了链接，包括新闻搜索、网页搜索、网上贴图搜索、专业MP3搜索、图片搜索、信息快递搜索、网站搜索、Flash和地区搜索。单击相关链接，百度搜索引擎即可在特定的范围内搜索信息。百度搜索引擎将发展为最全面的搜索引擎，为所有中文用户打开互联网之门。百度中文搜索引擎的主页如图2.3所示。

图2.3 百度首页

（2）百度的检索方式和检索功能

①关键词检索

百度提供关键词检索，用户只需在浏览器中的地址栏中输入百度的网址：http：//www.baidu.com，按回车键打开百度的首页，在文本框中输入查询内容并按一下回车键（Enter），或单击"百度搜索"按钮即可查询到满足条件的相关资料。如果用户无法确定输入什么关键词才能找到满意的资料，百度相关检索可以帮助用户。用户先输入一个简单词语搜索，然后，百度搜索引擎会为用户提供"其他用户搜索过的相关搜索词"作参考。点击任何一个相关搜索词，都能得到那个相关搜索词的搜索结果。

②百度高级搜索

如果需要更精确的搜索结果，可以单击首页右侧的"高级搜索"，打开百度高级搜索页面，如图2.4所示。在百度高级搜索页面中，可以对搜索结果进行更多的设定，包括各种语言、时间、地区、关键词位置等，并可以对每个页面显示的搜索结果显示条数做出设定。高级搜索功能将使百度搜索引擎功能更完善，使用百度搜索引擎查找信息也将更加准确、快捷。

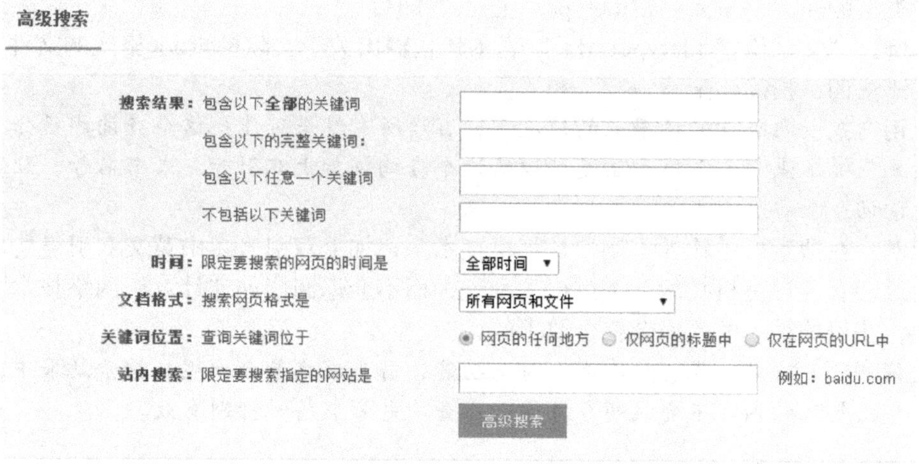

图2.4　百度高级搜索界面

（4）百度高级搜索语法

①"site"表示搜索结果局限于某个具体网站、网站频道或某域名内的网页。使用的方式，是在查询内容的后面加上"site：站点域名"。注意查询的关键词必须"site：站点域名"之间留一个空格。

示例："足球site：www.titansports.cn"表示在体坛周报网站内搜索和"足球"相关的资料；

示例："足球site：com.cn"表示在域名以"com.cn"结尾的网站内搜索和"足球"相关的资料。

②在标题中搜索：在一个或几个关键词前加"intitle："，可以限制只搜索网页标题中含有这些关键词的网页。注意"intitle："和后面所跟的关键词，不要有空格。

示例："intitle：足球"表示搜索标题中含有关键词"足球"的网页；

示例："intitle：足球中国"表示搜索标题中含有关键词"足球"和"中国"的网页。

③在URL中搜索：在"inurl："后加url中的文字，可以限制只搜索URL中含有这些文字的网页。

示例："inurl：中国"表示搜索URL中含有"中国"的网页；

示例："inurl：足球"表示搜索URL中含有"足球"的网页；

示例："inurl：中国足球"表示搜索URL中含有"中国"和"足球"的网页。

示例："inurl：MP3宋祖英"表示搜索URL中必须含有"MP3"的网页，而宋祖英可以出现在网页的任何位置。

④Filetype搜索范围限定在指定文档格式中。查询词用Filetype语法可以限定查询词

出现在指定的文档中，支持文档格式有pdf，doc，xls，ppt，rtf，all（所有上面的文档格式）。对于找文档资料相当有帮助。使用方式是："关键词filetype：文件类型"。

示例："photoshop实用技巧filetype：doc"表示查找关于photoshop实用技巧的文件，并且要求返回的文件类型为doc格式。

示例："大学英语filetype：ppt"表示查找关于大学英语ppt格式的文件。

特别值得一提的是，用控制词filetype可以限制特定文件类型的输出，如果要禁止某种文件类型的输出，只需要在filetype加上"-"即可。

示例："文献检索-filetype：doc"表示禁止输出关于文献检索doc格式的文件。

⑤语法四：精确匹配——""和《》

使用方式：在查询的词很长的情况下，百度所有结果可能把这个查询词拆分，导致搜索结果您并不满意。解决方案是可以给这个查询词加上双引号，或书名号，让百度不拆分查询词；

示例：在搜索框中输入查询"计算机技术"，加上双引号（中英文双引号均可），它就会返回有"计算机技术"关键词的网址，而不会返回诸如"计算机网络技术"之类的网址，获得的结果就是完全符合要求的；

注意事项：书名号在百度有两个特殊功能，首先书名号会出现在搜索结果中；二是被书名号括起来的内容不会被拆分，这个在查询电影书籍时特别有效。

2.5 网络资源目录

2.5.1 目录型网络检索工具简介

网络资源目录（Web Directory）是目录型网络检索工具（Subject Directory Catalogue），一般称为网络目录，又称专题目录或主题指南、站点导航系统等。网络资源目录型搜索引擎虽然具有搜索功能，但它提供的是按相关标准和原则（如学科体系）进行划分的互联网站点的目录和列表，它是由网站工作人员在广泛搜集网络资源并由人工进行加工整理的基础上，按照某种主题分类体系编制的一种可供检索的等级结构式目录。用户可以不用进行关键词检索，通过逐层浏览目录，逐步细化来寻找合适的类别直至具体的符合查询需要的信息资源。目录型网络检索工具在每个目录分类下提供相应的网络资源站点地址，使Internet用户能通过该目录体系的引导，查找到有关的网上信息。

（1）网络资源目录型搜索引擎的工作原理

网络资源目录一般采用人工方式采集和存储网络信息。首先由网络工作人员对网站进行广泛调查、搜集、分类、存储和组织，由专业人员手工建立关键字索引，然后将索引信息存入相应的数据库，其建库和检索界面的过程与搜索引擎类似。网络资源目录型搜索引擎将搜索到的因特网信息资源按主题分成若干大类，每个大类下面分设二级类目、三级类目等，一些搜索引擎可细分到十几级类目。这类搜索引擎往往还有网站查询功能，也称之为网站检索。当网络资源目录型搜索引擎遇到一个网站时，首先将该网站划分到某个分类下，再记录一些摘要信息，对该网站进行概述性的简要介绍，用户提出搜索要求时，搜索引擎只在网站的简介中搜索。

（2）网络资源目录与搜索引擎的比较

网络资源目录型搜索引擎的最大特点，就是网络用户在查询信息时，事先可以没有特定的信息检索目标（关键词）。用户可以按照模糊的主题概念，在浏览查询的过程中分步骤地组织自己的问题，通过分析和匹配自己的思维逻辑和概念的组织过程获取所需信息，逐步明确检索概念的范围和检索需求。这一点正好弥补了全文检索型搜索引擎的不足。

网络资源目录与全文检索型搜索引擎相比，具有以下特点：

①网络资源目录中所收录的网络信息资源是由专业人员经过人工选择和组织的，故可以保证质量，学术性较强。

②使用全文检索型搜索引擎，用户需有明确的检索词，而且必须具备一定的检索知识，了解每个搜索引擎的语法规则及检索符号。而目录型检索采用分类浏览的方式，直观易用，因此适合于大多数网络用户及新手。

③网络资源目录型的搜索引擎由于是人工收集整理信息，因此需花费大量的人力和时间，难以跟上网络信息的迅速发展，所涉及信息的范围比较有限，其数据库的规模也相对较小。

2.5.2　常用中文目录型网络检索工具

（1）搜狐（Sohu）

①搜狐的基本情况：搜狐采用人工分类技术，系统的核心采用上海欧姆龙计算机有限公司汉化的search 97全文搜索引擎，能够对各种网络资源，尤其是中文资源进行检索。搜狐网页提供18个大类，10多万条链接，用户可以直接通过搜狐网站首页上的分类目录和关键词搜索方法查找信息，也可以点击首页中的"搜索引擎"进入"分类搜索"页面进行目录导航检索和关键词检索。

②搜狐的检索方式及检索功能。

a.分类浏览检索：

搜狐将网络资源分为18个大类，用户查询时，可按照信息所属的类别层层点击，就能方便地查找到所需的信息资源。搜狐分类浏览检索的结果如图2.5所示。

图2.5　搜狗搜索引擎

b.关键词检索：

搜狐关键词检索是按照信息的主题内容来查找信息资源的，用户可在搜索框内输入需要查找的信息的关键词，然后单击"搜索"按钮，系统就会自动查找与关键词匹配的信息,并在页面上将这些信息提供给用户。搜狐提供网站、类目、网址、网页、新闻、软件等类信息的查找。用户只需做简单的选择,就可找到相关的信息。

c.搜狐的检索语法特点:

·使用空格、"&"来指定查询串必须出现在结果中。例如:输入"足球申花",搜索结果是既包含"足球"又包含"申花"的所有网页。

·使用"-"来限定,"-"后的查询串不出现在结果中。例如:输入"计算机-硬件",搜狐将会找到只包含"计算机"且不包含"硬件"的所有网页。

·使用"|"来指定两边的查询串中有一个一定出现在结果中。例如:输入"计算机|硬件",搜索结果是含有"计算机"或"硬件"的所有网页。

·使用()或""来指定()或""内的表达式是一个整体单元。例如:输入"计算机-(软件,硬件)",搜索结果是包含"计算机"但不包含"软件"与"硬件"的所有网页。

(2)新浪搜索引擎

①新浪搜索引擎的基本情况

新浪(http://search.sina.com.cn)搜索引擎是互联网上规模最大的中文搜索引擎之一。提供网站、网页、新闻、软件、沪深行情、游戏等多种资源的查询服务。网站收录资源丰富,分类目录规范细致,遵循中文用户习惯。目前共设18个大类目录,1万多个子目录,20余万个网站。

②新浪搜索引擎的检索方式与检索功能

a.分类检索:

新浪提供18个大类供用户检索,从搜索首页按照树型的主题分类逐层单击来查找所需信息。新浪搜索引擎分类检索结果如图2.6所示。

图2.6 新浪搜索主页

b.关键词检索:

新浪关键词查询是根据用户所需信息的主题(关键词)进行搜索。在搜索框中输入关键词,并单击"搜索"按钮,新浪搜索引擎会返回目录、网站、网页、新闻4种检索结果。用户可根据需要单击超链接进入这4种检索结果中的任意一个。系统默认查询次序依次为:目录搜索、网站搜索、网页搜索。查询结果首先返回目录搜索结果,其次是返回网站搜索结果，然后返回网页搜索结果，再返回商品信息、消费场所等搜索结果。在同一页面上包含网站、网页、新闻、商品等各类信息的综合搜索结果。

　　c.检索语法特点：
　　·使用空格，逗号（，）、加号（+）和"&"来表示逻辑"与"的关系（同时匹配多个关键词的内容）。即指定查询串必须出现在结果中。
　　·使用减号"-"表示逻辑"非"的关系，即"-"后的查询串不出现在结果中。
　　·使用字符"｜"表示逻辑"或"的关系。即指定两边的查询中有一个一定出现在结果中。
　　·搜索网站标题要在关键词前加"t"。
　　·搜索网站网址要在关键词前加"u"。
　　·对网页搜索时，对"http"、"com"、"的"等网络上出现频率极高的词，均作忽略处理。但使用双引号可将这些忽略词强加于搜索项。
　　·限定网站搜索：关键词前加"site："。
　　·限定网址搜索：单个关键词前加"inurl："，多个关键词前加"allinurl："。
　　·限定标题搜索：单个关键词前加"intitle："，多个关键词前加"allintitle："。

2.5.3　常用英文目录型网络检索工具——Yahoo

　　（1）雅虎（Yahoo!）的基本情况
　　Yahoo是因特网上建立最早、最著名的搜索引擎之一，Yahoo收录的范围包括30万个网站以及400万篇新闻组的文章和FTP等资源，目录分类比较合理，层次深，类目设置好，网站提要严格清楚，但部分网站无提要。网站收录丰富，检索结果精确度较高，有相关网页和新闻的查询链接。目前Yahoo已成为最广为人知的目录型网络信息检索工具之一，每天约有400万人次访问，其用户遍及世界各地。作为网络目录的典范，Yahoo在主题分类、目录结构、检索界面等方面颇具代表性。

　　（2）Yahoo的检索方式与检索功能
　　①分类目录检索
　　Yahoo对网点的信息按主题建立分类索引，按字母顺序列出14个大类，每个大类下链接多个小类，逐级链接，最后与其他Web页、新闻组、FTP站等相联。其包含的主题范围广泛，汇集了26万分类1；并且能将检索限制在某一类别内，大类是由人工参与建立的，故标引较准确，查准率较高。目录检索使用非常简单，只要进入其网点，选定所查的主题，逐级进入即可。Yahoo分类检索界面如图2.7所示。
　　②关键词检索和高级检索
　　Yahoo检索有两种方式：一是在搜索框中输入要检索的短语或关键词，点击"search"按钮即可将符合检索条件的检索结果显示出来。二是高级检索，Yahoo的高级检索可以指定检索类型（Web、Usenet或E-mail地址等）、检索词之间的逻辑关系（OR或AND）、进行模糊串检索和精确匹配检索等。单击"search"按钮右侧的"Advanced Search"超级链接，即可打开高级检索页面。
　　③检索语言特点
　　a.Yahoo搜索引擎支持的逻辑运算符为"AND"和"OR"。

b.可以使用作为通配符，支持"+"、"-"词的操作。

c.对大小字母不敏感，支持任意词检索。

d."+"、"-"符号的用法同Altavista搜索引擎。

e.在关键词前加"t"仅检索网站名称；在关键词前加"u"仅检索网址。

图2.7 Yahoo搜索引擎界面

2.6 多元搜索引擎

2.6.1 概述

由于不同的网络检索工具的数据库所涵盖的信息领域、资源类型、规模大小等各不相同，检索界面、检索方式也各具特色，对同一个检索提问产生的结果各不相同。随着因特网尤其是WWW的迅猛发展和普及，任何一个搜索引擎都难以收集并穷尽所有的Web资源，大部分搜索引擎的索引平均只能涉及整个WWW资源的30%~50%，中文的覆盖率更低。为了获得最全面的检索结果，提高检索的查全率，用户不得不将同一个检索课题在多个搜索引擎上一次次地进行检索，因此，要面对不同的检索界面，重复输入检索提问式，还要对各系统反馈的结果进行筛选，去掉重复结果等，非常繁琐，而且还未必能找到满意的结果。多元搜索引擎的出现有效地解决了这个问题。

多元搜索引擎又称集成式搜索引擎，它将多个搜索引擎集成在一起，向用户提供一个统一的检索界面，且将用户的检索提问同时发送给多个搜索引擎同时检索多个数据库，再经过聚合、去除重复部分并输出检索结果。多元搜索引擎与其他搜索引擎最大的不同在于它自身不对WWW网页进行访问和索引，它自己可以有也可以没有索引数据库，检索时它只向用户提供一个检索界面，实际上是将用户的提问转给其他多个搜索引擎去检索，然后它收集检索结果进行筛选和排列，返回给用户。虽然多元搜索引擎依赖于其他独立搜索引擎而存在，但它们集成了不同性能和不同风格的搜索引擎并发展了一些新的查询功能，查一个多元搜索引擎就相当于查多个独立搜索引擎，可以收到事半功倍的效果，故值得选用。

（1）多元搜索引擎的组成

多元搜索引擎由三部分组成：检索请求提交、检索接口代理、检索结果显示。

"检索请求提交"负责实现用户的检索设置要求，包括调用搜索引擎、检索时间限制、结果数量限制等。

"检索接口代理"负责将用户的检索请求"翻译"成满足不同搜索引擎"本地化"要求的格式。

"检索结果显示"负责所有来源搜索引擎的检索结果的去重、合并、输出处理等。

（2）多元搜索引擎的类型

按照搜索机制划分，多元搜索引擎可分为两种类型：搜索引擎目录（并行式的多元搜索引擎）和多元搜索引擎（串行式的多元搜索引擎）。

搜索引擎目录又称并行式的多元搜索引擎，也是检索工具的检索工具。它将主要的搜索引擎集中起来，并按类型或按检索问题等编排组织成目录，帮助用户根据检索需求来选择适用的搜索引擎，并将用户引导到相应的搜索引擎中去检索，只不过多设了一层门户，通过其组织、检索界面，为用户选择适用的检索工具提供积极的帮助，以克服用户面对众多检索工具无所适从的困惑。

多元搜索引擎又称串行式的多元搜索引擎，是将多个搜索引擎集成在一起，提供一个统一的检索界面，并将一个检索提问同时发送给多个搜索引擎，同时检索多个数据库，再经过聚合、去重之后将输出检索结果按特定的顺序呈现给用户。这是一种集中检索的方式，并行的搜索引擎，即用户输入检索词后，该搜索引擎自动利用多种独立搜索引擎同时检索，因此，搜索所需时间较短、省时，不必就同一提问一次次地访问所选定的搜索引擎，也不必每次均输入检索词等，检索的是多个数据库，检索的综合性、全面性也有所提高。

（3）多元搜索引擎的特点

最大的特点就是省时。不用就同一提问一次次地访问所选定的搜索引擎，而且每次均要输入检索词等。

检索的是多个数据库，检索的综合性、全面性较好，查询效率高。检索具有可扩展性。主要体现在：

①可选择使用成员搜索引擎。

②可设定检索等待时间。

③对检索结果可规定：每页显示的结果数、每个成员搜索引擎返回的结果数量。

2.6.2 常用多元搜索引擎

（1）Dogpile多元搜索引擎（http：//www.dogpile.com）

①Dogpile多元搜索引擎的基本情况

Dogpile是最早、最受欢迎的多元搜索引擎之一，它共收集了26个搜索引擎，包括WEB检索、新闻组检索、FTP检索、新闻检索、股市检索、黄页检索、白页检索、地图检索、天气检索等，其中万维网搜索引擎与目录共14个。其主页如图2.8所示。

图2.8　Dogpile多元搜索引擎

②Dogpile多元搜索引擎的检索方式和检索功能

a.检索方式：

Dogpile主页中设有搜索类型选择框及输入框，搜索类型为Web（万维网搜索）、Images（图片）、Video（视频）、WhitePages（白页），默认为Web。在输入框中输入检索词后，点击"Go Fetch!"按钮提交即可。Dogpile多元搜索引擎具有智能化的搜索程序和易用界面，支持网络流行的多种检索工具。Dogpile多元搜索引擎检索方法包括：支持简单搜索，支持高级搜索，不支持目录搜索。

b.检索功能：

·采用独特的并行和串行相结合的查询方式：每次只列出3个搜索引擎的并行检索结果，检索者若不满足已有的结果，可按页面下方的"Next"按钮，查看更多的检索结果。若检索结果少于10个，则并行地调用另外3个搜索引擎，如此重复直到获得至少10条结果为止。

·支持逻辑运算符AND（与）、OR（或）、NOT（非）和模糊查询。Dogpile的搜索技术十分先进，即使是高级运算符和连接符，它也能将其转化为符合每个搜索引擎的语法。可以使用*作为通配符，支持+（包含）、-（排除）和""（短语）的操作。

·Dogpile多元搜索引擎检索举例：

【检索实例】因特网与文化（Internet AND Culture）。

【检索步骤】首先在搜索输入框中输入"Internet AND Culture"，搜索类型选择Web，单击"Go Fetch!"按钮，开始进行搜索，检索结果如图2.9所示。

系统首先从最常用的Google开始搜索，范围逐步扩展到Ask Jeeves，每次搜索三个网点。显示的搜索结果是按网点分组的，所以在找到最合适的网点之前，可能要浏览许多内容。Dogpile的多元搜索引擎搜索结果返回较快，而且对一般搜索而言通常是较准确的。

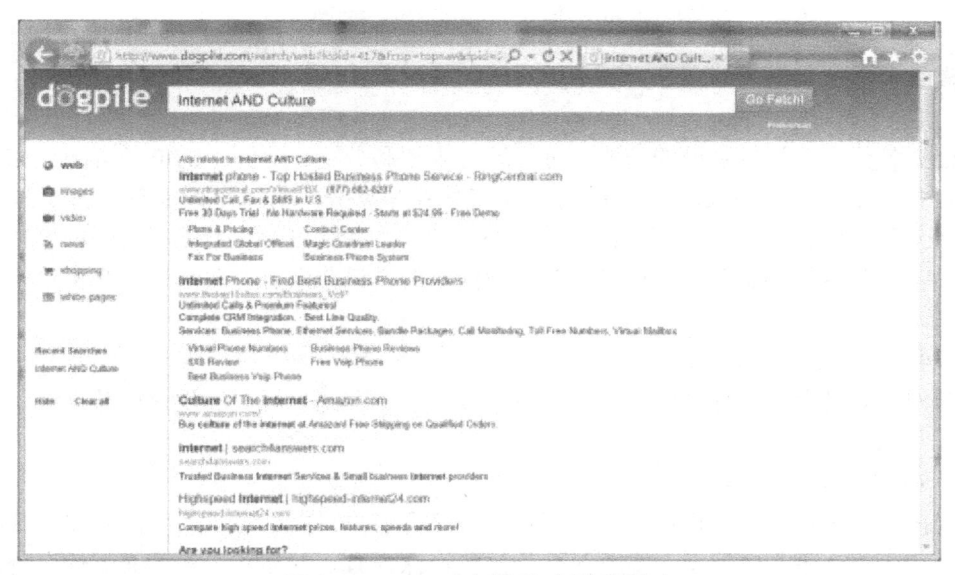

图2.9　Dogpile多元搜索引擎检索

2.7　教育信息检索——中国高等教育文献保障系统（CALIS）

2.7.1　CALIS简介

中国高等教育文献保障系统（China Academic Library & Information System，简称CALIS，http：//www.calis.edu.cn）是经国务院批准的我国高等教育"211工程"总体建设规划中两个公共服务体系之一。1998年11月，国家发展计划委员会正式批准了项目可行性研究报告，CALIS项目正式启动。

参与CALIS建设的主体是"九五"期间国家正式立项建设"211工程"的61所高校，但又不限于这些学校，其他有条件（有校园网、有自动化集成系统、有相应的技术人员）的高校均可积极参与子项目的建设和共享CALIS的资源。这是因为CALIS是一个网络环境下的文献信息共享系统，其各项服务功能均在网上来实现。为了充分发挥CALIS的效益，即使一时不具备条件的学校，CALIS也承诺采取一切可能的方式（包括邮递、传真等），向它们提供所需的文献信息服务。同时，CALIS也面向社会提供文献信息服务。

CALIS已建成1个CALIS全国管理中心和7个地区文献信息中心（华东南地区中心、华东北地区中心、华中地区中心、华南地区中心、西北地区中心、西南地区中心和东北地区中心）。系统共拥有61所进入"211工程"的重点大学。

2.7.2　CALIS的服务功能

（1）提供书刊联合目录数据库的公共检索

CALIS联机公共数据库查询中可供选择的数据库有：中文期刊目次库、中文联合目录库、英文联合目录库、学位论文数据库和会议论文数据库。

（2）馆际互借与文献传递

对于本馆没有的文献（如图书），在本馆用户需要时，根据CALIS统一的制度、协议和办法，向其他馆借入（获取）；反之，在其他馆用户提出互借（传递）请求时，借出（提供）本馆所拥有的文献，满足用户的文献需求。

（3）电子资源导航

根据各校重点学科建设的需要，进行统筹规划和分工，对网上的电子资源（如研究进展报告、电子期刊论文、研究机构、专家学者等）按图书馆学的原理和方法进行收集、加工和整序，形成虚拟图书馆资源，补充和扩大CALIS的文献资源，提供用户浏览和查询。已开始提供服务的学科导航数据库涉及的学科范围有：法学、计算机科学与技术等。

（4）联机合作编目

合作建立具有统一标准的书刊联合目录数据库，在此基础上实现联机共享编目，实现书目资源的共享。

（5）文献采购协作

根据各校重点学科建设的需要进行资源分工和布局，在CALIS系统内首先实现国外文献订购前的查重与协调，减少不必要的重复，保证必要的品种，达到文献信息资源的合理分布与经费的合理使用。

（6）提供特色数据库的网上检索

特色数据库有26个，如《QB电通信文献数据库》《敦煌学数据库》《世界银行出版物全文检索数据库》《上海交通大学学位论文全文数据库》等。

2.7.3 CALIS引进网络数据库简介

CALIS引进网络学术数据库的方式有三种：一是由CALIS统一拨款引进，这些数据库已由CALIS全国文理中心、工程中心向全国所有首批进入"211工程"的大学用户免费开放，如OCLC New First Search基础组14个数据库、Science Online、CALIS UnCover Gateway等；二是由CALIS补贴部分经费，CALLS全国各地区中心图书馆拿出其余经费引进，这些数据库面向CALIS地区中心图书馆所在学校免费开放，地区中心负责为本地区各校用户提供优惠检索服务，如Pm Quest Research Library、Academic Search Elite等；三是由CALIS文理中心或工程中心牵头组织，以优惠价格联合购买引进这些数据库，由联合体各图书馆自筹大部分经费，CALIS补贴少部分经费，面向各购买馆所在学校开放，如ElVillage等。另外，CALLS还对通过这些引进数据库检索而需从境外获取外文原文文献采取了补贴措施，如通过OCLC New First Search、CALIS UnCover Gateway等检索而需获取外文原文基本上都给予补贴一半的经费。其引进数据库部分简介如下：

（1）Academic Press电子期刊http：//academicpress.us/

美国学术出版社（Academic Press）是一家非常著名的学术出版公司，其出版物的学科范围涉及医学、生物、计算机、经济、法律、物理、数学、心理学、化学、历史、社会学、环境科学、哲学、语言学、地理等学科。Academic Press出版的期刊是学术品质非常高的刊物，其中被《科学引文索引》（SCI）收录的核心期刊有109种。目前，CALIS文理中心的12家图书馆购买了Academic Press电子期刊的Internet网络版"国际数字电子访问图书馆"（International Digital Electronic Access Library），简称IDEAL。这12家图书馆的校园网用户可以使用IDEAL的210种期刊，免费检索、浏览与下载全文。

（2）Kluwer Online电子期刊http：//kluwer.calis.edu.cn

荷兰Kluwer Aedemic Publisher是具有国际性声誉的学术出版商，它出版的图书、期刊一向品质较高，备受专家和学者的信赖和赞誉。Kluwer Online是Kluwer出版的600余种期刊的网络版，专门基于互联网提供Kluwer电子期刊的查询、阅览服务。Kluwer Online电子期刊涵盖20多个学科专题，其学科分类如下表所示。

Kluwer电子期刊学科分类

Biological Senees（73种）	Law（59种）
Medicine（71种）	Psychology（57种）
Physics（14种）	Philosophy（35种）
Astronomy（7种）	Education（22种）
Earth Sciences（18种）	Linguistics（8种）
Mathematics（33种）	Social Sciences（37种）
Computer Sciences（35种）	Business Administration（15种）
Engineering（19种）	Operations Research/Management Science（4种）
Electrical Engineering（13种）	Archaeology（5种）
Materials Sciences（13种）	Humanities（2种）
Environmental Sciences（8种）	Chemistry（23种）

（3）UnCover数据库http：//uncweb.carl.org/ reveal

UnCover是CARL公司（Colorado Alliance of Research Libraries）的一个主要产品。其宗旨是提供期刊文献资料的各种信息产品和服务，其目标是为那些以期刊为手段获得信息的顾客提供及时、全面而且效果显著的服务。它是当前世界上规模最大、内容更新最快的期刊数据库之一，并向顾客提供联机检索服务。

UnCover数据库建于1988年。到目前为止，该库收录期刊已超过18000种，拥有期刊文章索引（或文摘）700多万篇，并且还在以每天5000篇的速度不断扩充。UnCover数据库广泛覆盖了多种学科的主题，在该库收录的18000种期刊中，大约有51%属于科学、技术、医学和农林，40%属于社会科学、政法、商业，剩余的9%为艺术和人文科学。在UnCover数据库中，期刊文章进入数据库的时间与期刊递送到当地图书馆或期刊发售点的时间只迟两天，基本保持同步。目前UnCover数据库中所包含的期刊主要是英文的，但UnCover计划在其数据库中引进其他语种的期刊。

CALIS引进的UnCover的主要服务包括：

为用户特别设计的网关（UnCover Customized Gateway）。UnCover按照CALIS的要求特别设计出"CALIS UnCover"的用户界面，并输入CALIS的61个成员馆的西文期刊馆藏目录及所在院校校园网的IP地址范围。凡CALIS成员馆的用户均可在校园网上通过"CALIS UnCover"网关直接检索其数据库并通过图书馆向UnCover订购文章，如所需文章收录在CALIS成员馆的馆藏期刊中，则该系统的SUMO无中介补遗订购（Subsidized Unmediated Ordering）功能会自动取消读者的订购，读者可通过馆际互借来解决。

UnCover最新文献报道（UnCover Reveal）。为用户提供他们选中期刊（最多可选50种）的最新一期目次信息，同时还可以按关键词为用户提供最新文献信息（最多可提供25个关键词）。这项服务以一周为周期，将期刊目次提示发送到用户的电子邮件信箱，用户可以通过CALLS的馆际互借服务或所在图书馆向UnCover订购文章。

原文传递服务（Document Delivery）。此项服务与"CALIS UnCover Gateway"和"最新文献报道"服务配套，UnCover以优惠价格向CALIS的用户提供原文传递服务。

（4）Academic Search Fulltext Elite学术期刊全文库http：//search.china.epnet.com 包括有关生物科学、工商经济、资讯科技、通讯传播、工程、教育、艺术、文学、医药学等领域的200种全文刊。

（5）ABI商业信息数据库

http://global.umi.com/pqdweb（专线检索免付通讯费）

http://www.umi.com/pqdweb（通过国际网检索，自付通讯费）

ABI即为Abstracts of Business Information的缩写，为世界著名商业及经济管理期刊论文数据库，收录有关财会、银行、商业、计算机、经济、能源、工程、环境、金融、国际贸易、保险、法律、管理、市场、税收、电信等主题的1500多种商业期刊，涉及这些行业的市场、企业文化、企业案例分析、公司新闻和分析、国际贸易与投资、经济状况和预测等方面，其中全文刊超过50%，其余为文摘，有图像。分为全球版（Global）和研究版（Research），后者收录期刊和全文刊略少。收录时间最长的期刊始于1986年。

（6）China Info Bank中国资讯行http：//www.ehinainfobank.com

http：//www.ehinainfobankxom/text.htm（以下载文本为主，图像略少）

中国资讯行（China InfoBank）是香港专门收集、处理及传播中国商业信息的高科技企业，其数据库（中文）建于1995年，内容包括实时财经新闻、权威机构经贸报告、法律法规、商业数据及证券消息等。该数据库较为适合经济、工商管理、财经、金融、法律、政治等专业使用，尤其是其包含各类报告、统计数据、法律法规、动态信息等内容。

此外，CALIS还引进了ACM Digital Library全文数据库、OCLC联机计算机图书馆中心数据库、CSA美国剑桥科学文摘数据库、JRC综合类期刊及评价报告数据库、IOPP英国物理学会出版社出版物和Genome Database基因组数据库等。

2.8 学科专业资源特色网站选介

2.8.1 中国经济信息网（http：//www.cei.gov.cn）

中国经济信息网于1996年12月正式开通，是国家信息中心组织建设的专业经济信息服务网络，在国内外经济界具有较高的知名度和影响力，它继承了国家信息中心长期从事经济信息工作所积累的信息资源和经济分析经验，并整合国内权威机构的信息资源，开发出关于中国经济的系统、权威的经济信息资源库，为政府部门、企业集团、金融机构、高等院校、研究院所及海外投资者等提供富有价值的经济信息服务，主要栏目包括：中外要报、中经数据、中经研究、牛津分析、中经评论、中经商讯、行业报告、五十人论坛等。中经网的网上信息和图表共450000页，每天更新量达100万汉字。

中国经济信息网凝聚了大批经济专家和IT专家，成为中经网信息服务和网络服务强有力的专业技术支持。其中"五十人论坛"是中经网的著名经济沙龙，成员为国内经济界最活跃最有影响的一批中青年经济学家，如吴敬琏、林毅夫、樊纲、胡鞍钢、张维迎、周其仁、邱晓华等，代表国内一流的学术水准，享有较高社会声誉。"联合论坛"则是中经网联合了国内著名的十大经济研究院的专家，共同研究中国经济热点、难点问题。

中国经济信息网公司还专门针对设置有财经类专业的高等院校图书馆开发出大型集成信息服务系统（见图2.10），每天更新信息内容相当于100万汉字，同时拥有一定容量的视频类经济信息的内容。该服务系统按用户的浏览、查询信息的一般习惯，将所有信息内容从不同角度进行合理的编排组织，如有按14个大行业划分的行业性信息；按地域性划分的包括31个省市自治区及国际类的信息；有动态类信息；分析评论类信息及数据类信息等，系统提供全文检索。

图2.10 中国经济信息网

2.8.2 北大法律信息网（http：//www.chinalawinfo.com）

北大法律信息网是北大英华科技公司和北大法制信息中心共同创办的综合性法律网站，主要提供法律法规文献检索服务与法律咨询服务。该网的"中国法律检索系统"可查询6万多篇自新中国成立以来的法规文件，包括全国人大发布的法律、国务院发布或批准的行政法规、国务院各部门发布的部门规章、最高人民法院和最高人民检察院颁布的司法解释、各地方人大和政府发布的地方性法规规章、中国政府与外国政府签定的经济和科技协定、国际公约和商业惯例等内容，图2.11所示为其首页。

北大法律信息网的法律法规信息较多，在其首页上点击"北大法宝"进入该栏目主页，如图2.12所示。在该栏目下，分别从"法律法规"、"司法案例"、"法学期刊"、"英文译本"等细目来提供法津法规信息。

如果要深度挖掘法律法规，可从"北大法宝"的检索框进行检索，选择"标题"、"全文"、"同篇"、"同段"、"同句"等方式进行检索；当然也可点击其页面左侧进行检索，选择从"效力级别"、"发布部门"、"时效性"、"法规类别"等类目中进行浏览查询。

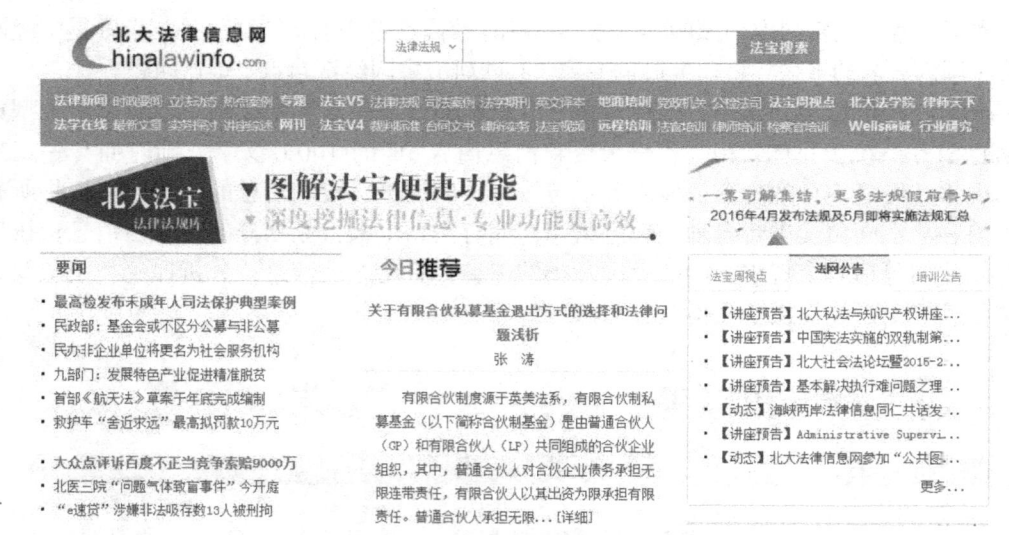

图2.11　北大法律信息网首页

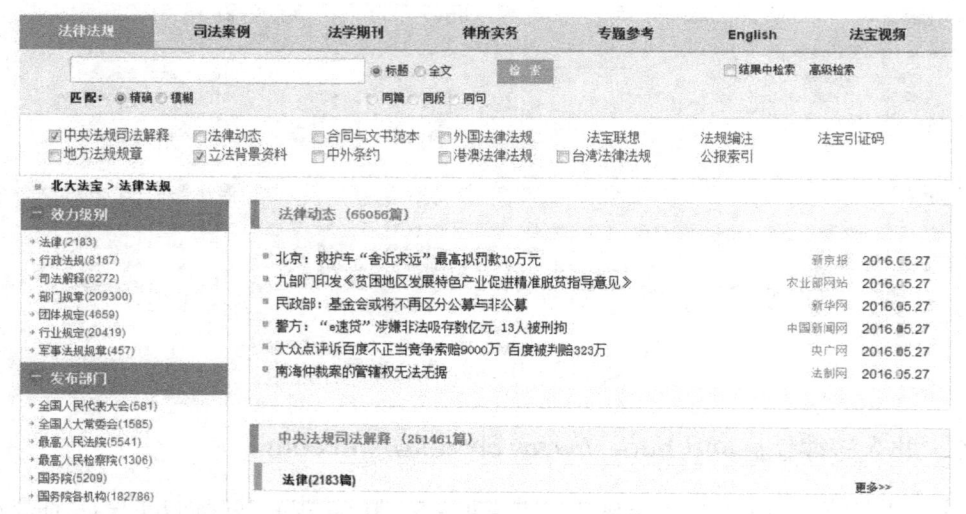

图2.12　北大法宝检索界面

2.8.3　中国工程技术信息网（http://www.cetin.net.cn）

这是一个电子与通信领域的综合站点，于1999年投入运行使用。网站中包含电子通信数据库、电子刊物、学科导航等，内容丰富，另外可以链接到的数据库有《国际电子报》、国外军事通信产品数据库、中外电子科技文摘数据库、国外通信会议论文文摘数据库、电子工程文献检索数据库等，如图2.13所示。

中国工程技术信息网网管中心开发的BDSIRS全文信息检索系统，集数据建库、词表管理、WWW方式检索、客户端检索、用户权限和记账管理等功能于一体，现已实现1870万篇文献数据库的网上检索服务，系统支持中英文混合检索，检索途径多样化：可用字、词、名字、日期、短语甚至句子、段落进行全文检索。实现前缀、后缀或中间字符的通配符检索，并实现了中英文互译、同义词等多种扩检方式。还提供了多种检索手

图2.13　中国工程技术信息网

段，包括外部特征与正文内容的各种逻辑组合检索、布尔运算、位置邻接运算，以及多步检索结果之间的历史组配。

2.8.4　当当网（www.dangdang.com）

当当网成立于1999年11月，号称是中国大陆商品种类最多的零售店和全球最大的中文网上书店。经营20多万种中文图书，上万种CD/VCD及游戏、软件、上网卡等商品。图2.14为当当网首页。

当当网在其首页以及"图书"、"影碟"、"音碟"、"游戏"、"软件"每个频道的起始页上都设置了快速搜索入口，可以选择在全部商品中进行搜索，也可以选择在图书、VCD、DVD、CD、磁带、MP3、游戏、软件等某一类商品中进行查询。

除了快速搜索之外，当当网还提供了分类浏览功能。在当当网的首页上点击"分类浏览"或者点击"当当分类"下的各种商品的主题分类链接，可以很方便地层层进入，浏览到所需的商品信息。

图2.14　当当网界面

第3章 中文数据库检索

3.1 中国知网（CNKI）知识资源网站

中国知网，是国家知识基础设施（National Knowledge Infrastructure，NKI）的概念，由世界银行于1998年提出。CNKI工程是以实现全社会知识资源传播共享与增值利用为目标的信息化建设项目，由清华大学、清华同方发起，始建于1999年6月。CNKI工程集团构建了全文信息量规模较大的"cnki数字图书馆"，并正式启动建设《中国知识资源总库》及cnki网络资源共享平台。Cnki原名为中国期刊网，2004年10月1日更名为中国知网，网址：http://www.cnki.net。

3.1.1 CNKI资源概况

中国知网是一个综合性的数据库检索平台，汇聚了期刊、博硕士学位论文、会议、报纸、年鉴、专利标准、外文、数据、图片、指数、工具书释义和古籍等多种类型资源。下面主要介绍6个常用数据库的基本概况。

（1）《中国学术期刊（网络版）》

《中国学术期刊（网络版）》以学术、技术、政策指导、高等科普及教育类期刊为主，内容覆盖自然科学、工程技术、农业、哲学、医学、人文社会科学等各个领域。目前，收录国内学术期刊7900多种，全文文献总量46,154,439篇。收录年限自1915年至今，网上数据每日更新。

（2）中国优秀博硕士学位论文全文数据库

中国优秀博硕士学位论文全文数据库内容覆盖基础科学、工程技术、农业、医学、哲学、人文、社会科学等各个领域。目前，收录全国426家培养单位的博士学位论文和699家硕士培养单位的优秀硕士学位论文。收录年限自1984年至今，网上数据每日更新。

（3）中国重要会议论文全文数据库

中国重要会议论文全文数据库重点收录自1999年以来，在中国科协、社科联系统及省级以上的学会、协会，高校、科研机构及政府机关等举办的重要会议上发表的文献，部分连续召开的重要会议论文回溯至1953年。内容覆盖理工、农业、医药卫生、文史哲、经济政治法律、教育与社会科学综合等各领域。收录年限自1953年至今。目前，已收录出版16,685次国内重要会议投稿的论文，累积文献总量2,037,206篇。网上数据每日更新。

（4）中国重要报纸全文数据库

中国重要报纸全文数据库收录2000年以来中国国内重要报纸刊载的学术性、资料性文献，目前，文献来源于国内公开发行的500多种重要报纸，收录年限为2000年至今。

至2012年10月，累积报纸全文文献1000多万篇。网上数据每日更新。

（5）中国年鉴网络出版总库

中国年鉴网络出版总库是目前国内较大的连续更新的动态年鉴资源全文数据库。文献来源于中国国内的中央、地方、行业和企业等各类年鉴的全文文献。内容覆盖基本国情、地理历史、政治军事外交、法律、经济、科学技术、教育、文化体育事业、医疗卫生、社会生活、人物、统计资料、文件标准与法律法规等各个领域。收录年限1912年至今，网上数据每日更新。

（6）中国引文数据库

中国引文数据库收录了中国学术期刊（光盘版）电子杂志社出版的所有源数据库产品的参考文献，涉及期刊类型、学位论文类型、会议论文类型、图书类型、专利类型、标准类型、报纸类型等超千万次被引文献。该库通过揭示各种类型文献之间的相互引证关系，不仅可以为科学研究提供新的交流模式，同时也可以作为一种有效的科学管理及评价工具。源数据库包括：中国学术期刊全文数据库、中国博士学位论文全文数据库、中国优秀硕士学位论文全文数据库、中国重要会议论文全文数据库等。收录年限1912年至今。

3.1.2 检索页面介绍

登录中国知网，中国知网的主页页面如图3.1所示，中国知网检索平台默认标签栏是"文献"，在"文献"这个标签栏下，可实现跨库检索；在"期刊"、"博硕士"、"会议"、"报纸"等标签栏下，只能实现单库检索。用户不仅可以通过切换不同的标签栏实现不同数据库的检索，也可以通过数据库导航栏实现不同数据库的检索。检索字段包括全文、主题、作者、单位、关键词、摘要、参考文献、中图分类号和文献来源等。

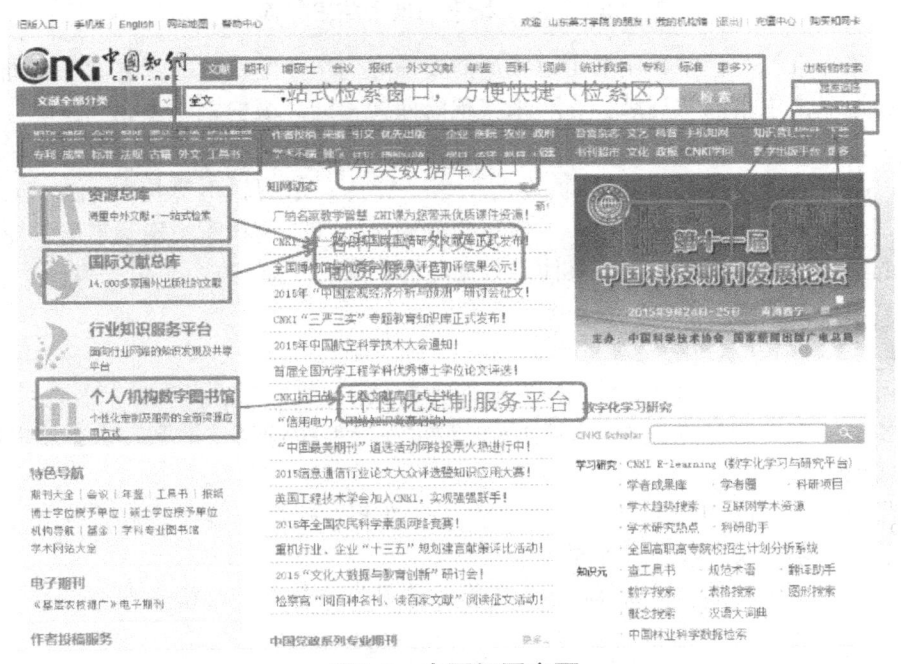

图3.1 中国知网主页

3.1.3 检索方法

3.1.3.1 跨库检索

中国知网的主页即是跨库检索的一般检索页面，用户根据自身需求选择检索字段，输入检索词或词组，点击检索即可。如选择检索字段"主题"，输入检索词"信息检索"，则默认同时检索期刊、博硕士、会议、报纸等多个数据库中篇名包含"信息检索"的文献，检索结果如图3.2所示。

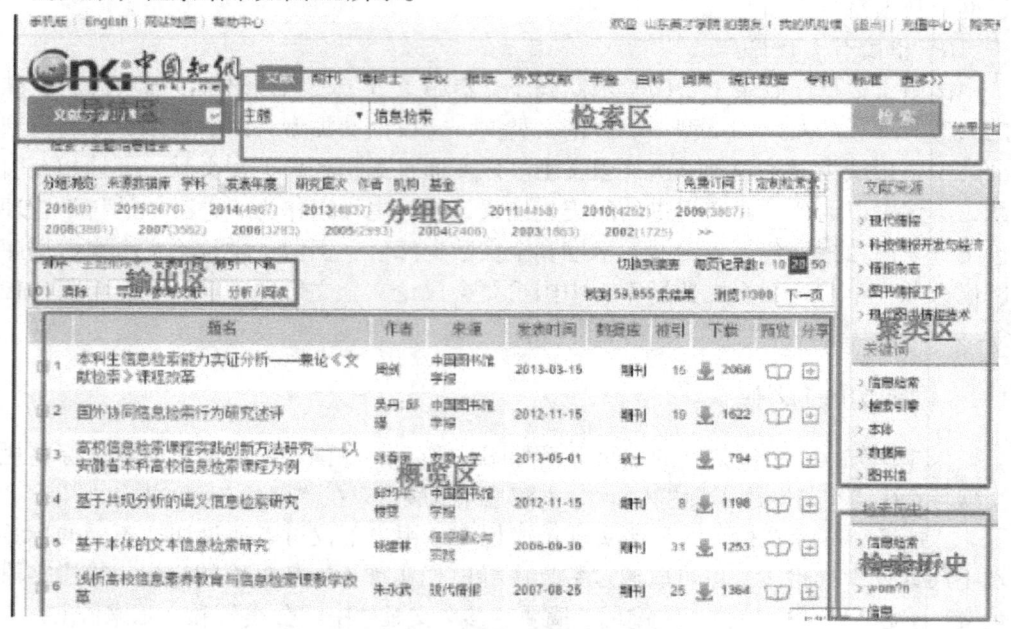

图3.2　跨库检索的检索结果界面

在"跨库选择"栏中，用户可以根据需要任意勾选需要检索的数据库。此外，用户也可以通过点击主页的"高级检索"来实现跨库检索的高级检索（须在"文献"这一标签栏下点击"高级检索"才能实现跨库高级检索）。

TIPS：中国知网首页界面中提供的检索，支持布尔逻辑运算符（如AND、OR、NOT）、优先运算符（如小括号），属于模糊检索。如果用户需精确检索请选择"高级检索"或选定单个数据库，进入具体的数据库界面进行检索。

3.1.3.2 单库检索

（1）中国学术期刊全文数据库

进入"中国学术期刊全文数据库"有两种途径：

途径一：在中国知网主页（图3.1）的数据库导航中选择"期刊"。系统默认进入一般检索页面。

途径二：在中国知网主页（图3.1）点击"期刊"这一标签栏，然后点击"高级检索"，系统自动进入一般检索界面。

单库检索有一般检索、高级检索、专业检索及期刊导航四种检索方法。

①一般检索

中国学术期刊全文数据库的一般检索页面如图3.3所示。

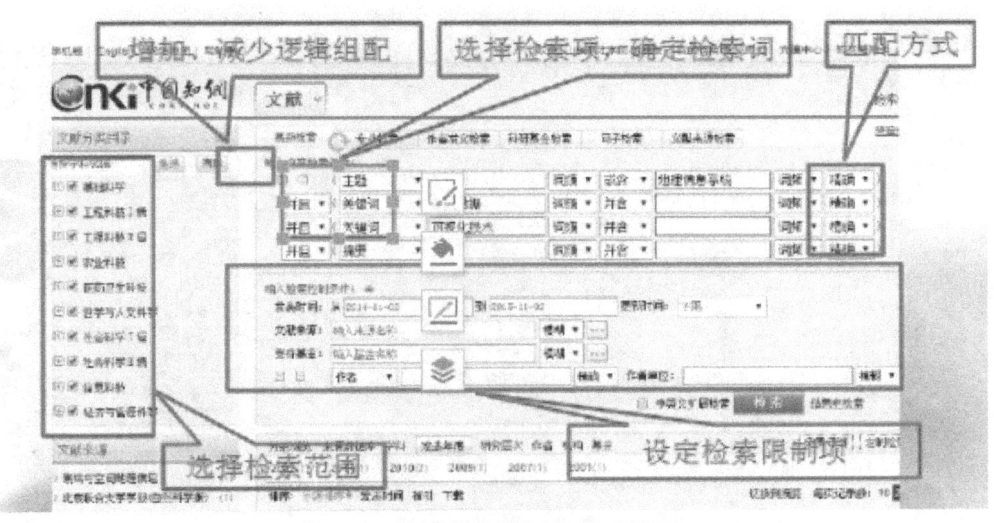

图3.3　中国学术期刊网检索界面

a.选取检索范围

一般检索页面由左行两栏组成，用户可通过左栏"文献分类目录"菜单设置检索的领域，系统默认为全选。如果用户需要选择某一具体学科，需先点击"文献分类目录"下的"清除"按钮，再在需要选择的学科领域打"√"。例如，用户要查找关于"偏微分方程"方面的文献，需在"文献分类目录"菜单下先点击"清除"，再在学科领域"基础学科"前打"√"。

b.选取检索字段

在检索项的下拉框下选取要进行检索的字段，这些字段有：主题、篇名、关键词、作者、单位、刊名、ISSN、CN、期、基金、摘要、全文、参考文献和中图分类号。例如，用户查找题目中包含"核辐射"的文献，只需选择篇名即可。

c.输入检索词

用户在检索词输入框中输入检索词，需注意的是检索词输入框内只能输入一个词或词组，系统对逻辑符、空格等均忽略。

d.选择时间范围

可以选择某一段时间进行检索，例如，选择从"2000年"至"2010年"，系统将检索该数据库中的2000年到2010年间收录的文献。

e.选择来源类别

来源类别分为4类，包括全部期刊、SCI来源期刊、EI来源期刊和核心期刊。系统默认为全部期刊，如果用户只需检索SCI来源期刊中收录的文献，在"SCI来源期刊"前的复选框中打"√"即可。

f.进行检索

点击"检索"，进入题名列表显示页面，如图3.4所示。

g.检索结果的处理与显示

结果中检索：在检索结果页面中，系统提供了"结果中检索"的功能。用户可以在第一次检索结果的基础上进行检索范围的再限制。如需进一步检索，可重复使用在结果

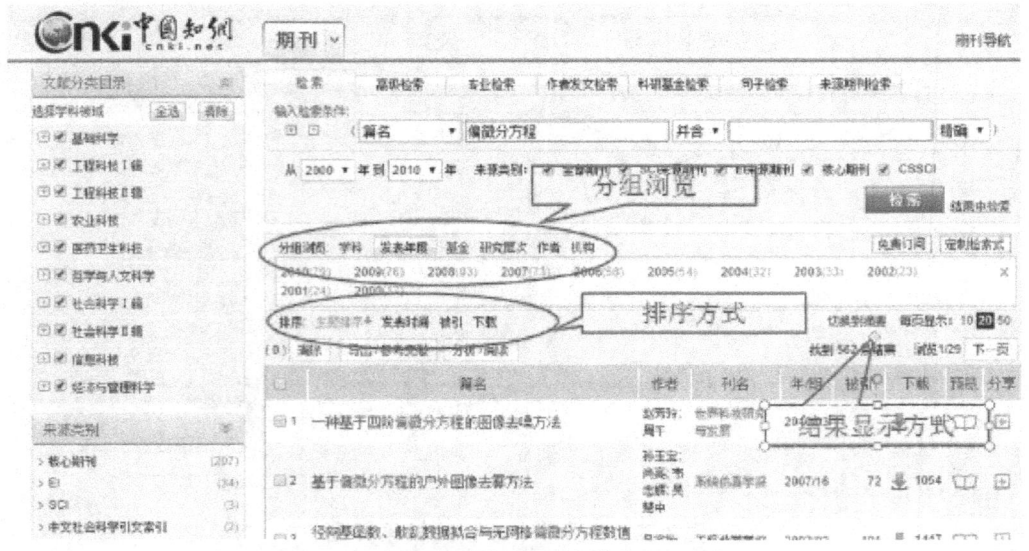

图3.4 中国学术期刊网的检索结果页面

中检索的功能，并依次类推。使用"结果中检索"这一功能，可以逐步缩小检索范围，最终找到所需的信息。

分组浏览：分组浏览是将检索结果按照学科类别、发表年度、基金、研究层次、作者和机构6大类别进行分组，用户可根据需要选择相应的分组，从而实现对结果进行筛选。

选择排序方式：中国知网提供4种排序方式，即主题排序、发表时间、被引和下载。系统默认主题排序，主题排序是按照多种因素（包括下载的影响、引用的影响、时间的影响、页数影响、影响因子）的综合权重进行的排序。

选择检索结果的显示方式：中国知网提供两种检索结果的显示方式，即列表显示和摘要显示。图3.4中结果的显示方式为列表显示。

被引：即对应文献的被引用次数。在检索结果列表中，"被引"栏下某篇文献对应的数字为超级链接形式，若点击该数字，将显示引用该文献的所有施引文献记录。

预览：即在线阅读。用户可通过点击图"&"实现在线阅读。

导出/分析：在检索结果页面中，点击"导出、分析"，网页跳转到如图3.5所示的页面。在该页面中，有"全部清除"、"导出/参考文献"、"分析"、"阅读"、"定制"和"生成检索报告"功能，用户可根据自身需要选择。其中，"分析"给用户提供的是"检索结果的引证关系网络图"功能、"阅读"给用户提供在线阅读功能。

查看文献基本信息：在检索结果页面（图3.5），点击某篇文献的篇名即可打开该文献的"知网"节，获得该文献的基本信息（包括题名、作者、机构、摘要、关键词、期刊来源、引文网络、参考文献、相似文献、相关作者文献、文献分类导航）及相关文献链接，如图3.6所示。

下面主要介绍文献基本信息页面中全文的下载与阅读、引文网络和相似文献。

a.全文的下载与阅读。

在文献基本信息页面中，CNKI数据库提供两种全文的下载方式：CAJ下载和PDF下载。为了能浏览全文，用户必须在客户机上安装CAJ全文浏览软件（可在CNKI首页下

图3.5　检索结果输出功能选择页面

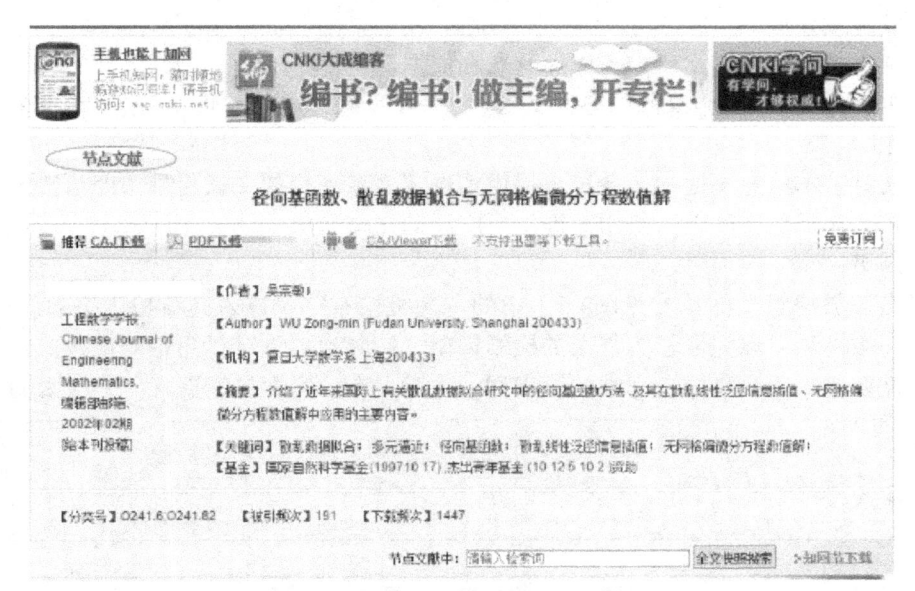

图3.6　文献基本信息的部分截图

载）或安装acrobatreader浏览器，建议安装最新版本。CAJ阅读器中的阅读工具和PDF阅读器中的阅读工具功能相似。

　　TIPS：在CNKI数据库中，用户可以免费检索，免费浏览题录、摘要和网页。但如果需要下载全文，用户必须注册个人账户，并通过知网卡、银行卡等方式给账户充值购买，也可以由单位统一办理团购，包库用户以及建立镜像站点的单位内的读者则可以通过内部网络的连接入口使用。

　　b.引文网络。

　　在文献基本信息页面中，系统提供了选定文献的引文网络，如图3.7所示。用户通过引文网络可以了解相关知识点的发展进程。

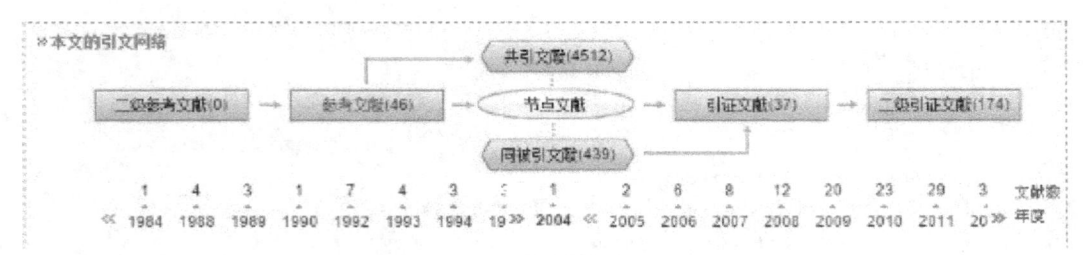

图3.7 文献引文网络页面

节点文献：用户选定的某篇具体文献。

共引文献：也称同引文献，与本节点文献有相同参考文献的文献，与节点文献有共同研究背景或依据。

同被引文献：与节点文献同时被作为参考文献引用的文献，与本节点文献共同作为进一步研究的基础。

引证文献：引用节点文献的文献。是节点文献研究工作的继续、应用、发展或评价。

二级引证文献：节点文献引证文献的引证文献。更进一步反映节点文献研究工作的继续、发展或评价。

参考文献：反映本文研究工作的背景和依据。

二级参考文献：节点文献的参考文献。进一步反映节点文献研究工作的背景和依据。

c.相似文献。

在文献基本信息页面中，系统也提供了选定文献的相似文献目录（即与选定文献在内容上较为接近的文献），给用户提供更广泛的文献参考。

②高级检索

点击一般检索页面（参见图3.3）中的"高级检索"，进入高级检索页面，如图3.8所示。高级检索可以完成较为复杂的检索策略，同时也可以进行简单的检索。用户可根据自身需要输入比较具体、详细的检索词，注意一个检索框只能输入一个检索词。

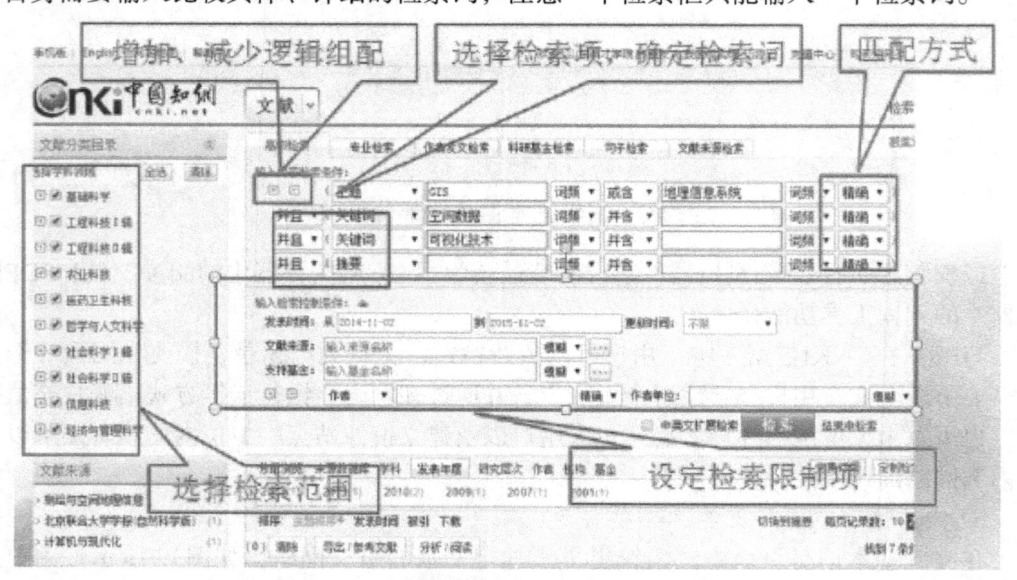

图3.8 中国学术期刊网的高级检索页面

高级检索和一般检索都具有多项双词逻辑组合检索的功能。其中，多项是指可选择多个检索字段；双词是指一个检索项中可输入两个检索词（分别在两个输入框中输入），每个检索项中的两个词之间可进行逻辑组合（并含、或含、不含）。高级检索每个检索项中的两个检索词可使用词频（检索词在相应检索项中出现的频次）功能。

【案例】检索出2000~2015年，吉林大学发表的关于"汽车智能监控技术"方面的文献，并从检索结果中选出学术影响力大的文献。

检索思路：用户需要检索的内容是"汽车智能监控技术"、时间范围为2000~2015年、作者单位是"吉林大学"。其中，检索内容中"汽车"为研究对象，可限制在篇名中检索（注意：检索词"汽车"在篇名字段中检索，只能满足文献检索中查准的要求，用户可根据实际情况调整检索字段、扩展同义词），技术点监控技术中的监控有诊断之义，需将"诊断"视为"监控"的同义词，可在文献的主题中检索。在中国知网数据库中，文献学术影响力的大小可以从文献被引次数和文献下载次数两个方面来衡量，用户可通过对检索结果分别进行被引排序和下载排序来选择学术影响力大的文献。

鉴于上述分析，原问题可以等价于如下问题：

以高级检索方式，检索出符合条件1和条件2的所有记录，并对结果分别进行被引排序和下载排序。

条件1：文献的篇名里包含检索词"汽车"且文献的主题里包含检索词"监控"或"诊断"；

条件2：2000~2015年所有作者单位是"吉林大学"的文献。

检索参考方法与步骤：

a.打开中国知网（cnki）首页，在数据库导航栏选"期刊"，再选"高级检索"，进入高级检索页面；

b.选检索字段"篇名"，输入"汽车"；

c.再选检索字段"主题"，输入"监控"，选逻辑关系"或含"，继续输入"诊断"；

d.发表时间设置"从2000年到2015年"；作者单位输入"吉林大学"；

e.点击检索；

f.在检索结果页面，通过分别点选排序方式"被引"和"下载"标签项实现学术影响力大的文献选择。

③专业检索

点击一般检索页面（参见图3.3）中的"专业检索"标签栏，进入专业检索页面，如图3.9所示。用户可直接在检索输入框中输入检索表达式（即为检索字段名、检索词、词与词之间的布尔逻辑符）。其中，检索表达式要遵循中国知网数据库规定的语法规则（具体的检索式语法规则请参考专业检索页面中的规定）。其他检索设置请参考一般检索中的检索方法。如，对于课题：查找关于"RNA干扰技术在肿瘤基因治疗方面的研究进展的文献资料"。用户可在"主题"中检索关于"检索文摘中含有RNA干扰，题名中含有基因治疗或者生物治疗，并且关键词中含有肿瘤的文献"方面的文献，可在检索输入框中输入：KY=（肿瘤＋癌）andTI=（基因治疗+生物治疗）andAB=RNA干扰。

TIPS：输入专业检索表达式时，必须严格按照系统要求的输入状态和格式，否则不会有检索结果。因此，用户如果不是特别熟悉专业检索检索式的各种符号和输入格式，建议使用高级检索模式完成检索过程。

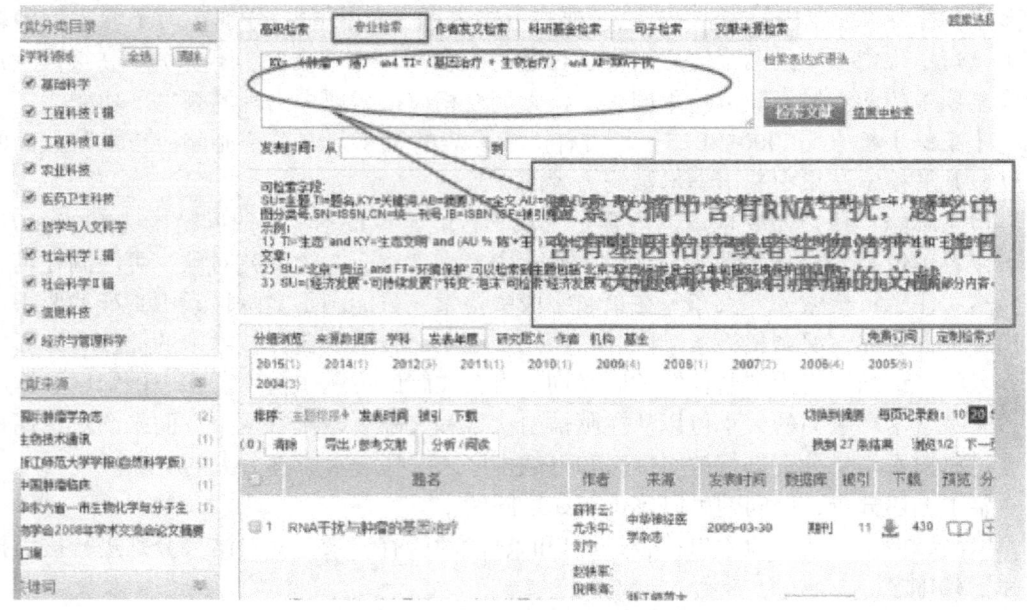

图3.9　中国学术期刊网专业检索页面

④期刊导航

点击一般检索页面（参见图3.3）右上角的"期刊导航"标签栏，进入期刊导航页面，如图3.10所示。用户可通过左栏"专辑导航"中的分类逐步缩小范围。在左栏"专辑导航"下，如果用户点击"核心期刊导航"，可以查看所有学科领域的核心期刊目录；如果点击"数据库刊源导航"，可以分别查看被SCI科学引文索引、EI工程索引、CA化学文摘、中国科学引文数据库等国内外权威数据库收录的中文期刊。

图3.10　中国学术期刊网期刊导航页面

（2）中国引文数据库检索

根据文献的引用关系，找到引用文献。引文数据库中的所有文献都与其他文献具有引用或被引用的关系，并通过这些关系检索到文献。

点击中国知网（CNKI）主页检索框下方的数据库导航栏"引文"标签项，进入引文数据库的一般检索页面，如图3.11所示。引文数据库提供期刊、图书、学位论文、会议论文、专利、标准、报纸和年鉴的引用检索。一般检索页面属于快速检索，检索结果冗余。用户可以通过"高级检索"实现精确检索，高级检索页面如图3.12所示。在高级检索中，用户可输入被引用文献的范围控制条件：如时间、文献来源、支持基金等。选择文献被引次数范围，如被引次数、下载次数情况等。输入文献内容特征，如被引文献题名、关键词、摘要等，检索被引文献。

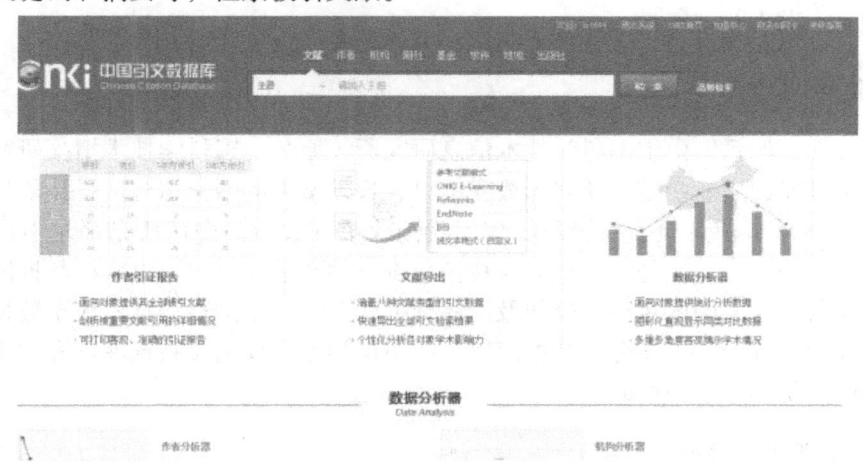

图3.11 引文检索的一般检索页面

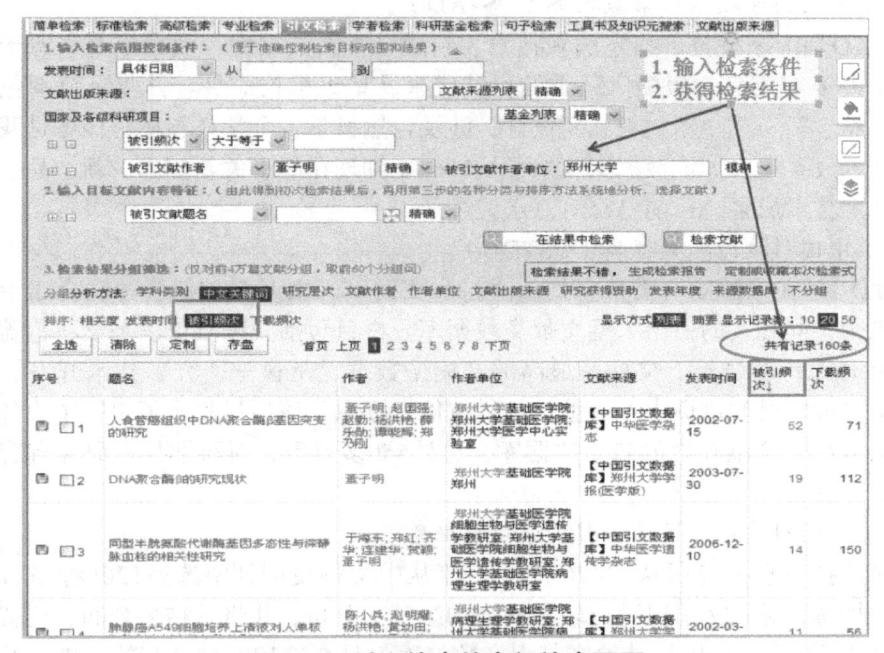

图3.12 引文检索的高级检索页面

【示例】在中国引文数据库中检索郑州大学董子明教授发表论文的被引用情况。

检索参考方法与步骤：

a.选择引文数据库的"高级检索"；

b.在高级检索页面中，选择检索范围为全选；

c.选择检索项"被引作者"，输入"董子明"，选择检索项"被引单位"，输入"郑州大学"；

d.点击"检索"按钮，执行检索，得到检索结果，如图3.12所示。

此外，中国知网还提供了订阅、个人图书馆等特色功能，有兴趣的用户可以点击中国知网首页顶部或底部的"帮助中心"获取帮助，根据自身需求尝试使用。

3.2 万方数据库

3.2.1 概述

万方数据资源系统由中国科学技术信息研究所（原名中国科学技术情报研究所，简称中信所）开发建立。中信所是我国成立最早、规模最大的国家综合性科技信息中心，长期以来一直从事信息检索与服务工作。我国改革开放后，中信所是最早引进国外联机数据库的机构之一，也是最早成立科技信息查新站和最早自主建设联机数据库的单位之一。自建数据库"中国企业、公司及产品数据库"、"中国科学技术成果数据库"、"中国科技论文统计与引文分析数据库"、"中国学术会议论文数据库"和"中国学位论文数据库"是其"拳头产品"。

3.2.2 主要数据库简介

（1）中国科学技术成果数据库（CSTAD）

CSTAD是国家科技部指定的新技术、新成果查新数据库。数据主要来源于历年各省、市、部委鉴定后上报国家科委的科技成果及星火科技成果。其收录范围包括新技术、新产品、新工艺、新材料、新设计，涉及自然科学各个学科领域。该库是我国最具权威的技术成果宝库。该数据库收录了从1964年到现在的有关新技术、新产品、新材料核心设计等技术成果，目前已有51万条记录。

（2）中国科技文献数据库（CSTDB）

CSTDB是在原国家科委信息司的主持和资助下，由万方数据公司联合四十多个科技信息机构共同开发的一个大型文献类数据库。栏目包括我国有史以来学科覆盖范围最广、文献时间跨度最长、文摘率最高的文摘型数据，是科学研究、技术开发、工程设计、信息咨询、科教培训中不可替代的科技信息资源。该栏目收录了包括中央各部委、省市自治区综合文献在内的32个数据库，总计550多万条，对科学技术研究有着不可估量的价值和意义。

（3）中国科技论文统计与引文分析数据库

中国科技信息研究所从1987年起，每年从中文科技期刊中选择1200种左右的科技期刊为数据源，对论文情况进行较大规模的统计与分析，并将其结果公布，这就是所谓的国内"学术榜"。中国科技论文与引文数据库就是在这1200种期刊的基础上开发的一个具有特殊功能的数据库,本数据库集文献检索与论文统计分析于一体。功能主要有:查找国内发表的重要科技论文;了解历年来我国科技统计分析与排序的结果;了解各地区、部门、单位、作者以及各学科及基金资助论文的发表情况;开展科技论文引文分析。

(4) 中国学术会议论文数据库

1985年国家委托中国科技信息研究所开始收录由国家级学会、协会、研究会组织召开的学术会议论文,并委托万方数据公司加工制作成数据库产品。该库收录了由国际及国家级学会、协会、研究会组织召开的各种学术会议论文,每年涉及上千个重要的学术会议,是目前国内收集学科最全、数量最多的会议论文数据库。目前文摘总量达102万篇。1998年,万方数据开始制作中国学术会议论文全文数据库,数据范围覆盖各学科领域,论文数量近26万篇,属国家重点数据库。

(5) 中国学位论文数据库

中国科技信息研究所是国家法定的学位论文收藏机构,自1980年以来开始收录我国自然科学领域各高等院校、研究生院及研究所的硕士研究生、博士及博士后论文,并委托万方数据公司加工制成文摘数据库产品。目前中国学位论文文摘数据库已经收录论文总计59万篇,充分展示了中国研究生教育的庞大阵容。在精选相关单位近年来学位论文的基础上加工成中国学位论文全文数据库,总量达29万篇,从侧面反映了中国科学研究的整体水平和巨大潜力。

(6) 中国国家标准数据库

中国国家标准数据库包括国家技术监督局、建设部情报所提供的相关行业的中国国家标准、国际标准以及各国家标准总计16个数据库,22万多条记录。成为生产经营、科研工作不可或缺的宝贵信息资源。

(7) 中国专利数据库

中国专利数据库包括发明专利、实用新型及外观设计专利等数据库,是科技机构、大中型企业、科研院所、大专院校和个人在专利信息咨询、专利申请、科学研究、技术开发以及科技教育培训中不可多得的信息资源。

(8) 中国企业与产品数据库(CECDB)

该数据库是我国最具权威的企业综合信息库。始建于1988年,由万方数据联合国内近百家信息机构共同开发。是国内外工商界了解中国市场的一条捷径。目前,CECDB的用户已经遍及北美、西欧、东南亚等50多个国家与地区,主要客户类型包括:公司企业、信息机构、驻华商社、大学图书馆等。国际著名的美国DIALOG联机系统更将CECDB定为中国首选的经济信息数据库,而收进其系统向全球数百万用户提供联机检索服务。它是了解中国市场的一个最好的数据库。因此常被人们用来了解某产品的国内市场和企业的数量、经营规模和产品等信息。

3.2.3 检索方法

万方数据资源系列中各个数据库的检索方法是相同的,下面我们以网络服务的新版为例介绍万方数据库资源的使用方法。

(1) 登录

任何用户都可以通过网络版万方数据库资源免费获得系统的检索权和部分资源的查看

权。如果涉及全文资源，还可以免费获得全文文摘的查看权，而进一步的详细信息或全文内容需要输入相应的账户密码，以付费（在线或预付）的方式才能查看，具体步骤如下。

第一步：在IE地址栏输入网址"http：//www.wanfangdata.com.cn/"，打开万方数据库的主页，如图3.13所示。

第二步：输入用户名和密码，登录。需提前注册。

图3.13　万方数据知识服务平台首页

在网络条件下，万方数据检索系统提供了简单检索和高级检索（专业检索）功能。简单检索针对数据库的特点，提供给用户直观方便的检索框。高级检索支持布尔检索、相邻检索、截断检索、同字段检索、同句检索和位置检索等全文检索技术，具有较高的查全率和查准率。

（2）简单检索

简单检索，为用户提供了一个方便易用、组配灵活的检索入口，适合所有用户使用。在利用简单入口检索时，用户只需通过下拉菜单点选所要检索的类型，输入相应检索词便可，查找出相关信息，如图3.14所示。

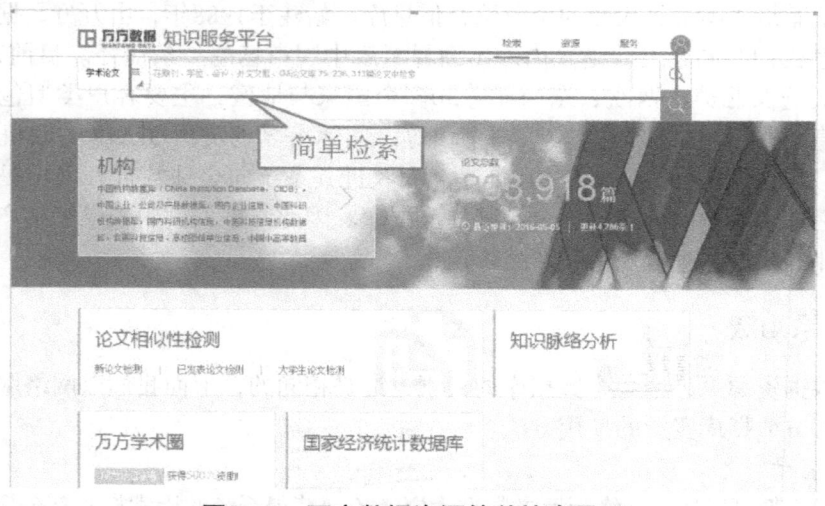

图3.14　万方数据资源简单检索界面

（3）二次检索

二次检索是在已有检索结果范围内再一次检索，以便进一步缩小检索范围。"学位论文库"的检索结果显示格式如图3.15所示。此页面的上方提供了二次检索入口"在结果中检索"，其使用方法与简单检索相同。

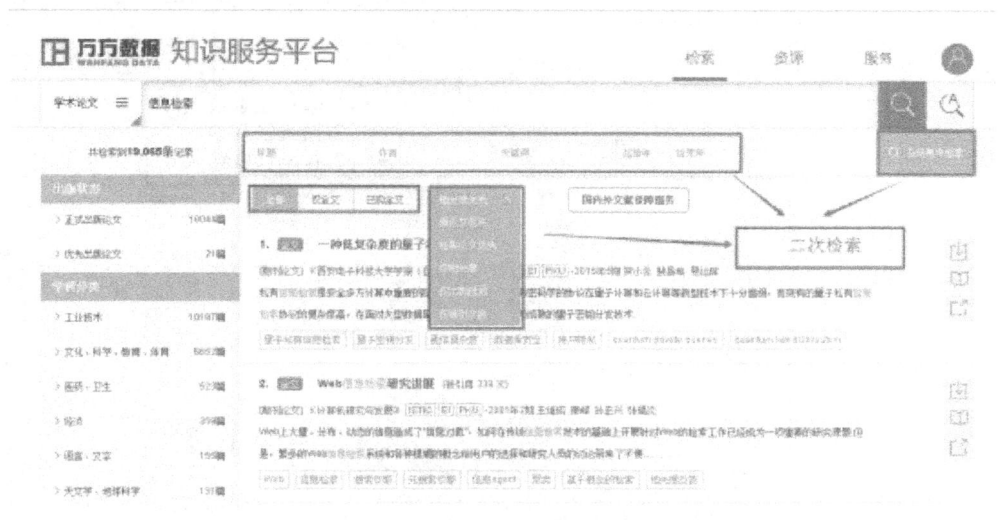

图3.15　二次检索结果界面

（4）关联检索

如图3.16所示论文全部信息中，不仅提供了查看论文全文的链接，而且提供了一些"关联检索"入口：

作者：点击作者，可检索出此作者所发表的所有论文。

刊名：点击期刊名称，可检索出此期刊中的所有论文。

关键词：点击某一关键词，可检索出数据库中"关键词"字段含有这个词的所有论文。

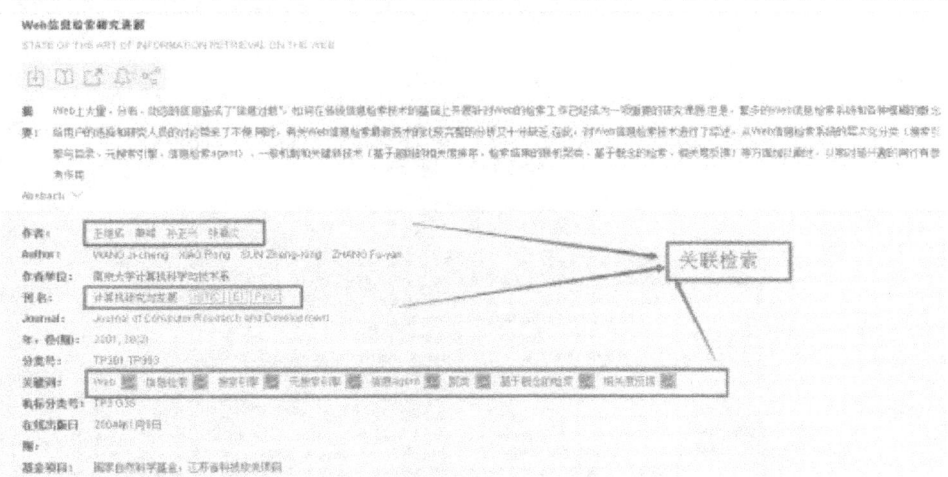

图3.16　关联检索界面

（5）高级检索（专业检索）

高级检索也被称为命令检索，点击一数据库检索入口页面的"高级检索"或"专业检索"链接，即可进入其高级检索入口页面，如图3.17所示。用户可建立复杂精确的检索表达式来实现检索。高级检索支持布尔检索、相邻检索、截断检索、同字段检索、同句检索和位置检索等全文检索技术，具有较高的查全率和查准率。

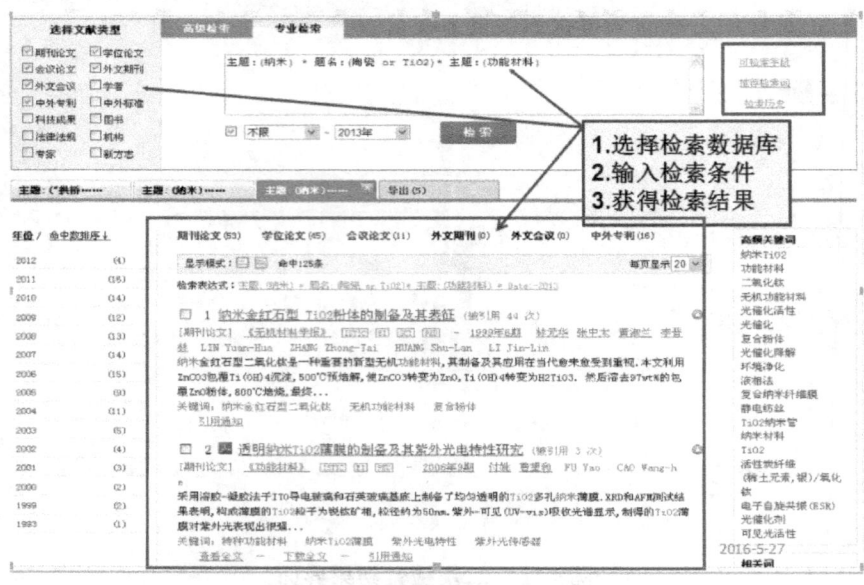

图3.17　高级检索结果显示页面

3.2.4　文章浏览与编辑

万方数据库的原文采用PDF文件格式，阅读之前，先要下载AdobeReader阅读软件，在Internet很多网上可免费得到此软件的下载链接。在正确安装PDF阅读器后，点击Web页面上的PDF文档链接，系统便会打开此PDF文档，出现如图3.18所示形式的窗口中。

图3.18　PDF文件格式显示页面

在用PDF阅读器打开一PDF后，将鼠标定位到要复制的区域后，按下鼠标右键后选择所弹出菜单中的"复制"选项，便可将选定区域的内容以文字或图像形式复制到word等处理软件。

3.3 维普数据库

3.3.1 维普数据库概述

"中文科技期刊数据库"（简称"维普——VIP"），源于重庆维普资讯有限公司1989年创建的"中文科技期刊篇名数据库"。该数据库收录了自1989年以来国内出版发行的自然科学、工程技术、农业科学、医药卫生、经济管理、教育科学、图书情报等学科期刊12000余种，收录核心期刊占核心期刊总量的大约83%。按学科分为5个专辑,47个专题，基本覆盖了国内公开出版的具有学术价值的期刊。

3.3.2 CQVIP中文科技期刊全文数据库检索

（1）登录网站和检索设置

双击"Internet Explorer"，地址栏输入：http：//lib.cqvip.com/，进入CQVIP检索网站主页，如图3.19所示。

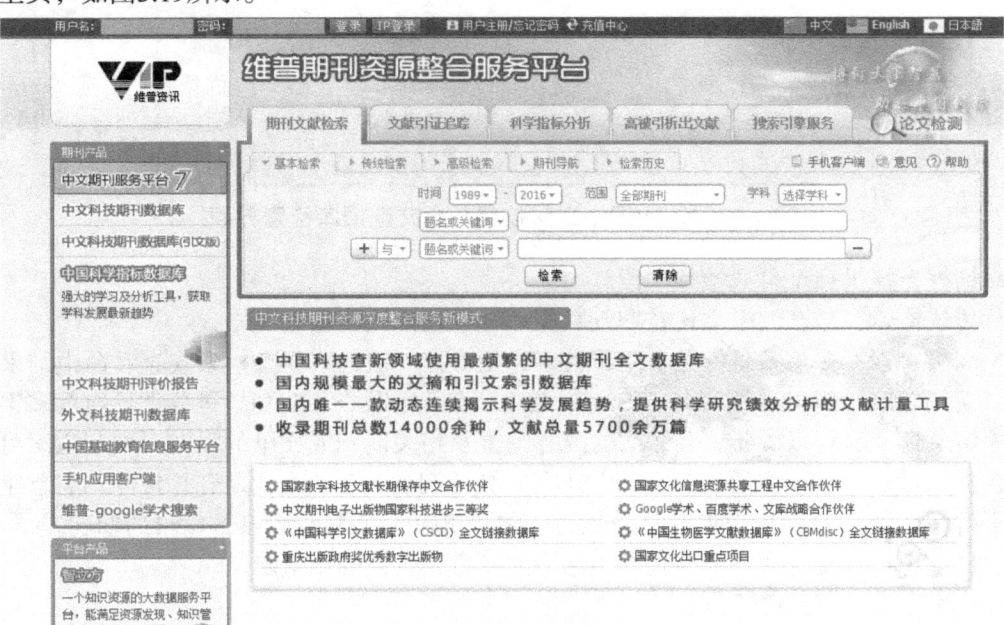

图3.19 维普期刊资源整合服务平台界面

（2）选择检索方式

VIP的检索方式总体上可分为：基本检索、传统检索、高级检索、期刊导航、检索历史。点击相应的按钮，即可进入该检索页面，如图3.20所示。

基本检索：是系统默认的检索方式，是简单快捷的中文期刊文献检索方式。默认的检索对话框有两个，点击 + 或 — 图标，可增加或减少对话框数量，最多可增加到5

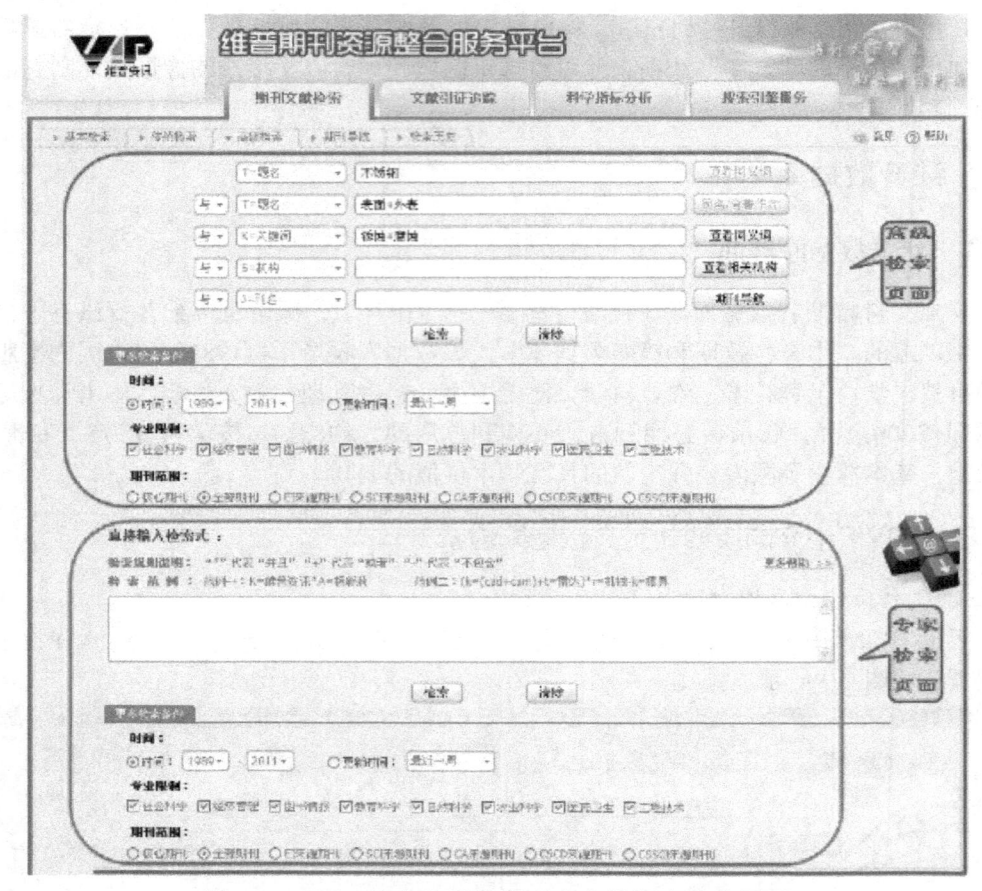

图3.20　CQVIP中文科技期刊全文数据库检索界面

个对话框，提供14个可选检索字段。

传统检索：适合"中文科技期刊数据库"老用户查新检索风格。

高级检索：多检索条件逻辑组配检索，更支持一次输入复杂检索式查看命中结果。

期刊导航：提供从期刊名、ISSN、按（刊名）字顺查、期刊学科分类导航等多渠道快速定位期刊，可以做年、卷、期的内容浏览及相关期刊或文献的漫游。期刊检索可直接在对话框中输入相应的期刊名、ISSN号；按（刊名）字顺查找期刊是按照刊名首字的汉语拼音字顺A~Z将期刊列表；期刊学科分类导航可以直接检索某一学科的期刊。

检索历史：支持用户个性化的使用习惯及检索条件的再组配。

这里主要介绍高级检索。

（3）高级检索

系统提供多条件逻辑组配检索（高级检索）和直接输入检索式（专家检索）两种方式。多条件组合检索是对系统提供的多个（最多5个）检索项（限定在13个检索字段中），根据检索课题需要进行逻辑（与、或、非）组配运算。直接输入检索式是将检索词和逻辑算符形成的检索表达式直接输入检索式输入框。

①登录高级检索界面：单击页面上的 ▶ 高级检索 超链接，即可直接进入跨库高级检索界面。

②确定检索词逻辑运算关系：在组合式检索框中，点击 [与▼] 中的下拉菜单确定各检索词之间逻辑组配关系，选项有与、或、非三种方式。同一字段对话框多个检索词逻辑检索要插入空格。"*"代表"与"；"+"代表"或"；"—"代表"非"。

例如：金属*表面*处理液

③选择检索字段：在组合式检索框中，通过 [T=题名 ▼] 下拉菜单选择检索字段。包括：题名、关键词、文摘等共13项。常用的有篇名、关键词。通过限制字段，可缩小/扩大检索范围，通过字段组合（题名+第一作者+作者单位）进行特定检索。本例选择的检索字段为题名、关键词。

④输入检索词：在组合式检索框中，在文本框内输入检索词/词组，最多可输入5组。本例输入的检索词是"不锈钢、表面、外表、腐蚀、锈蚀"。

⑤扩展检索：在组合式检索框中，某些字段可做扩展检索。关键词字段提供 [查看同义词]（相当于传统检索的同义词库功能）进行同义词/近义词的逻辑"or"扩展检索。作者字段提供 [同名/合著作者]、分类号字段提供 [查看分类表]、机构字段提供 [查看相关机构]、刊名字段提供 [期刊导航] 和刊名变更情况。

⑥检索结果限制：在 [更多检索条件] 选项中，可以对时间、专业限制、期刊范围做进一步的限定或选择。

对于高级检索和直接输入检索式，系统提供的 [更多检索条件] 是相同的,都是关于检索范围的限定。

⑦上述检索条件确定之后，点击 [检索]，所有命中文献篇名及题录信息列表显示。如图3.21所示：

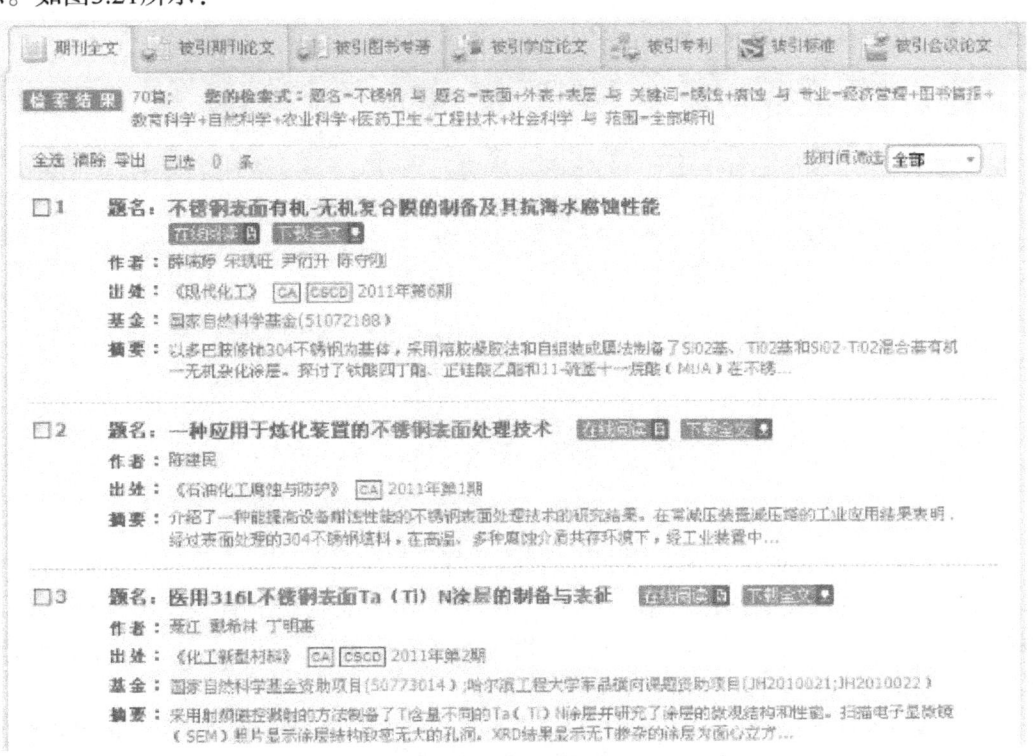

图3.21 检索结果显示界面

⑧点击 [下载全文] 可浏览全文。

（4）按时间筛选检索结果

在第一次检索结果基础上进行的检索。第一次检索后,如对检索结果不满意,可以 [按时间筛选 全部 ▼] 检索结果。可选范围包括：全部、一个月内、三个月内、半年内、一年内、当年内。

（5）检索结果显示、浏览、保存和打印

①显示：检索结果最多显示10条/页记录,如果命中记录较多,则需分页显示。

②浏览：详细浏览、分析命中记录题名,如有必要可单击某条记录题名查看包括文摘在内的详细信息。

③保存：如果需要保存检索结果中某些题录信息,须在中文题名左边的复选框内打"√"；如果需要将页面上显示的所有题录全部选中,点击左上角或右下角"[全选]"按钮,然后单击"存盘",便可出现"保存列表"。单击左上角菜单栏中的"文件",选择"另存为"命令,另取文件名,选择以".html"、".mht"或".txt"等格式保存。也可利用相应编辑软件进行选择,复制,粘贴到Word或其他文档格式。

④打印：如需将保存的文件打印输出,直接单击工具栏中的"打印机"图标即可；也可单击菜单栏中的"文件",选择"打印"命令。前提是计算机已安装打印机驱动程序,也可"通过添加打印机"自行安装。

（6）全文下载浏览

在显示文摘等详细信息的页面,单击某条记录的标题,弹出链接全文对话框,点击 [下载全文] 可浏览全文,如图3.22所示。

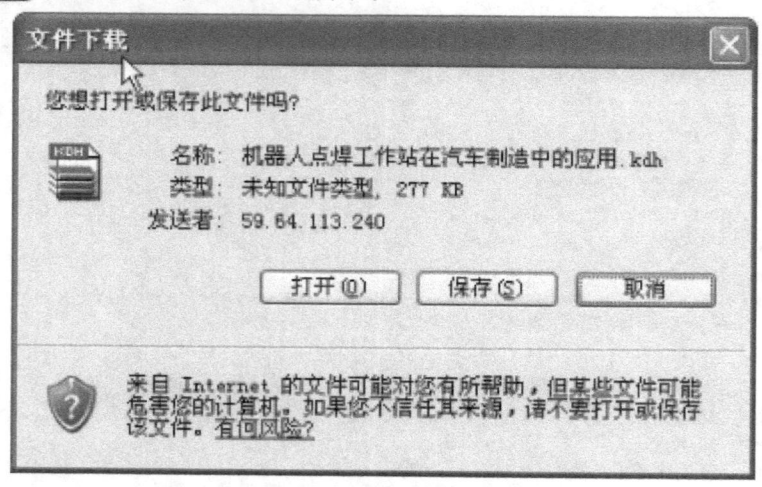

图3.22　全文下载窗口

此时,有两种方式供选择：第一种是 [打开(O)],在当前状态下直接浏览；第二种是 [保存(S)],将文件下载保存到软/硬盘某个指定的文档后再打开浏览。如选后者,将出现"另存为"对话框。保存时,文件名宜另取。

如需发送到邮箱,单击菜单栏中的"文件",选择"发送邮件"命令,在出现的邮件发送对话窗口中输入收件人E-mail地址、主题等内容,将保存后的文件添加到附件中通过E-mail传递。使用这种方法有个前提条件,即用户的电脑已安装Outlook Express之类的邮件客户程序,并已建立邮件帐号。

该数据库全文浏览为PDF格式。下载到某个指定文档并安装相应阅读器。浏览全文时,系统自动调用该程序。

3.3.3　CQVIP中文科技期刊资源使用(题录/文摘检索)

由于VIP数据库全文资源采用有偿服务方式,大部分由高校和科研院所出资购买,采用IP地址控制,一般用户无权使用其全文资源。因此,学会利用其提供的题录/文摘资源尤为重要。

(1)登录网站和检索设置

双击"Internet Explorer",地址栏输入:http://www.cqvip.com/,进入CQVIP免费检索网站主页,如图3.23所示:

图3.23　CQVIP检索网站主页

(2)选择检索方式

点击 高级检索 链接,进入高级检索页面。如图3.24所示。

(3)确定检索词逻辑运算关系

在组合式检索框中,点击 并且 中的下拉菜单确定各检索词之间逻辑组配关系,选项有并且、或者、不包含三种方式。同一字段对话框多个检索词逻辑检索要插入空格。"*"代表"并且(与)";"+"代表"或者";"—"代表"不包含"。例如:金属*表面*处理液。

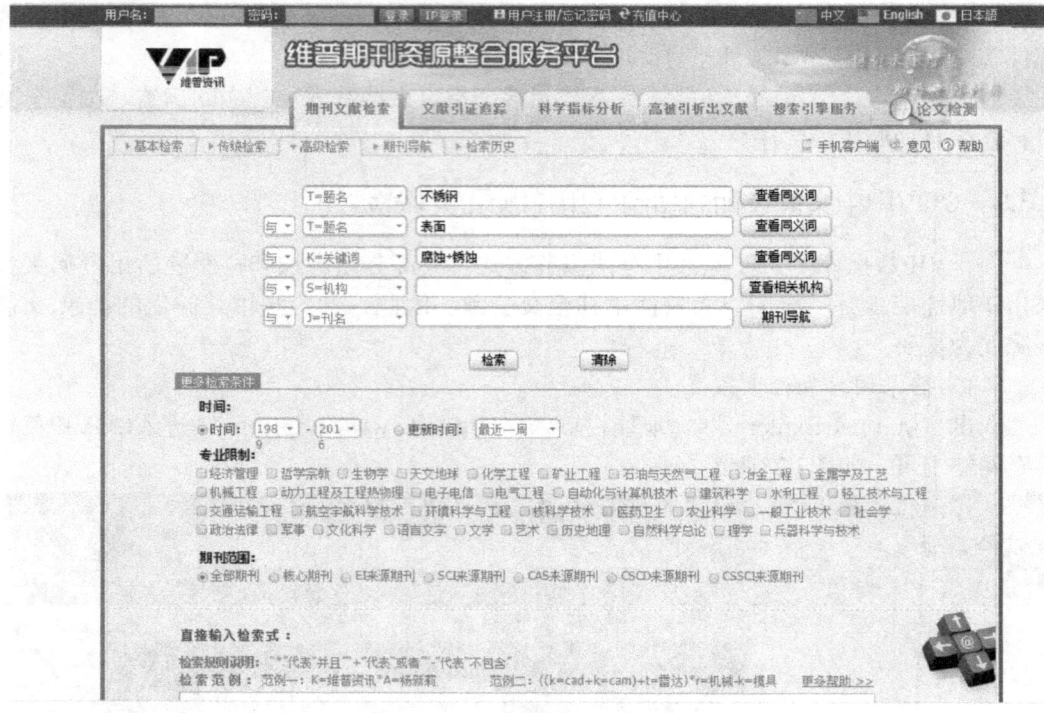

图3.24　高级检索页面

（4）选择检索字段

在组合式检索框中，通过 检索项 下拉菜单选择检索字段。包括：题名、关键词、文摘等共13项。常用的有篇名、关键词。通过限制字段，可缩小/扩大检索范围，通过字段组合（题名+第一作者+作者单位）进行特定检索。本例选择的检索字段为：题名、关键词。

（5）输入检索词

在组合式检索框中，在 检索词 文本框内输入检索词/词组，最多可输入5个。本例输入的检索词是："不锈钢、表面、腐蚀、锈蚀"。

（6）选择检索模式

确定检索词与标引词之间的匹配程度。通过 匹配度 下拉菜单选择有模糊、精确检索两种模式。模糊匹配检索：包括检索词同义词/近义词的检索，提高查全率；精确匹配检索：仅检索对话框中输入的检索词，提高查准率。

（7）扩展检索

在组合式检索框中，检索系统提供相应检索项的扩展功能,某些字段可做扩展检索。输入一个检索词后，可在 扩展功能 图标下点击相应的选项，关键词字段提供 查看同义词 （相当于传统检索的同义词库功能）进行同义词/近义词的逻辑"or"扩展检索。作者字段提供 同名/合著作者 、分类号字段提供 查看分类表 、机构字段提供 查看相关机构 、刊名字段提供 期刊导航 和刊名变更情况。

（8）检索结果限制

在 扩展检索条件 中可对时间条件、专业限制、期刊范围做进一步的选择。

对于高级检索和直接输入检索式，系统提供的 [扩展检索条件] 是相同的,都是关于检索范围的限定或选择。

（9）检索

上述检索条件确定之后，点击 [检索] 所有命中文献篇名及题录信息列表显示。如图3.25所示：

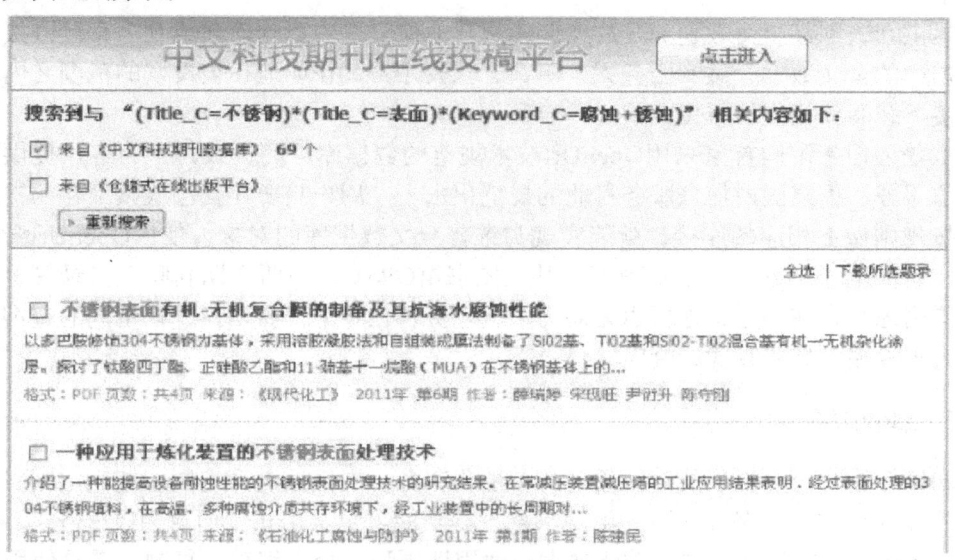

图3.25　检索结果界面

（10）浏览文摘

单击某条记录的标题，可浏览该记录的文摘，如图3.26所示：

图3.26　命中文献索引页面

3.3.4 OpenUrl增值服务

维普资讯《中文科技期刊数据库（全文版）》具有符合OpenUrl协议的开放连接功能，用户不光可以使用到维普数据库自身的强大功能，还可为用户单位的其他数据库、检索平台

提供刊级别甚至篇级别的开放连接，从其他检索平台里的篇名或刊名直接链接到维普数据库的全文数据，做到服务无处不在，只要用户的IP地址在被授权的范围之内就可以直接下载阅读相应的原文文献。

维普公司是国内首家采用OpenUrl技术规范的数据库厂商，致力于为客户提供更多的增值服务，提高国内信息服务行业的规范化水平。用户只要在自己检索平台的输出页面上按规则做上相应的连接，就能实现与维普全文数据库的对接。使用OpenUrl开放链接，所有的电子期刊、电子资料库，甚至图书馆OPAC、中西文期刊联合目录等，都将完整紧密地结合在一起，你再也无需为了一笔资料在各个视窗切换，在不同的查询界面下一再重复输入您要查找的资料。

3.3.5 辅助功能

2004年维普公司推出的针对用户的个性化服务，提供关键词定制、期刊定制、分类定制、保存检索式、保存文章（电子书架）等功能。全文格式全面改为PDF格式，采用Adobe Reader浏览打开全文，功能强大、通用性更强，全文编辑、复制无需再使用OCR转换，使用更方便实用。在检索式输入框的右侧提供了"模糊"和"精确"检索方式的可选项，以便您进行更准确的检索。该功能在选定"关键词"、"刊名"、"作者"、"第一作者"和"分类号"这五个字段进行检索时，该功能才生效。系统默认"模糊"检索，用户可选"精确"。例如：检索字段选择"关键词"，然后输入"基因"一词，在"模糊"检索方式下，将查到含有"基因结构"、"基因表达"、"癌基因"、"人类基因组计划"、"线粒体基因"等词的相关文献；而在"精确"检索方式下，就只能查到含"基因"一词的相关文献。

同义词库：同义词库功能默认为关闭，选中即打开（只有在选择了关键词检索入口时才生效）。例如，输入关键词"土豆"检索时，会提示"马铃薯、洋芋"等是否同时作为检索条件。这样，可以有选择地扩大检索的命中范围。

同名作者库：此功能默认为关闭，选中即打开（只有选择了作者、第一作者检索入口时才生效）。输入作者姓名检索时，会提示同名作者的工作单位列表，选择要检索的单位，点击页底的"确定"即可精确检出（如果不全选，一次最多只能选择五个单位）。

期刊的年、卷、期的浏览功能：该功能满足对期刊按年、卷、期方式进行全文浏览，方便用户随时在内容检索方式和期刊查找方式之间切换。点击文摘栏的"刊名"，可以打开该刊名在各年度的期数列表。例如，点击刊名《工程建设与设计》，会弹出该刊各出版年列表，假设选中2002年则会查询到该年度《工程建设与设计》的出版期数。选择第一期，显示栏便显示第一期所有满足检索要求的题录文摘。

3.4 中国人民大学报刊复印资料全文数据库

3.4.1 概述

人民大学报刊复印资料数据库最早来源于中国人民大学的剪报公司，收录国内社会科学、人文科学专题文献资料为主，共收录期刊3500多种。其选收期刊的标准是：具有很高的学术价值、应用价值，含有新观点、新材料、新方法，能反映学术研究或实际工作部门的现状、成就及其新发展。复印报刊资料全文数据库与印刷本的复印报刊资料相对应，时间跨度为1995年至今。分政治、经济、教育和文史四大专辑。

3.4.2 检索方法

人民大学报刊复印资料数据库设置一般查询、二次查询和高级查询方式，并提供字段检索途径，包括标题字段和任意字段。检索系统除了支持布尔逻辑+、*、-外，还支持截词运算符：

截词"?"：两词（字）之间允许隔几个字，相隔字的个数等于出现"?"的个数，最多允许出现九个"?"。如"中国??画"，可以表示"中国山水画"或"中国花鸟画"等中间增加两个字的其他中国画。

截词"!"：两词（字）之间允许隔零个至多个字，如两词（字）之间出现n个"!"，那么两词（字）之间可以出现0~9个字。如"中国!!画"可以表示"中国画"、"中国年画"或"中国花鸟画"等。

查询时用的"+*?!"均为半角。括号"（）"内的查询条件优先处理。

下面将以检索中国各种绘画的研究论文为例，介绍该数据库的操作方法和检索步骤。

（1）一般查询

首先进入检索页面，如图3.27所示。

图3.27 中国人民大学报刊复印资料全文数据库检索页面

选择检索字段。例如，选择标题字段。

输入相应的检索提问式。因为中国画作可以包括各画种或中国少数民族画，故检索提问式可写成：中国!!!画。

选择检索数据库。

点击"查询"。检索结果命中58篇。

点击"阅读"可打开原文，如图3.28所示。

图3.28 原文索引界面

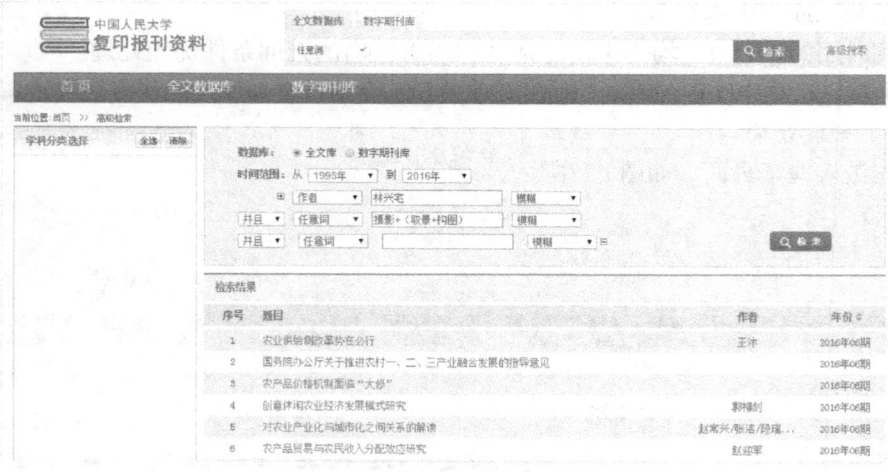

图3.29 高级检索界面

（2）二次查询

在一般查询的结果中，可根据课题要求做进一步的查询。如：查看中国绘画的作品，可在以上检索的结果中，继续在标题字段输入"作品"，然后点击"二次查询"。二次查询的检索词与上次查询的检索词默认为逻辑乘组配。

（3）高级查询

高级查询增加了6种字段限定。利用高级查询，可快速检索到有特定要求的文献。如：检索作者林兴宅关于摄影艺术方面的文章

- 点击"高级查询"进入检索界面。
- 在作者字段输入"林兴宅"。

在任意词字段输入相应的检索词。因摄影艺术包含"取景"和"构图"的概念，故提问词可写成逻辑提问式：摄影*（取景+构图），如图3.29所示。

- 点击"查询"。
- 显示有1篇查询结果，如图3.30所示：

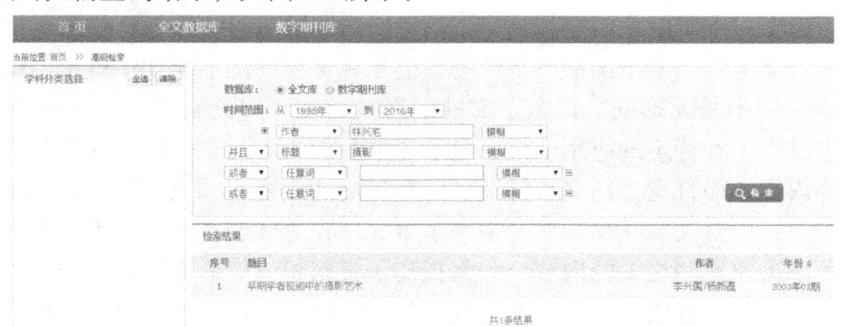

图3.30　检索结果

3.4.3　查询词帮助功能

高级查询的提问输入框右边的"？"查询词帮助功能键，需要某一字段的查询帮助便点击该字段的"？"。

在输入框内输入获取帮助的条件，按"获取帮助"，将取出符合条件的帮助词（图3.31）；如果输入任何条件，将取出所有的帮助词。获取的帮助词将输出在本窗口，通过获取的帮助词前的选择框，选取需要的帮助词；按"选毕返回"返回查询窗口；如果在逻辑关系中选择了"与"，选取的多个帮助词将以符号连接，写入相应字段查询框中；如果在逻辑关系中选择了"或"，选取的多个帮助词将以"+"符号连接，写入相应字段查询框中；如果相应字段查询框中已有查询词，本次获取的帮助词将连接到原有查询词的后面，连接的逻辑关系与获取的帮助词的逻辑关系相同。

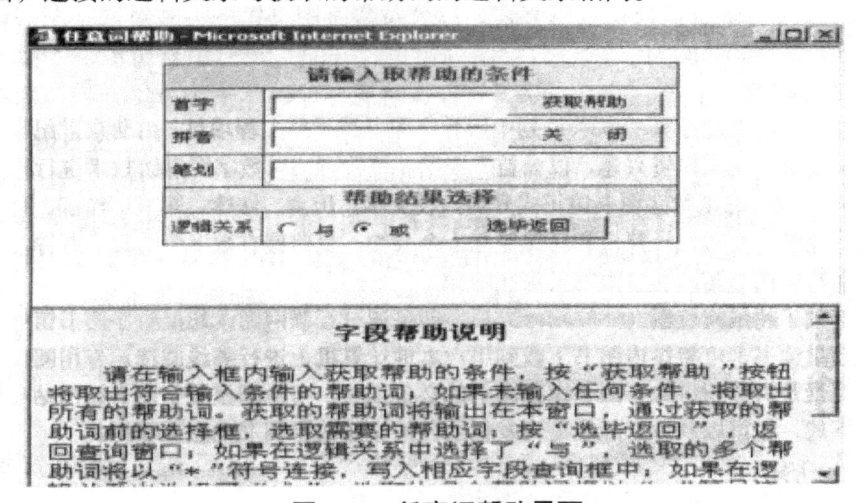

图3.31　任意词帮助界面

3.5 电子图书数据库

3.5.1 电子图书与电子图书馆

（1）电子图书

电子图书是相对传统的纸质图书而言的，数字化的以电子文件形式存储在各种磁或电子介质中的图书就叫电子图书。

从某种意义上讲，电子图书还是图书，但是和传统的图书相比，电子图书又有本质的不同：电子图书是无形的，以电子文件的形式存在，阅读时需要一定的设备（如PC机或手持电脑等）和特定的应用软件；电子图书是超文本的，可以包含图片、声音、电影、动画等内容，而且支持超文本链接，信息量更加丰富，阅读更加方便；电子图书便于传播和扩散，适合大家共享，但会带来了版权保护等问题；电子图书有方便快捷的查找功能，可以迅速找到相关的内容，大大提高了资料检索的效率；电子图书支持剪切、拷贝等功能，对读者有用的信息马上可以复制，省略了大量的抄写时间和精力。

（2）电子图书馆

电子图书馆也叫"数字图书馆"，相对传统图书馆而言，它管理和珍藏的不是纸质的图书，而是数字化的"电子图书"，并让人们利用计算机通过网络检索和获得这些电子图书。所以电子图书馆是存储和管理大量电子图书，并为人们提供网络检索和阅读服务的计算机网络系统。电子图书馆是"虚拟图书馆"，不需要规模庞大的建筑群和一排排的书架，只需要几台服务器和网络即可。

目前，国内的电子图书馆有超星数字图书馆、书生之家数字图书馆、方正Apabi数字图书馆等。

3.5.2 超星数字图书馆

（1）数据库简介

超星数字图书馆是国家"863"计划中国数字图书馆示范工程项目，由北京世纪超星信息技术发展有限责任公司投资兴建，以公益数字图书馆的方式对数字图书馆技术进行推广和示范。2000年1月，超星数字图书馆正式开通，设文学、历史、法律、军事、经济、科学、医药、工程、建筑、交通、计算机和环保等几十个分馆，目前拥有数字图书数十万种，是全球最大的中文数字图书馆，其资源每天都在增加。

读者下载了超星阅览器（SSReader）后，即可通过互联网阅读超星数字图书馆中的图书资料。凭超星读书卡可将馆内图书下载到用户本地计算机上进行离线阅读。专用阅读软件超星图书阅览器是阅读超星数字图书馆藏图书的必备工具，可从超星数字图书馆网站和其镜像站点免费下载，也可以从世纪超星公司发行的任何一张数字图书光盘上获得。

（2）检索方法

系统提供浏览和检索两种方式查询所需图书。检索又分为一般检索和高级检索。

①分类浏览

在"图书馆分类"栏（图3.32）里选择某一主题图书馆即可进入该学科领域二级分类内容，依此类推，直到找到具体的图书。

图3.32　超星数字图书馆的图书分类

②高级检索

点击"查询"右边的"高级检索",进入高级检索界面,选择"主题图书馆",在"书名、作者、出版社、出版日期"项中选择"等于"或"包含",并输入对应文字,点击"检索"即可查到所需要的图书,点击书名下面的"阅读"即可浏览全书。

③一般检索

在"信息检索"栏(图3.33)里选择检索字段"书名、作者、出版社、出版日期"并输入相对应的关键字,选择检索范围——某一主题图书馆,点击"查询",就可查到所需要的图书。

超星数字图书馆检索系统使用的检索算符有:

"*"、空格:表示逻辑"与";"%":通配符,代表一个或多个字;"+":表示逻辑"或"。

图3.33　信息检索栏检索结果

④建立个人书签

在"用户登陆"栏（图3.34）里，点击"需建立书签用户在此注册"，根据提示进行注册，注册成功后，用该用户登陆，查找到需要的书，点击书名下面的"添加个人书签"，添加图书。

图3.34 用户登录界面

在该用户下次登陆的时候就会在"图书书签"栏里看到自己添加的书。添加个人书签后，回到主页刷新一次就可以看到此书签了。在下次阅读图书的时候用自己的用户名和密码登陆页面后，就可以看到以前添加的个人书签了（图3.35）。点击该书签就可以直接进入此书的阅读状态。如果想删除该书签，直接点击书签左侧标记即可。

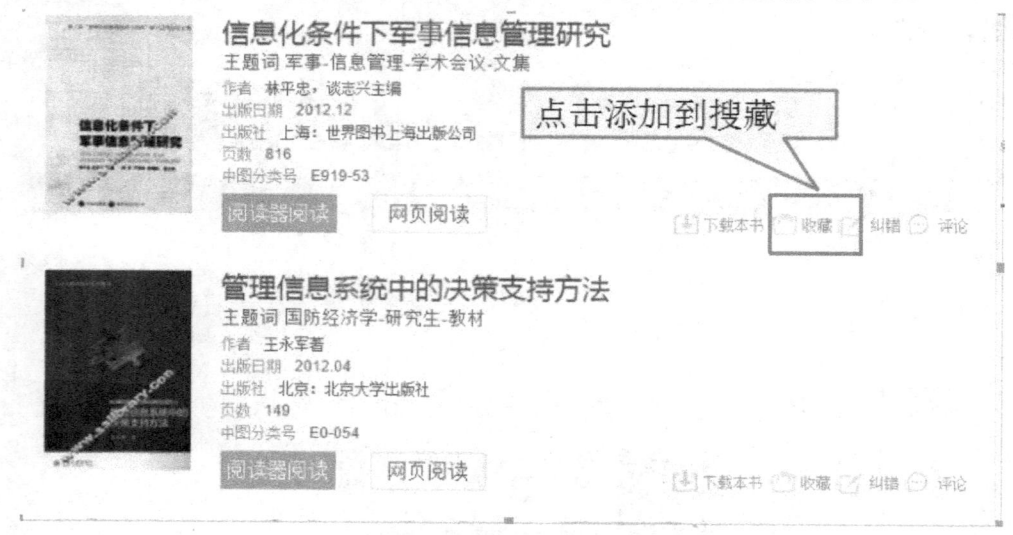

图3.35 收藏图书界面

⑤超星数字图书的阅读和下载

首次阅读和下载超星数字图书的全文，需先安装"超星全文浏览器"，同时还要下载注册器，注册本机。

注册器可以从镜像站点下载，下载后运行"注册器"程序，输入用户名后，即可成为注册用户，此时就可以阅读和下载图书资料了。如果要在其他机器上阅读下载超星图书，也必须先在该机器上运行注册器，并以相同的用户名注册该机器。机器注册程序见图3.36。

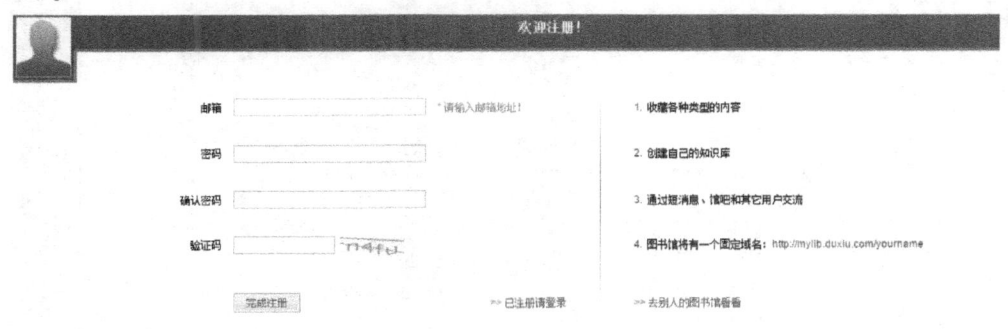

图3.36　用户注册界面

进入书籍阅读窗口（图3.37）后，系统默认以静止方式显示一页内容，为了方便用户自由地阅读，"超星浏览器"提供了多种功能，其主要功能如下：

a.图书下载：可以对整本图书下载，保存到本地磁盘。

b.文字识别：超星图书全文为PDF格式，可以通过"文字识别"功能，将识别结果保存为TXT文本文件。

c.剪切图像：选择"剪切图像"功能，可以直接复制、修改书中的某一部分内容。

d.书签：使用"个人书签"功能，对整册书添加书签或者对书中某一页添加书签。可以对使用频率较高的书，可以直接阅读，免去每次检索的麻烦。

e.自动滚屏：在阅读书籍时，可以使用滚屏功能阅读书籍。

f.更换阅读底色：使用"更换阅读底色"功能来改变书籍阅读效果。

g.导入文件夹：通过此功能可以将所需资料导入"我的图书馆"文件夹，从而更好地管理自己的文件。

h.标注：在阅读图书时可以对书中的内容做标记。标注有6种工具：批注、铅笔、直线、圈、高亮、链接。

i.历史记录：记录用户通过超星阅览器访问过的所有资源。

j.书评功能：可以对每本图书"发表评论"，也可以看到其他人对此书发表的评论。

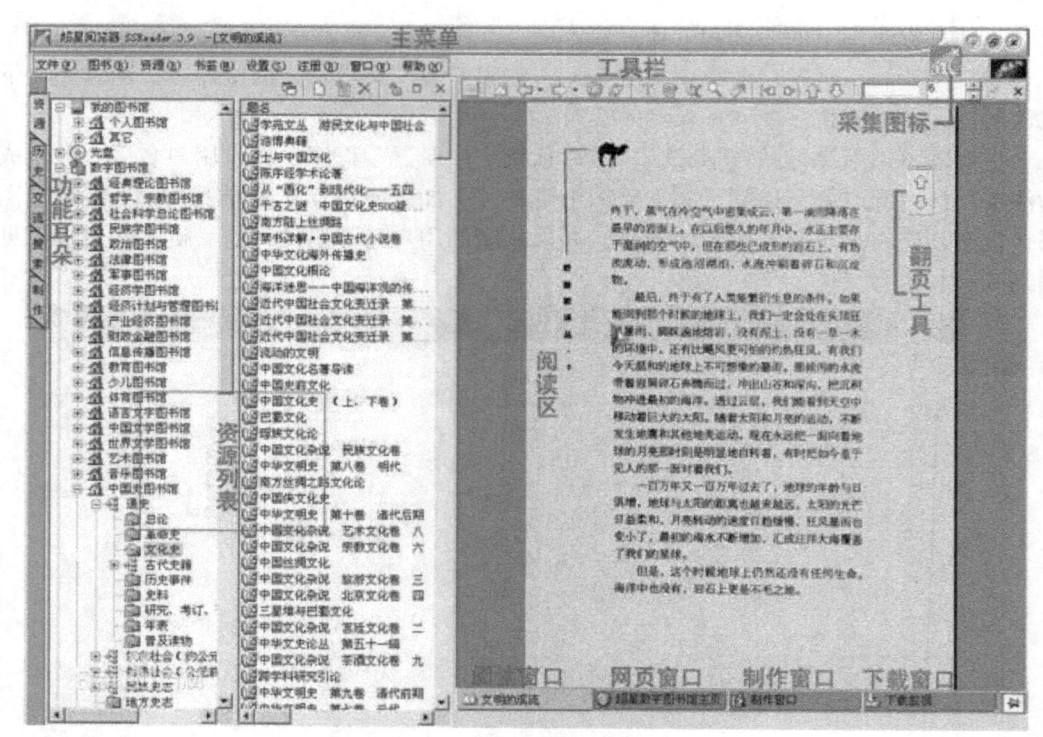

图3.37 书籍阅读窗口界面

第4章 外文数据库检索

4.1 《工程索引》

美国《工程索引》简称EI（Engineering Index），是世界上最早的、最全面的工程技术检索二次文献数据库，创刊于1884年10月，现由美国工程信息公司（The Engineering Information Incorporation）编辑出版，EI是主要收录工程技术文献的大型检索系统，是国际三大著名检索系统之一，是国际通用的文献统计源。

美国《工程索引》出版形式包括：①EI印刷版；②EI光盘版；③EI国际联机数据库（如美国的DIGLOG、德国的STN检索系统）；④EI网络版（Ei Compendex数据库）。

EI收录文献范围广泛，收录了工程技术类期刊、会议录、技术报告、科技图书等5100多种出版物;专业覆盖应用物理、光学技术、航空航天、土木、机械、电工、电子、计算机、控制、石油化工、动力能源、汽车船舶、采矿冶金、材料等领域;各学科纯理论研究和专利文献一般不收录。EI收录文献质量高，是工程类科技论文的一种评价性工具，中国大部分高校和研究单位都将EI核心版（印刷版）收录的文献认定为高质量科技论文。EI出版形式呈多样化，除印刷版年刊、月刊外，1969年开始编制计算机检索磁带供给Dialog等大型联机信息服务公司进行国际联机检索服务，20世纪70年代开始出版光盘。1995年开始，工程索引公司推出基于web方式的网络信息集成服务产品系列，称为EI Village。目前，我国高校和科研机构普遍使用的为包含EI网络版的Engineering Village 2平台。

4.1.1 Engineering Village 2页面介绍

目前，Engineering Village 2检索平台集成了多个文摘数据库，包括EiCompendex、工程技术研究所出版发行的inspec、报告数据库NTIS、专利数据库EiPatents等。Engineering Village 2平台是否整合其他数据库取决于用户的需求。本节主要对Engineering Village 2平台中的EiCompendex数据库的检索方法与技巧进行介绍。Engineering Village 2主检索页面右下角也提供了多种检索资源的链接，如：Espacenet、HIS Standards、LexisNexisNews、Scirus等。

4.1.2 Engineering Village 2检索方法

Engineering Village 2平台主要提供快速检索（quick search）、专业检索（expert search）、词表辅助检索（the saurus search）3种检索方式。

（1）快速检索（quick search）

Engineering Village 2的主检索页面默认为快速检索页面，用户选择1到3个主题词

（主题词的语法规则参见专业检索中的③~⑦）对选定数据库进行检索，并从检索框右侧的下拉菜单中选择检索字段（常用检索字段包括主题词／标题／摘要、作者、作者单位、标题等），同时可以通过下拉框选择检索字段之间的逻辑关系（and，or，not）。

【示例】检索汽车尾气氮氧化物的控制的相关文献：

检索词：
- 汽车automobile
- 尾气exhaust
- 氮氧化物nitrogen oxides
- 控制control

检索式：
- automobile and exhaust and "nitrogen oxides" and control

如图4.1所示：

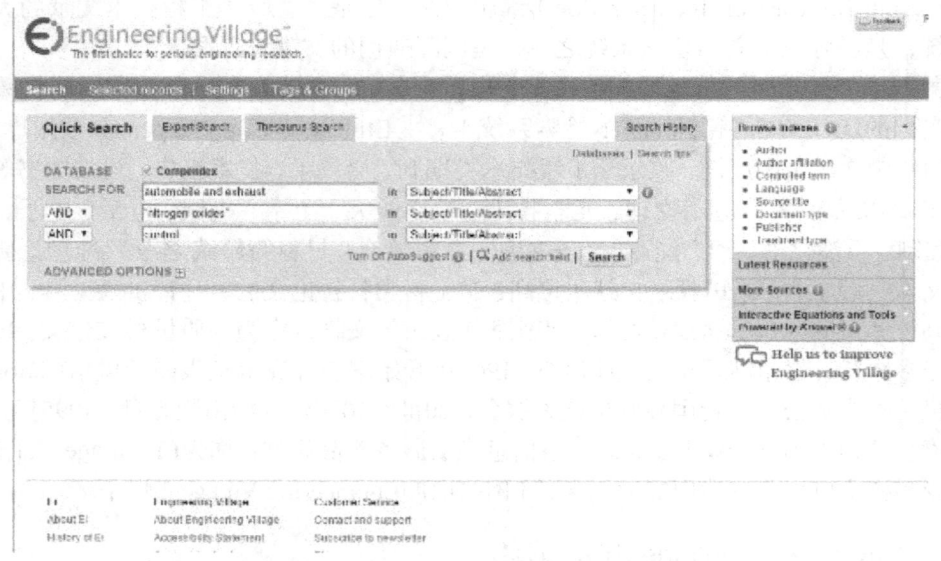

图4.1　Engineering Village 2快速检索页面

Engineering Village 2中的快速检索页面下方的限定框可以对文献的类型（all documenttypes）、文献研究方向（all treatmenttypes）、语种（all languages）及选择数据时间跨度进行限定。另外，快速检索还具有自动取字根（autostemming off）选项，可根据主题词词根进行扩展，进行更全面的检索，如输入：management，也可以检索managing，managed，manage，manager，managers等。

Engineering Village 2中的快速检索页面右下方还可以选择按照相关性（relevance）、出版年（publictionyear）对检索结果进行排序，系统默认的排序方式为相关性排序。另外，点击右下角"reset"按钮，即开始新的检索，并清除前面的检索结果，所有选项均复位到默认值。

作者名检索需要特别注意，一般采用姓在前、名在后的方式。利用作者检索文献时，可用截词符"*"。如果只输入姓，则所有同姓作者的文献均将被检索到。利用作者检索文献时，可加作者单位进行限定，从而精炼检索结果。

由于中国人姓名的拼写方式相近，姓和名容易混淆，因此作者检索时应采用多种拼写方式.

【示例】检索华南理工大学姜建国教授被美国工程索引收录的论文。姜建国教授的姓名有 6 种不同的拼写形式：jiangjianguo；jiangjian—guo；jianguojiang；jian-guojiang；jiangjg；jiangj-g，并结合作者单位进行限定，如图4.2所示。

另外，两个字的姓名和三个字的姓名拼写方式也有区别，如华南理工大学许勇教授的姓名拼写方式有四种。

Engineering Village 2中作者单位（author affiliation）信息包括城市、州、国家和单位的名称。有时也给出作者所在单位的具体部门。因为单位名称可能是缩写，拼写方式也可能改变，因此通过作者单位查找文献时，建议使用"browse indexes"中的作者单位（author affiliation）索引，Engineering Village 2主检索页面右上方提供了"browse indexes"功能，用户选择作者（author）、单位（author affiliation）、受控词（controlled term）、出版商（publisher）等字段检索时，可利用"browse indexes"索引文档找到合适的检索词。当用户选择了索引中的一个或多个检索词后，将自动被粘贴到检索框中，并附有相应的检索式。用户还可以用布尔运算符and或or连接从索引中粘贴过来附加的索引词。

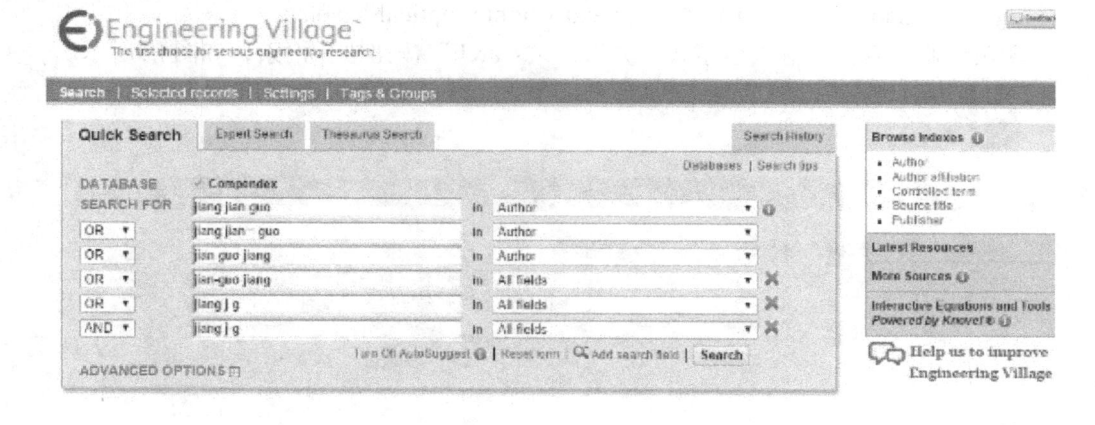

图4.2　作者检索页面

（2）专业检索（expert search）

Expert search较Quick search有更强的检索功能，但需用户根据系统的检索语法编制检索式进行检索，Engineering Village 2专业检索的语法规则包括以下几种

①.字段代码构造检索式，使用专业检索时，应在检索词后加入字段说明，否则系统默认在全字段检索。例如，在标题中检索涉及无线电频率的文献，输入：radio frequency wn TI，检索式中的"wn"用于指定其前面的检索词在后面的检索字段中检索，字段代码可以在检索窗口下方的"search codes"表中找到。

②用逻辑算符（and，or，not）构造包含多个检索字段的检索式。例如，检索高频雷达的相关文献，输入："high frequency" wn KY and radar wn KY。

③使用位置算符：NEAR/N表示两词之间可以插入0~n个词，前后位置任意；0 mear/n

表示两词之间可以插入0~n个词，次序不可调换。例如，输入：aircraftnear/3model。

④使用截词符。例如，输入：comput*，可以得到computer，computerized，computation，computational，computability等结果；输入：wom?n，可检出woman，women等结果。

⑤使用精确检索。如果要精确检索一个短语，可用括号或引号将此短语括进去。例如，输入：｛international space station｝或"bridge crack propagation"。

⑥特殊字符。除a-z，A-Z，0-9，?，*，#，（），｛｝等符号外，其他符号均被视为特殊符号，检索时将被忽略。除非用引号或大括号将其括起来，例如，输入：｛n>7｝。

⑦禁用词。如果用短语检索式，允许句中使用禁用词（and，or，not，near），但该语句必须用引号或括号括起，例如，输入：｛block and tackle｝。

⑧取词根所用的操作符为$。例如，输入：$management，可得到managing，managed，manager，manage，managers等结果。

【示例】以微藻为研究对象，查找涉及光强度对脂质代谢影响的文献。

①查找关键词所对应的英文及不同的表达形式：

微藻：algae；脂代谢：lipidomics/lipidmetabolism/fatmetabolism；光：light/optical。

②根据关键词的逻辑关系及所在字段编写出检索式：

alga * wn tiand（lipid* or fat* wn kyand（lightor optical）wnky

③在专业检索框中输入检索式，并点击"search"按钮执行检索，如图4.3所示。

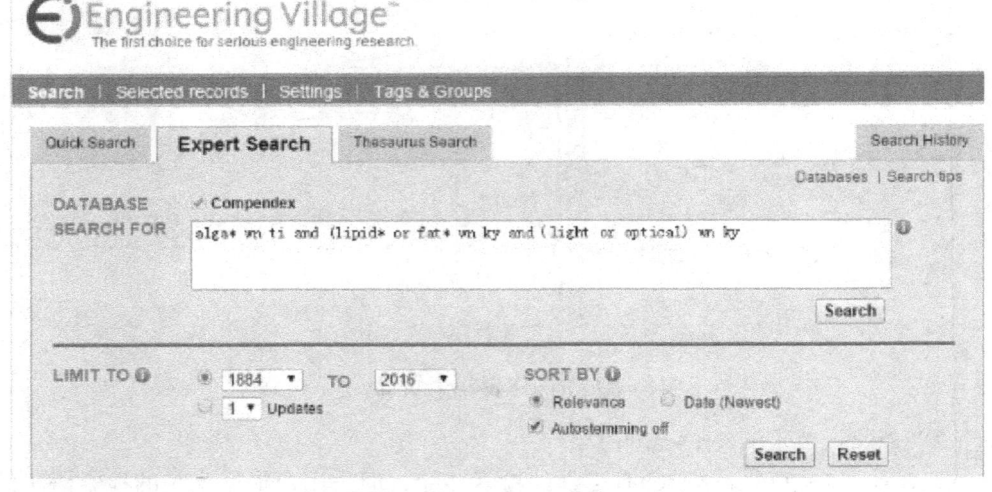

图4.3　Engineering Village 2专业检索页面

（3）词表辅助检索（the saurus search）

1993年，Elsevier Engineering Information公司编制《EI叙词表》代替《工程标题表》。使用《EI叙词表》能全面地揭示叙词间的语义关系。通过词表检索，用户可以确定控制词并发现相关的近义词和同义词，也有助于提高文献检索的准确性，便于进行扩检、缩检和族性检索。EI中的受控词（controlled terms）是事先规范化的检索语言，取自主题词表、叙词表、分类表等。非受控词（uncontrolled terms）是指非规范化的自然语言词汇，一般为非首选的主题词，来自文献的摘要和关键词，又称自由词。利用受控词的检索效率高，可以及时反映学科领域的发展趋势，但概念数量有限，结构复杂。非受控词可以在一定程度上弥补这些缺陷，但主要缺点是不能提供概念的等级结构，不能检索宽泛概念。

　　Eicompendex数据库使用主题词系统，在形成数据库的过程中，对数据信息使用EI所确定的词汇进行分类。Engineering Village 2平台下的Eicompendex词表辅助检索分为3种不同的检索"search""exactterm""browse"入口。选择"search"，表示在未知受控词的情况下，检索与输入词相对应的受控词。选择"exactterm"，表示直接输入受控词以查看与该词。

　　范围更广或更窄的词。选择"browse"，表示查看与检索词相关的所有受控词

　　【示例】检索有关电梯技术的文献。

　　①点击"ThesaurusSearch"按钮，进入词表辅助检索页面。

　　②确定电梯在EI中的受控词：电梯在英语中有两种表达形式（lift、elevator），检索框中分别输入：lift或elevator，选择"search"途径，点击"submit"按钮，检索框下方显示"term"列表，点击列表中对应的单词（lift或者elevator），并点击图标，查看其"scopenotes"注释，确定电梯的受控词为"elevator"。

　　③勾选电梯受控词"elevator"，受控词自动显示在右下的searchbox框中，如图4.4所示。

　　④点击"search"按钮，得到涉及电梯技术的文献。

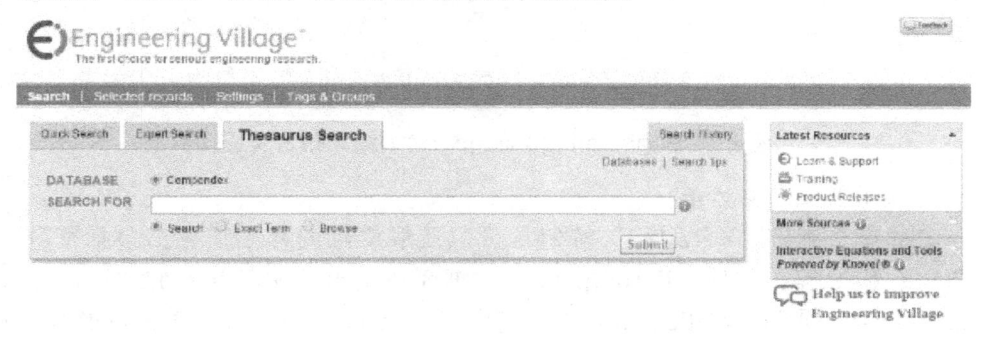

图4.4　Engineering Village 2的词表辅助检索页面

4.1.3　检索结果的分析与显示

　　在Engineering Village 2平台中，通过快速检索、专业检索及词表辅助检索获取检索结果集合后，用户根据需求，对检索结果集合进行分析和处理。

　　（1）检索结果集合的显示

　　检索结果集合页面左上端显示命中文献的总数及检索策略（包括检索数据库、时间跨度和专业检索式），检索结果以引文格式显示，显示信息包括文献标题、作者、作者单位、文献来源、原文语种。集合中的记录也可以选择不同的排序方式，包括相关性（relevance）、时间（oldest/newest）、作者（author）、来源（source）及出版商（piblisher）。

（2）检索结果的限定

在检索结果集合页面左侧的"refineresults"区域，列出的检索结果可以按作者（author）、作者单位（author affiliation）、受控词（controlled vocabulary）、国家（country）、文献类型（document type）、语言（language）以及时间（year）等进行聚类分析，可以进行限定（limit to）或排除（exclude）操作，如图4.5所示。

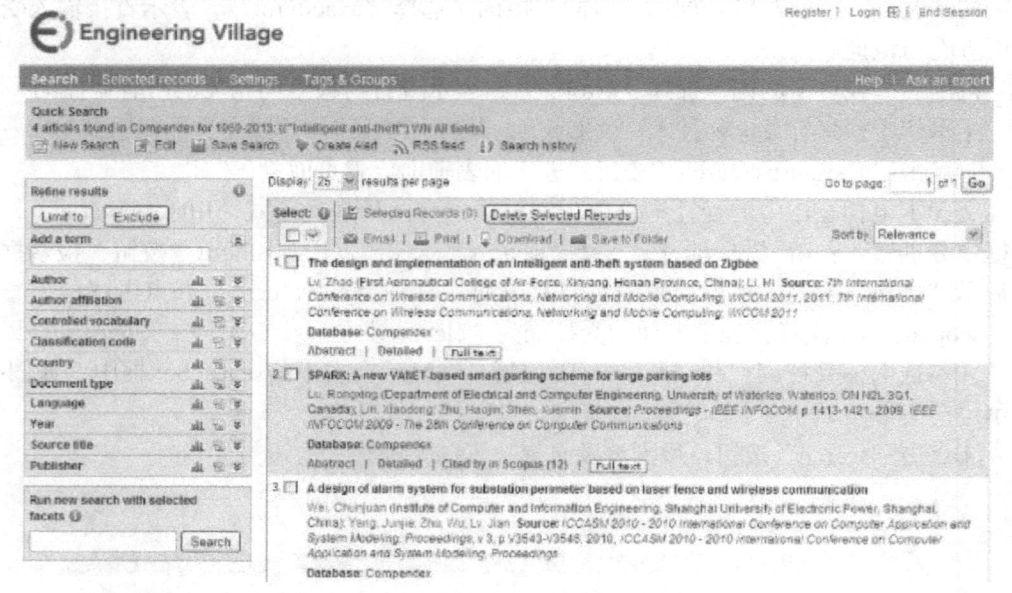

图4.5　Engineering Village 2检索结果集合页面

（3）文献详细信息显示

点击选定文献的"detailed"按钮，可以获取文献的详细信息，包括标题、作者、单位、摘要等。另外，Eicompendex数据库还给出该文献涉及的关键词（main heading）、受控词（controlled terms）、自由词（uncontrolled terms），点击即可获取与其相关的文献，用于对相关研究领域进行扩展和精炼检索。

（4）检索结果的输出

在集合窗口中，用户可勾选所需的文献，对选定文献进行批处理输出操作，输出格式包括e-mail发送、打印或下载，部分有权限下载的文献可通过右下角的"full text"下载全文。

4.2　INSPEC数据库

4.2.1　INSPEC数据库概述

英国电气工程师协会（The Institute of Industrial Engineers，简称IEE）的INSPEC数据库是全球著名的科技文摘数据库之一。它涉及的主要学科领域包括物理、电子与电气工程、计算机与控制以及信息技术。数据库涵盖了700多万篇科技论文，它为物理学学家、工程师、信息专家、研究人员与科学家提供了不可或缺的信息服务。

·信息包括4000多种科技期刊的摘要与索引，2000多个会议录，同时还有图书、研究报告和学位论文的相关信息。
- 覆盖的文献年限自1969年至今。
- 每一条记录均包含英文文献标题与摘要以及完整的题录信息，包括期刊名或会议名、作者姓名与作者机构、原文的语种等。
- 数据每周更新。

4.2.2　INSPEC的特点

既可以用于检索你的研究课题，也可以用于解决以下问题：
- 了解当今研究现状；
- 了解新产品技术信息；
- 技术发展预测；
- 企业竞争情报；
- 进行相关专利的检索。

INSPEC提供了控制词表、叙词和主题分类，这可以帮助我们：
- 识别某个概念和想法；
- 查到通过自由词检索无法获得的相关文献。

通过ISI Web of Knowledge使用INSPEC还可以：
- 可以链接获取全文；
- 通过Web of Knowledge建立定题跟踪服务；
- 在Web of Knowledge平台上跨库检索其他数据库。

4.2.3　INSPEC的学科范围

INSPEC目前包含以下五个学科：
A：Physics
B：Electrical & Electronics Engineering
C：Computer & Control Engineering
D：Information Technology
E：Production & Manufacturing

覆盖的学科范围包括：原子物理及分子物理，数学和数学物理，凝聚态物理，气体、流体、等离子体，光学和激光，声学、电力系统，热力学，磁学，生物物理和生物工程，原子物理，基本粒子，核物理、仪器制造与测量，半导体物理，天文学与大气物理，材料科学，水科学与海洋学，环境科学，超导体，电路、电路元件和电路设计，电讯，超导体，电子光学和激光，电力系统，微电子学，医学电子学，计算机科学，控制系统及理论，人工智能，软件工程，办公室自动化，机器人，情报学。

4.2.4　INSPEC数据库检索

INSPEC数据库每一条记录均包含英文文献标题、摘要以及完整的题录信息，包括期刊名或会议名、作者姓名与作者机构、原文的语种等；每一条记录也包含INSPEC提供的控制词表、叙词和主题分类等。

INSPEC数据库既可以用于检索研究课题，也可帮助用户了解当今研究现状，了解新产品信息，技术发展预测，企业竞争情报，进行相关专利的检索。

INSPEC提供了控制词表、叙词和主题分类，这可以帮助用户：识别某个概念和想法；查到通过自由词检索无法获得的相关文献；获取高度相关及全面的检索；按照需求缩小或者扩大检索范围，提高准确性。

INSPEC数据库在国内常用的检索系统包括WOK（Web of Knowledge）、EV2（Engineering Village 2）、Ovid/Sieverplatter、EBSCOhost、Dialog/Datastar、Proquest等，它们大都有效地发挥了INSPEC索引机制的特点和优势。下面以EV2检索平台中的INSPEC数据库为例，进行介绍。

4.2.5 检索字段

（1）题录检索字段

题录检索字段（Bibliographic Fields）包括作者、来源文献、地址、会议信息、识别码等。

①作者（Author）/编者（Editor）（AU）：INSPEC中作者或编者的姓名通常显示为姓，随后是名的首字母缩写。多位作者的文献中所有的作者姓名（不超过400个）都可以检索并在记录中显示。亚洲人的作者姓名通常与原文中一致。建议检索亚洲人姓名时考虑不同的写法。

②来源文献（Source Publication）（SO）：应输入来源文献全标题或者截词。为了检索结果全面又准确，请使用来源文献查询功能，这一连接可以通过点击普通检索或者高级检索页面上的Source List连接项访问。注意，利用Source List检索期刊，同时也可以检索到期刊的详细信息，如出版社信息以及对照信息等。

③地址（Address）（AD）：包含了第一作者的部分地址信息。该信息通常包括部门、机构名称、城市名和国家。很多地址词为缩写形式（在普通检索页面点击缩写词链接可查找缩写词），其中含有很多非英语地址词和缩写形式。

④会议信息（Meeting Information）（MI）：包含会议标题、召开地点、主办者以及召开日期。

⑤识别码（Identifying Codes）（IC）：可检索CODEN、CODEN of translation、INSPEC存取号、ISSN、ISSN of translation、标准书号、报告号、合同号、专利号（1969-1976）、原始专利号（1969-1976）、SICI（Serial Itemand Contribution Identifier）、SICI of translation等字段。

（2）主题检索字段

INSPEC数据库的主题检索字段（Subject Fields）有标题、摘要、非控制词索引、控制词索引等。

①标题（Title）（TI）：期刊论文标题、会议录标题、会议论文标题、书名、报告名、论文名或者专利名。对于非英语种标题，提供了英语翻译。原始的语种标题也可以显示并检索。

②文摘（Abstract）：文摘是来源出版物的内容概要。在INSPEC中的每一条记录都含有文摘。这些文摘可能来源于作者或者INSPEC的学科专家。文摘字段不可以单独检

索，而只可以在Topic/Subject字段中检索。

③控制词索引（Controlled Index）（CI）：包含在Topic/Subject检索中，来自于INSPEC叙词表的叙词可以在控制词索引字段检索。点击普通检索或者高级检索页面上的INSPEC The saurus list连接可以看到相应的叙词。

④非控制词索引（Uncontrolled Index）（UI）：包含在Topic/Subject检索中，包含了由INSPEC索引人员添加的非INSPEC叙词表的检索词，这些检索词来自于文章标题、文摘、全文或者标引人员的意见。在普通检索页面，非控制词索引可以同控制词组配检索，也可以在高级检索中单独使用非控制词索引。非控制词索引在检索以下问题时非常有效：

- 新出现的研究课题（在控制词中尚未收入相应的叙词）；
- 有机物（在INSPEC化学索引中未覆盖）；
- 1987年以前的无机物检索（INSPEC中尚未加入化学索引），可使用分子式而不是化学物质名称；
- 检索既是常规检索词,也是专业词的词汇，如：battery，cars，trains，wheels等；
- 缩写词和制造者的品牌名称等，如：NT，Boeing747，IBM/BMW等。

（3）特殊索引

特殊索引（Special Indexes）包括分类、处理代码、化学物质索引、天体索引、数值数据索引等。

①分类（Classification）（CL）：包含在Topic/Subject检索中，学科等级分类既提供了较宽泛的上位学科范围，也包括特定的下位细分。INSPEC采用最为专指的分类代码来分类文献，以表示它的学科主题。INSPEC最宽泛的学科上位分为五个类目：A（物理）、B（电子工程与电器）、C（计算机与控制）、D（信息技术）、E（制造与产品工程）。

分类体系由分类代码和分类标题组成。在执行分类检索时，这些内容均可检索。这些代码是基于上面提到的分类组成，同时包括细分的三个层级以及可选的第四个层级。这些代码可以通过ISI Web of Knowledge的辅助索引检索到，如B3110C就是表示了铁磁学的概念。

②处理代码（Treatment Codes）（TR）：该代码用于区分文献所涉及研究的类型。它可以说明文章是否涉及了某个方法的应用或者实现过程，或者该文章涉及的是理论研究还是市场发展。这些代码包括：A（Applications：仪器、设备的应用）；B（Biblio graphic/Literature Survey：含有参考文献数超过50条，作为行业书目使用）；E（Economic/Commercial/Market Survey：经济、商业上的应用, 如市场预测、价格、趋势）；X（Experi mental：实验方法、观测或结果）；G（General or Review：综述）；N（New Development：包括新的可能转变为专利的技术）；P（Practical：实际应用, 对工程师和设计人员有用）；R（Product Review：同类产品比较、购买指南）；T（Theoretical/Mathematical：理论或数学计算）。

③化学物质索引（Chemical Index）（CR）：提供1987到目前的数据。1987年前的数据中，化学物质索引被索引在非控制词索引字段。

包含了在原文献中涉及的重要物质和材料信息。不包含有机物质。检索某一物质可以使用化学符号。

一条记录中标引的化学物质一般被指定为以下三种基本角色中的一种：

- element（/el）
- binary（/bin）
- system with 3 or more components（/ss）

物质还可以被划分为以下四种角色中的一种：
- any sorbate（/ads）
- dopant（/do）
- interface system（/int）
- substrate（/sur）

由于检索不区分大小写，因此无法区分Co（钴）和CO（一氧化碳）。需要使用化学物质角色和检索的上下文来加以区分。

在普通检索页面不能使用布尔逻辑算符来组配化学物质名称，但在高级检索页面则可用。

④天体索引（AO）：包括天体的命名，这个命名可能是：基于名称的首字母缩写、基于目录的包含了目录首字母缩写以及其后列出的编目流水号、位置信息等。INSPEC根据由International Astronomical Union提供的指南而编制。通过连接Help帮助系统可以找到编目列表。

⑤数值数据索引（Numberical Index）：数值数据索引字段可用于对文献中涉及的物理量的数值进行检索。只要打开下拉菜单选择需要的物理量并按照给定的物理量的国际单位制输入数值即可。

4.2.6 检索方法

INSPEC在EV2的平台上，它主要提供四种检索方法，包括简易检索（Easy Search）、快速检索（Quick Search）、高级检索（Expert Search）和叙词表检索（Thesaurus）。叙词表检索在前面已经介绍，下面主要介绍简易检索、快速检索和高级检索的方法。

（1）简易检索

简易检索是为简单的关键词检索而设计。把检索词输入唯一的一个检索框中，系统会检索该单位在EV2上购买的所有的数据库，如Compendex和Inspec。其检索步骤见图4.6。

图4.6 简易检索界面

（2）快速检索

快速检索能够进行直接快速的检索，其界面允许用户从一个下拉式菜单中选择要检索的各个字段。快速检索界面如图4.7所示。

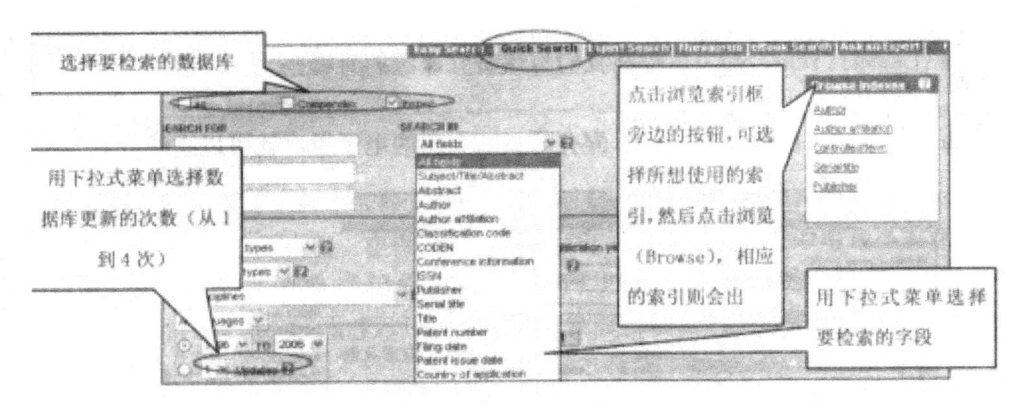

图4.7 快速检索界面

（3）高级检索

高级检索提供更强大而灵活的功能，与快速检索相比，用户可使用更复杂的布尔逻辑，该检索方式包含更多的检索选项。高级检索界面如图4.8所示。

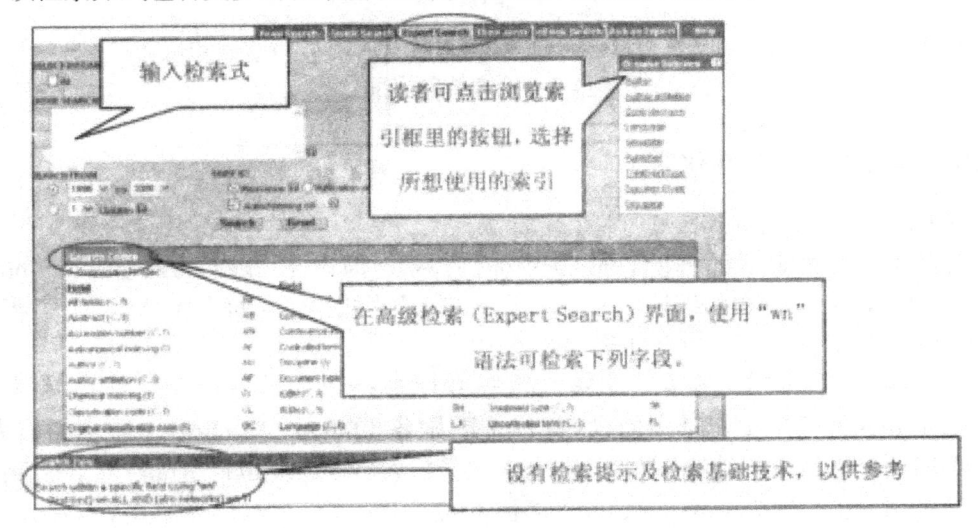

图4.8 高级检索界面

4.2.7 检索结果处理

检索结果界面如图4.9所示。如要在所得的结果内再进行二次检索，可在"Refine Search"内输入检索词，并选择"Within results"。但如要重新检索新的词或词组，可选择"Allcontentwo"，在查寻结果屏幕的右边，一些与检索结果相关的词或词组被提取出来，读者可参考这些信息包括作者、受控词、分类代码、文件类型、语言、出版年份、出版者等来重新设计检索数据库：

作者（Author）：可了解哪些科学家在该领域的活跃程度及发表论文次数，同时也可了解他们的科研活动所涉及的其他科研领域。

控制词（Controlled Index）：可让我们获取与此课题最正规的使用术语，也是了解与课题相近的一些研究领域的方法之一。

分类代码（Classification）：可提高我们与该研究课题的有哪些交叉学科以及它们的发展趋势。

点击"Full Text"，如读者所在的单位有购买该文章的电子版，就可以直接获取全文。

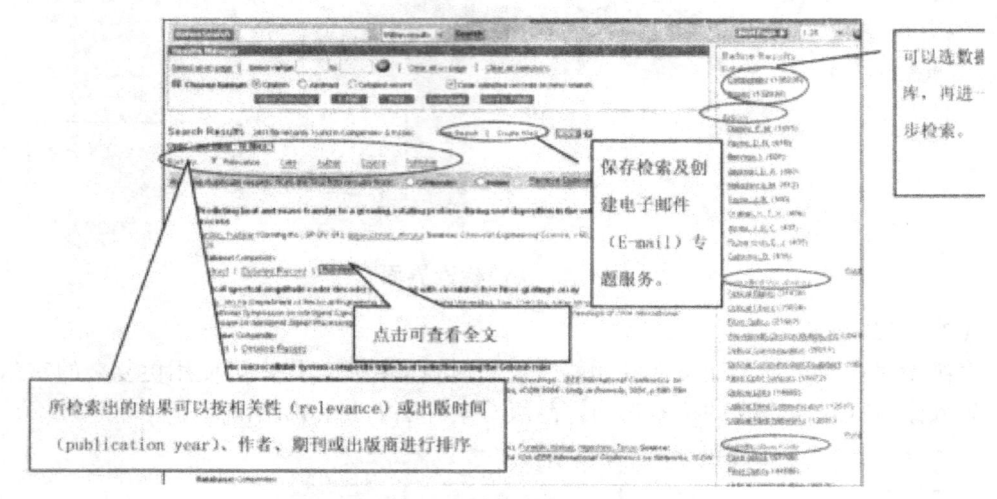

图4.9　检索结果界面

4.2.8　检索历史及个性化服务

（1）检索历史的利用

在"检索历史"界面可以合并过去所做的检索，即在合并以前的检索（Combining Previous Searches）下边的编辑框中输入要合并的检索式序号，每个序号前须加"#"，例如：#1and#2。其界面和步骤见图4.10。

（2）创建E-mail专题服务

如果要在检索历史记录中创建E-mail专题服务（Create E-mail Alerts），需先在Engineering Village 2网页点击导航工具条，选择检索历史（Search History），然后在选框中选中用户想设置为E-mail专题服务的检索式。如果用户还未登陆到其个人帐户，系统将提示用户登陆。如果用户还未注册个人帐户，系统将询问用户是否现在注册。详细操作请参考注册个人帐户（registering for a Personal Account）。

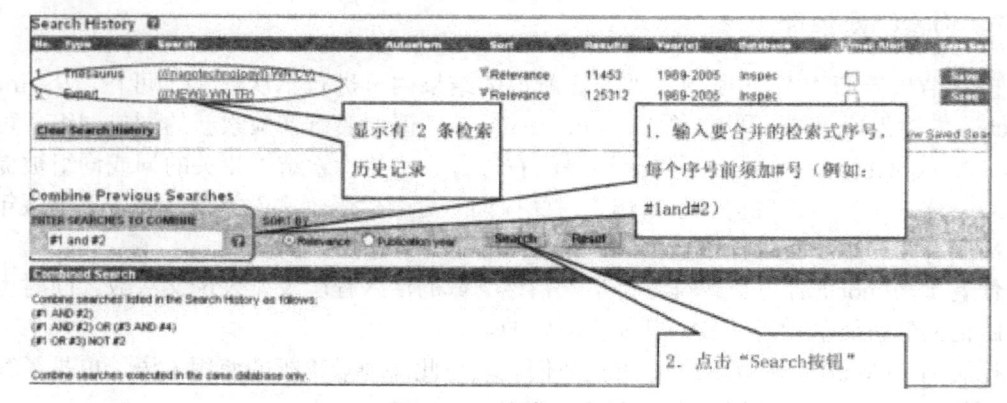

图4.10　检索历史界面

如果用户已经登录到其个人账户，也可以在已保存的检索（Saved Searches）页面设置电子邮件（E-mail）专题服务。在每次电子邮件（E-mail）专题服务中可最多发送25条记录，如果在更新中检索到超过25条记录，在电子邮件（E-mail）专题服务中将出现一个超级连接，点击它连接到Engineering Village 2，就可查看所检索的全部新记录。

（3）保存选定的记录

启用个人账户功能，可以创建一个文件夹保存用户的检索结果。如果点击保存到文件夹（Save to Folder）按钮，将弹出一对话框，要求用户输入其帐号和密码。如果用户无个人账户，可创建一个，详细操作请参考注册个人账户（registering for a Personal Account）。

如果用户已经注册了其个人账户，并已经登录，就可选择一个文件夹保存其检索结果，或创建一个新的文件夹。用户最多可创建三个文件夹，每个文件夹最多可容纳50条记录。

4.3 SCI与SSCI数据库

4.3.1 概述

（1）SCI简介

美国《科学引文索引》（Science Citation Index，简称SCI）于1963年创刊，现为双月刊。1988年起新增光盘版引文索引，并逐步被其他世界著名的联机数据库系统收录，如Dialog数据库系统。SCI目前有印刷版、光盘版和带文摘的光盘、磁带版、联机数据库版、通过Web站点访问的网络版等几种形式。印刷版和光盘版的SCI收录了全世界3700多种科学、技术类核心期刊所发表的文献，网络版的SCI期刊收录量达6000多种。

SCI所收录期刊的内容主要涉及数、理、化、农、林、医、生物等数十个领域。那些被别人引用频率较高的文献及期刊都会出现在SCI中。

（2）SSCI简介

《社会科学引文索引》（Social Sciences Citation Index，简称SSCI），与SCI一样，也是提供引文的书目信息与被引用信息的索引刊物。

SSCI覆盖了历史学、政治学、法学、语言学、哲学、心理学、图书情报学、公共卫生等社会科学领域。国内目前相当热门的经济、金融、管理、法律和许多交叉学科等都在其收录范围中，同时该范围也包括了许多较为经典但目前在国内较为冷门的学科，以及一些国际上刚刚开始形成但国内可能还没有太多研究的学科和领域。由于学科交叉，SSCI收录的文章与SCI收录的文章部分是重叠的，不少Science的文章也收入SSCI中。

SSCI每年选择4800多种国际上重要期刊，其中1800余种引用频率较高的西文社会科学期刊全部选入，在这些期刊中除了广告、通知等即时刊行物外，所有的文献，包括论文、会议录、编辑文章、信件、大会报告、书评等全部包括。

另外3000多种期刊是有选择地选入，它们是从《科学引文索引》数据库（科技期刊中与社会科学相关的论文）里被选择的，选择过程是运用引用模型和出现在文章题目中的关键词作为选择标准，在计算机中自动选取，并且被编纂者（主题专家）逐一进行审核，以决定是否纳入SSCI。

SSCI具有科学的理论基础，它的检索既高度专业化，又体现了学科的相互渗透的关系，同时它的选材具有完整性，使用具有便捷性。

4.3.2 Web of Science

Web of Science是美国Thomson Scientific于1997年建立的因特网版引用文献索引数据库，收录了9000多种世界权威的、高影响力的学术期刊，内容涵盖自然科学、工程技术、生物医学、社会科学、艺术与人文等领域的230多个学科，每年收录110多万条文献和2300多万个被引用的参考文献书目，数据每周更新。Web of Science包括5个数据库，其中有ISI著名的三大引文索引库。

Science Citation Index Expanded：收录包括印刷版SCI的3700多种期刊在内共6100多种科学技术期刊1900年以来的数据，提供1991年以来的作者摘要。

Social Sciences Citation Index：收录1800多种社会科学期刊，也从近3300种科技类期刊中挑选相关数据收录，涵盖主题约50种，与印刷版的SSCI内容一致，提供1956年以来的数据，1992年以来的作者摘要。

Artsk Human ities Citation Index：收录1100多种艺术与人文类期刊，也从近7000种自然科学和社会科学类期刊中挑选相关数据收录，主题包括艺术评论、戏剧音乐及舞蹈表演、电视广播等，提供1975年以来的数据，2000年以来的作者摘要。

另外两个为化学信息数据库Index Chemicus（检索新化合物）和Current Chemical Reactions（检索新奇的化学反应）。Web of Science的各个数据库既可以独立使用，也可以综合起来进行检索。

通过Web of Science独特的被引文献检索，用户可以用一篇文章、一个专利号、一篇会议文献或者一本书作为检索词，检索这些文献被引用的情况，了解引用这些文献的论文所做的研究工作：您可以轻松地回溯某一研究文献的起源与历史（Cited References）或者追踪其最新的进展（Citine Articles），既可以越查越旧，也可以越查越新，越查越深入。图4.11为Web of Science数据库首页。

（1）文献查找方法

Web of Science提供普通检索（General Search）、被引文献检索（Cited Reference Search）和高级检索（Advanced Search）三种检索方式。

①普通检索

普通检索可按照主题（Topic）、著者（Author）、来源期刊名（Source）、著者单位（Address等检索。其检索步骤为：

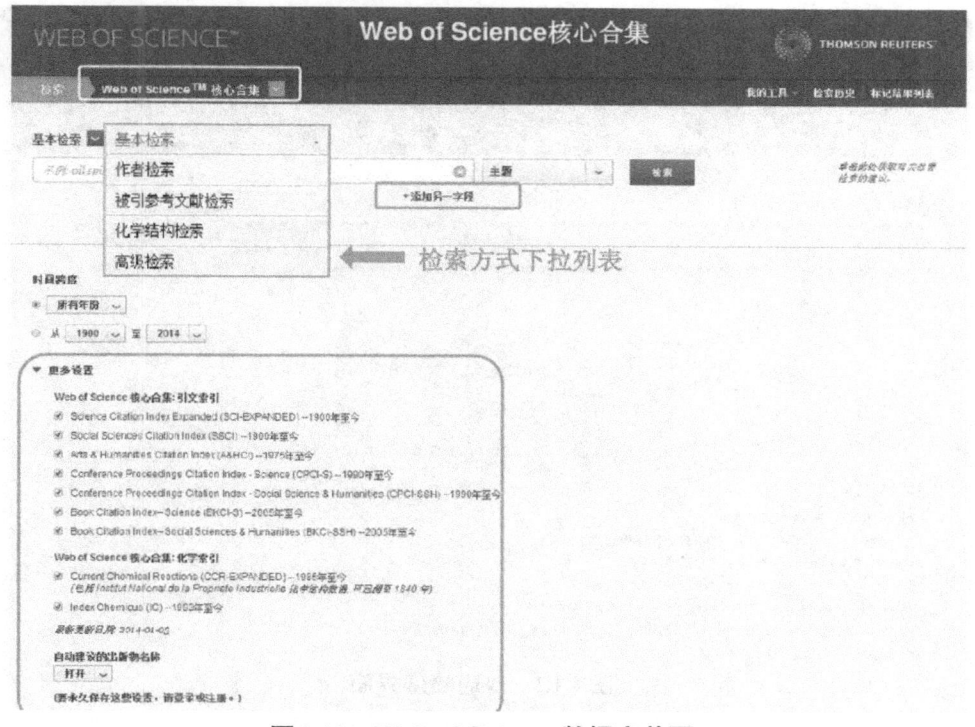

图4.11　Web of Science数据库首页

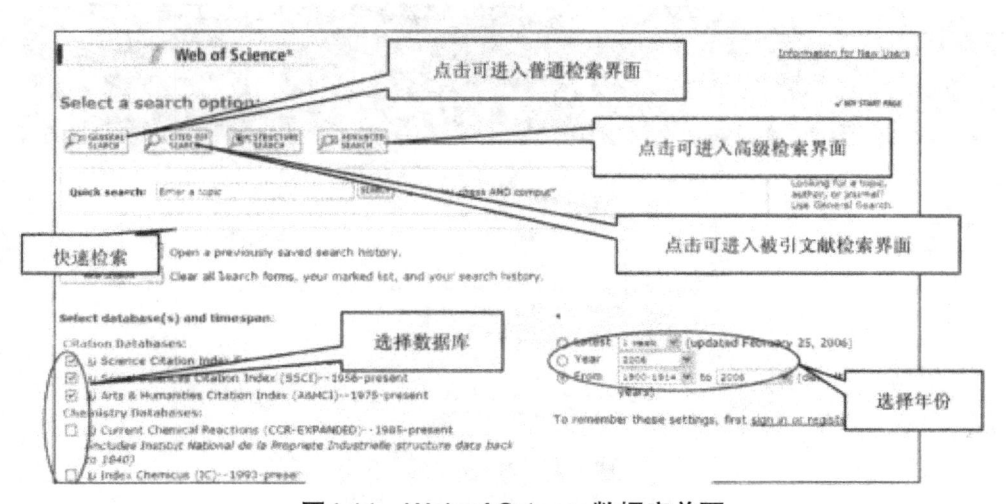

图4.11　Web of Science数据库首页

步骤1：选择数据库及年份，可在三个引文库中同时进行检索，也可选择其中某一个库进行检索。

步骤2：点击"General Search"进入普通检索界面（图4.12）。

步骤3：输入检索词。在主题（Topic）、著者（Author）、来源期刊名（Source）、著者单位（Address）处输入相应的检索词进行检索。

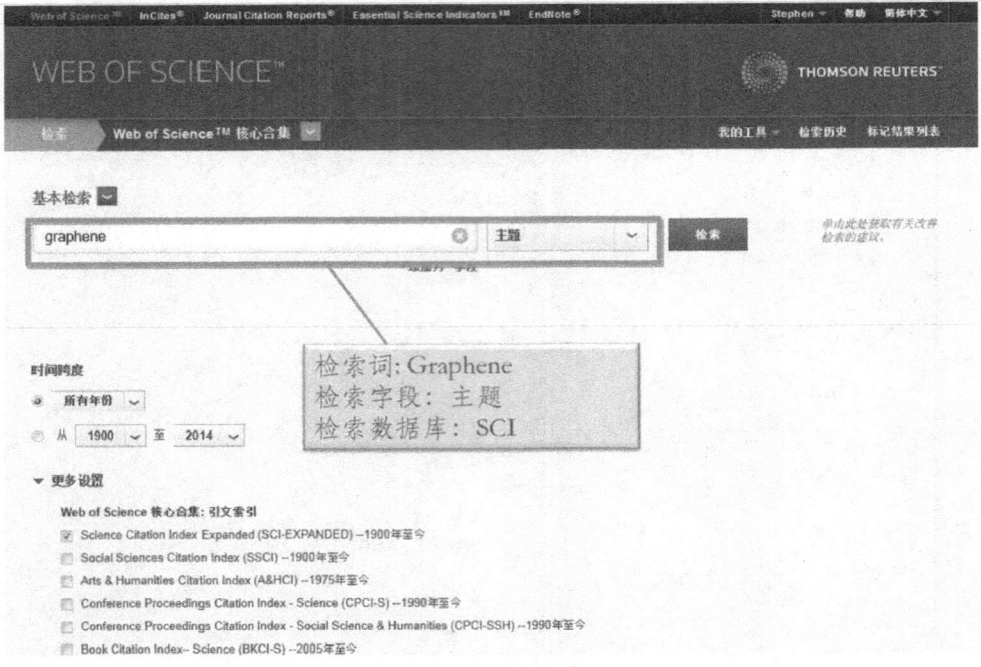

图4.12　普通检索界面

步骤4：点击查看详细信息（图4.13）。

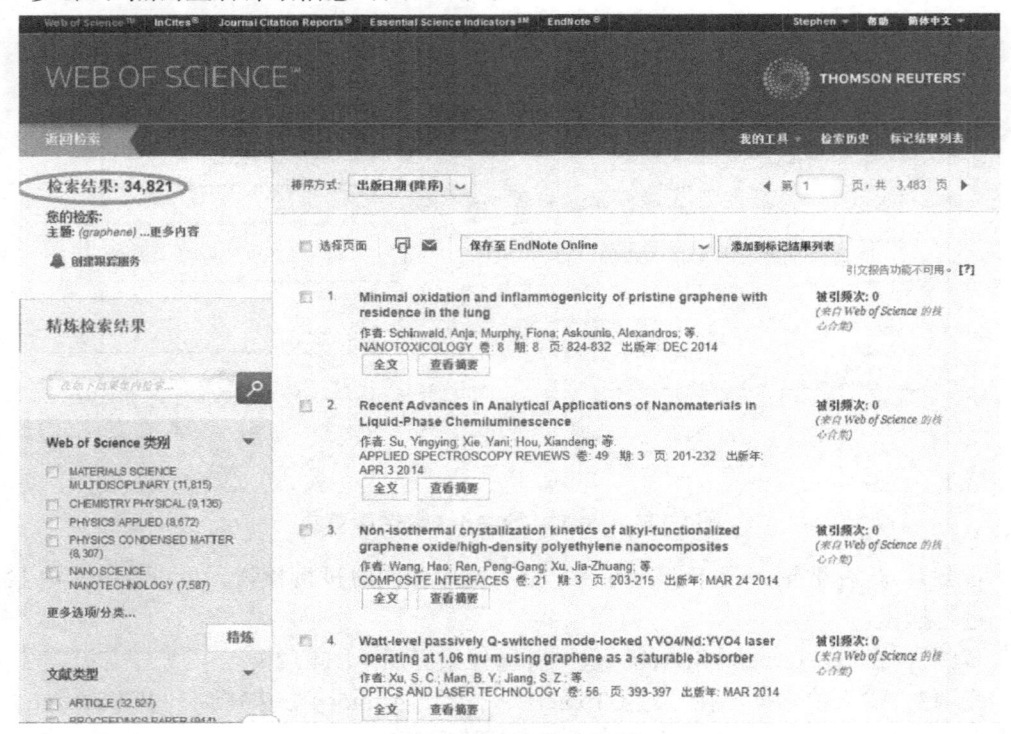

图4.13　普通检索结果界面

步骤5：查看其他馆馆藏（图4.14）。

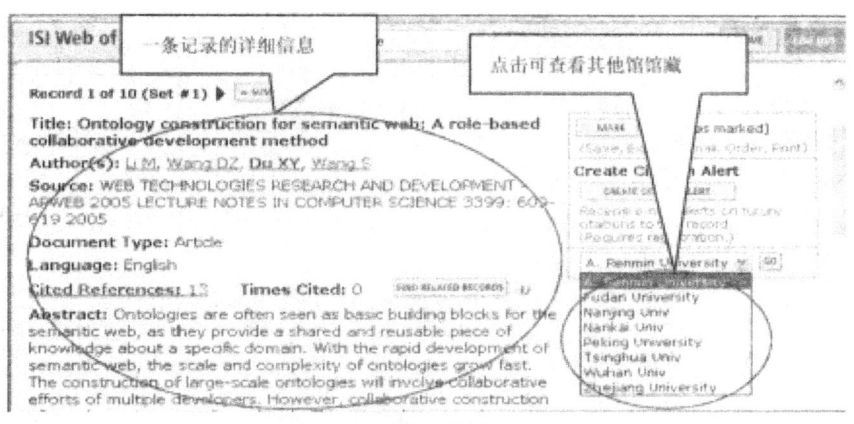

图4.14 详细信息页面

②被引文献检索

被引文献检索是检索论文被引用的情况，一篇文献被多少人引用，被引次数等相关记录。

步骤1：点击Web of Science数据库首页上的"Cited Reference Search"按钮可进入被引文献检索界面（图4.15）。

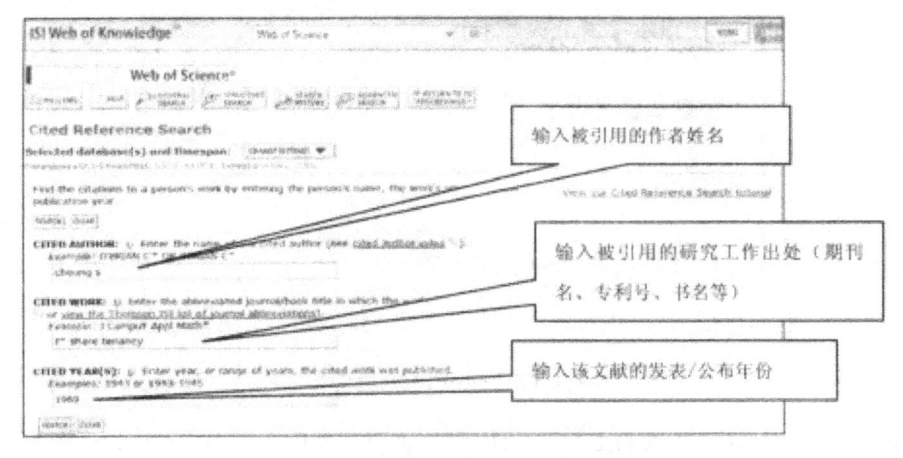

图4.15 被引文献检索界面

步骤2：在"Cited Author"下面的输入框输入被引用的作者姓名。

步骤3：在"Cited Work"下面的输入框输入被引用的研究工作出处：期刊名、专利号、书名等。

步骤4：在"Cited Year"下面的输入框输入该文献的发表/公布年份。

步骤5：点击"SEARCH"按钮进行检索。

③高级检索

高级检索是运用普通检索和检索策略进行的组合检索。每个检索字段需用字母的代码标示出来。

步骤1：点击Web of Science数据库首页上的"Advanced Search"按钮即进入高级检索界面（图4.16）。

步骤2：输入组配好的检索提问式。

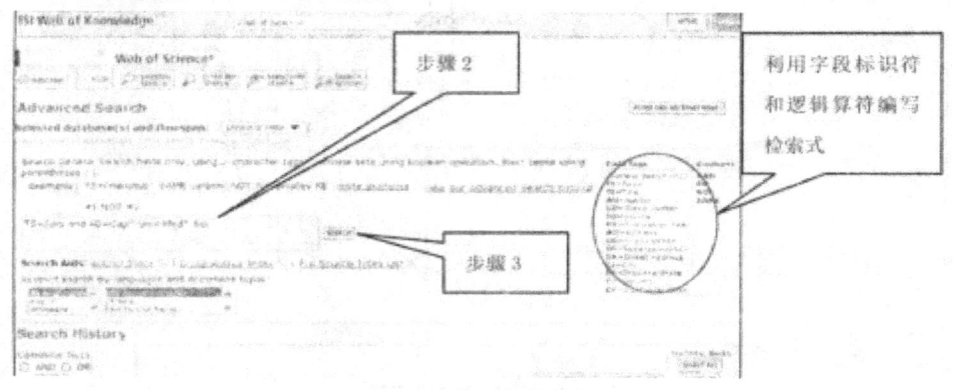

图4.16　高级检索界面

步骤3：点击"SEARCH"按钮进行检索。

（2）全文链接功能

该库具有链接到用户馆已订购的其他全文数据库的功能，部分记录可以直接链接到电子版原文。

步骤1：输入相应刊名（图4.17）。

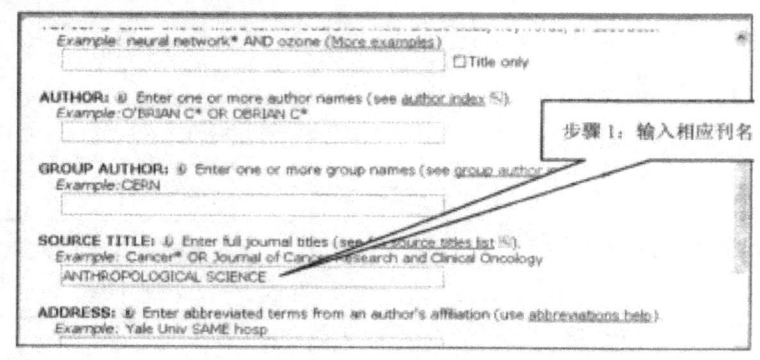

图4.17　全文链接界面

步骤2：点击检索结果页面上某一条记录下面的"VIEW FULL TEXT"按钮查看该条记录的全文（图4.18）。

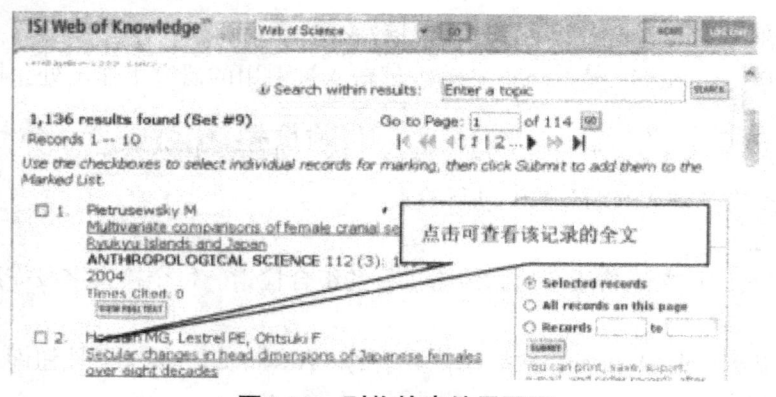

图4.18　刊物检索结果页面

4.4 EBSCO系列数据库

4.4.1 数据库简介

EBSCO公司成立于1944年，是世界上专门经营纸本期刊、电子期刊发行和电子文献数据库出版发行业务的集团公司。该公司从1986年开始出版一系列基于EBSCOhost检索系统的数据库，包括：多学科学术数据库，如"Academic Search Premier"（学术期刊数据库，简称ASP）；商业文献数据库，如"Business Source Premier"（商业资源数据库，简称BSP）；各种主题性数据库，如医学、社会科学、法律、教育等学科的全文数据库；书目数据库，包括许多著名的二次文献数据库；其他数据库，如人文科学、图书、大众传媒、环境科学、性学、旅游等。其中ASP和BSP是最为重要的两个，已被国内许多高校所使用。截至2006年5月，ASP和BSP数据库去重后收录的期刊达12587种，其中许多是被SCI和SSCI收录的核心期刊，收录范围涵盖自然科学、社会科学、人文和艺术、教育学、医学等各类学科领域。

ASP为现今全球最大综合学科类数据库之一，涵盖多元化学术研究各领域，包括社会科学、人文科学、教育、计算机科学、工程、物理学、化学、语言学、艺术、文学、医药学、种族研究等刊物共8230种，其中全文期刊逾4280种，有3518种为同行评审（peer-reviewed）的全文刊，1600多种全文期刊同时收录在ISI的Web of Science中。数据库最早可回溯检索到1975年，每月更新。

BSP是全球最大的商业资源全文数据库，收录9680余种索引、文摘型期刊和报纸（专家评审期刊为1776种），其中8770多种期刊和报纸有全文内容（专家评审期刊为1108种）。数据库收录范围涵盖所有商业领域，包括国际商务、经济学、经济管理、金融、会计、劳动人事、银行等。该数据库提供260余种独家版权全文期刊及全球知名刊物，如《华尔街日报》（The Walls Street Journal）、《哈佛商业评论》（Harvard Business Review）、《每周商务》（Business Week）、《财富》（Fortune）、《经济学家智囊团国家报告》（EIU Country Reports）、《美国银行家》（American Banker）、《财富（福布斯）》（Forbes）、《经济学家》（The Economist）等。该数据库全文期刊最早可回溯至1965年，其中《哈佛商业评论》更可回溯至1922年，近几年开始为欧美各商管财经学院教授及研究学者指定必备的商管财经数据库。

ASP和BSP两个数据库将二次文献与一次文献"捆绑"在一起，为用户提供文献获取一体化服务，检索结果为文献的目录、文摘和全文。

如果正式购买了ASP和BSP数据库，MLedine、Eric、Professional Development Collection、Newspaper Source、History Reference Center、Vocational and Career Collection、MasterFILE Premier可作为免费赠送的备选数据库。EBSCO系列数据库通过IP控制，在校园网范围内可以直接通过图书馆网站登陆，且无并发用户限制，查看数据库全文需安装Adobe Acrobat Reader浏览器。

EBSCO提供专线和公网两种连接方式。专线为EBSCO与教育科研网的直接连接，免收国际流量费；公网方式是非专线方式。

4.4.2 选择数据库

①选择单一数据库：直接点击该数据库的链接即可。

②选择多个数据库：在数据库前打钩儿，然后点击"Continue"按钮即可（图4.19）。在选择数据库时，该界面提供两种辅助功能，即数据库介绍（图4.20）和刊名列表检索（图4.21）。

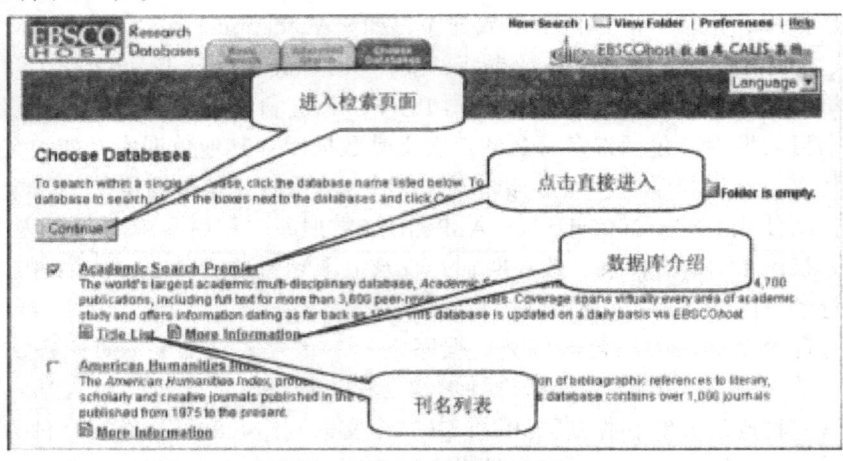

图4.19 选择数据库页面

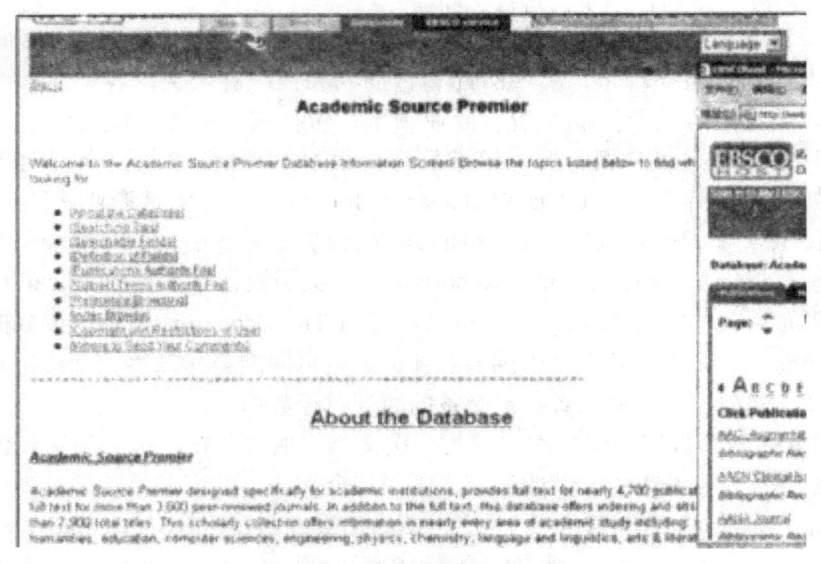

图4.20 数据库介绍页面

4.4.3 检索方法

EBSCOhost提供两种索方法：基本检索（Basic Search）和高级检索（Advance Search）。基本检索和高级检索除了关键词（Keyword）检索不同以外，其他检索途径均相同。

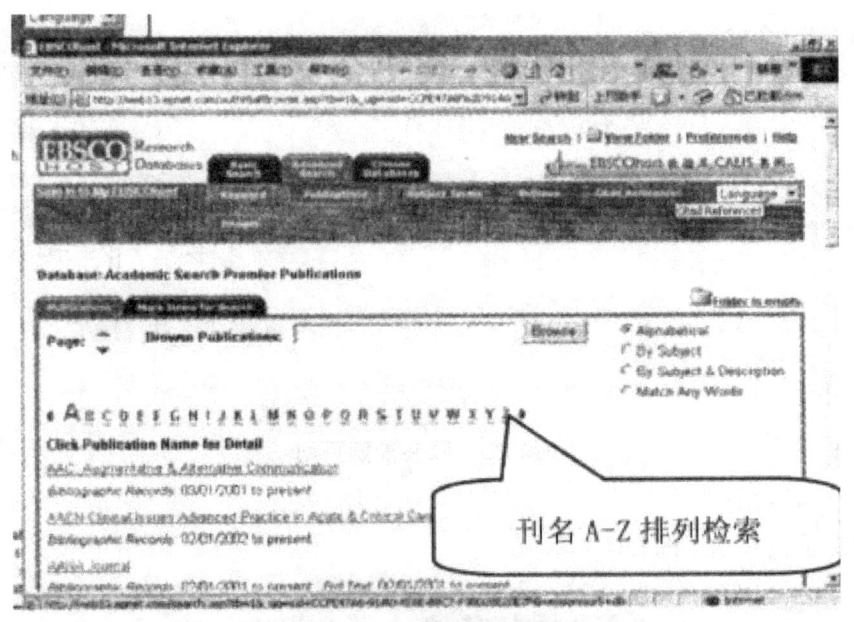

图4.21 刊名列表检索页面

（1）基本检索

①基本检索界面（图4.22）

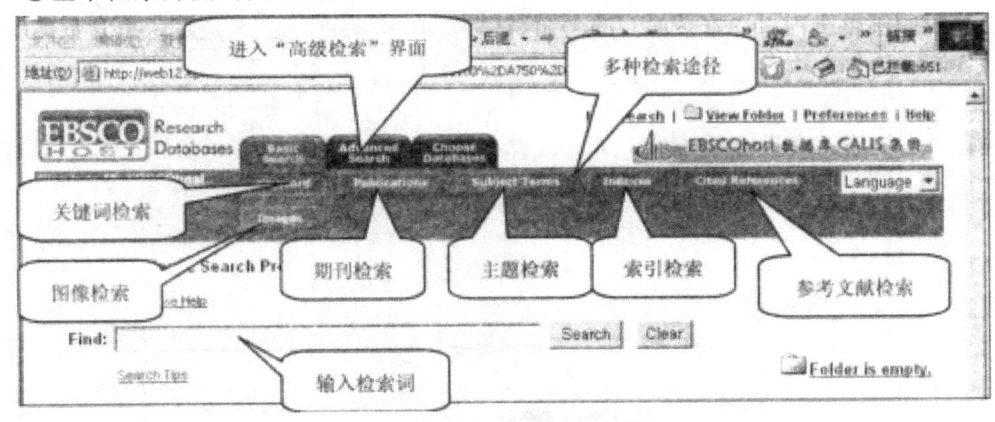

图4.22 基本检索界面

②限制检索

限制检索可就检索结果的外部特征进行限定。可以限定的选项有：全文（Full Text）、同行鉴定期刊（Peer Reviewed Journals）、出版物种类（Publication Type）、特定的某本刊物、出版时间等（图4.23）。

③扩检

扩检选项有3个：全文检索选项、加入"and"选项和同义词选项。全文检索选项是只要文章中包括输入的检索词，就会被纳入检索结果。加入"and"选项会自动在检索词间加入"And"逻辑。同义词选项包含检索词的同义词的文献也会被纳入检索结果。因为检索系统是很机械的，若输入检索词"car"，它不会将"automobile"纳入检索结果。

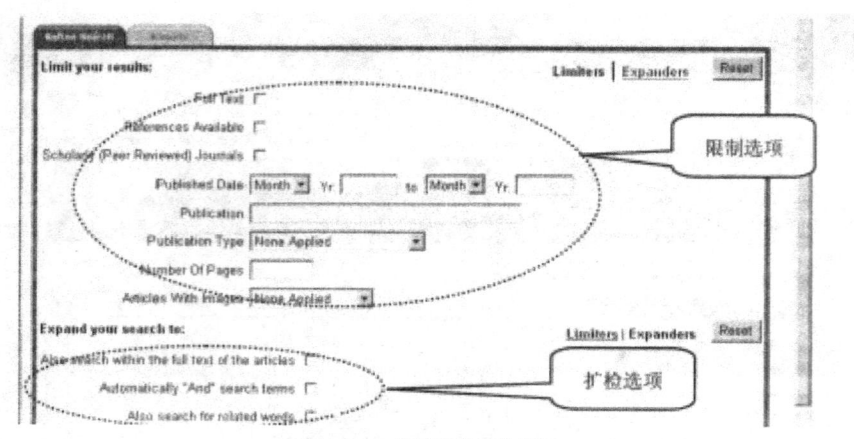

图4.23　限制检索页面

（2）高级检索
①高级检索界面（图4.24）

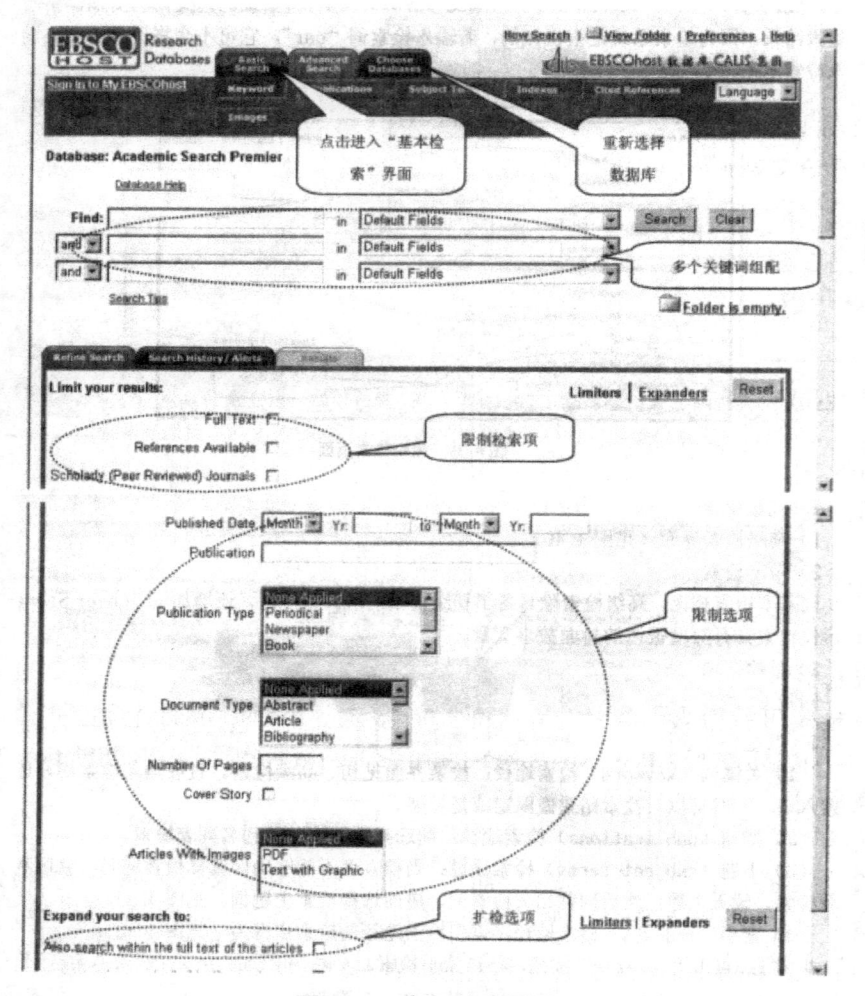

图4.24　高级检索界面

②限制检索

同基本检索相比，高级检索除具备了初级检索的所有功能外，还增加了"Cover Story"，表示仅检索具有深度报道的封面故事文章。

③扩检选项同基本检索。

（3）其他检索途径

①关键词（Key Word）检索途径：检索界面见初、高级检索。直接输入检索词并选择检索入口，同时可以对检索结果做限定或是扩展。

②期刊（Publications）检索途径：同选择数据库时的刊名列表检索。

③主题（Subject Terms）检索途径：当检索者不能够确切选择检索词时，就可利用主题检索。输入主题，然后浏览相关检索词，进而选择检索主题词，见图4.25。

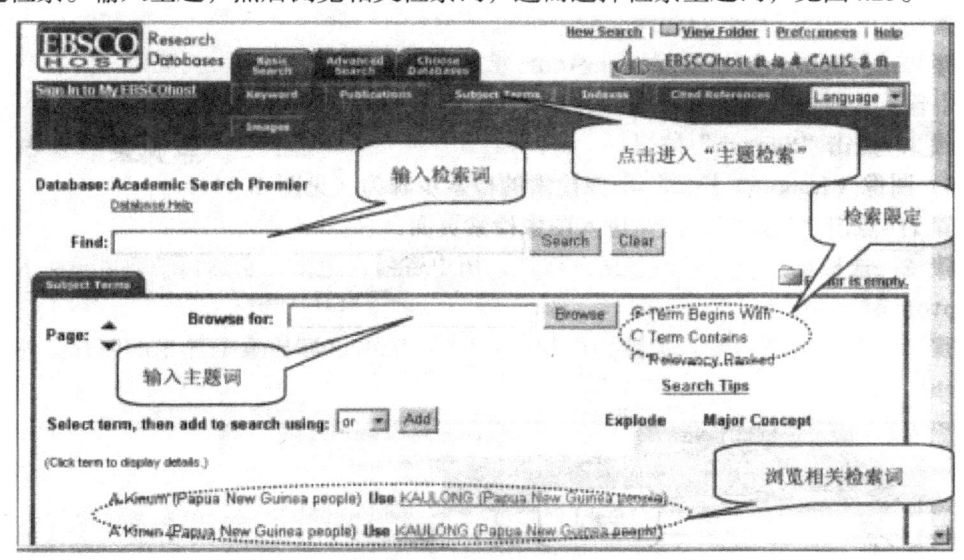

图4.25　主题检索页面

④索引（Index）检索途径。索引检索途径的检索步骤为（图4.26）：

步骤1：点击"Indexes"按钮，进入索引检索。

步骤2：在下拉菜单中选择查询类型，如"Author-Supplied Key Words"表示作者提供的关键词。

步骤3：输入检索词，如administrative law。

步骤4：点击"Browse"按钮，检索结果将按字母顺序列出。

步骤5：点击所需要的关键词前的方框，如administrative law，再点击"Add"按钮，使相应的关键词加入到检索栏中。重复步骤2~4，加入所有需要的关键词。

步骤6：点击"Search"按钮，获得想要的结果。

⑤参考文献（Cited References）检索。EBSCO的部分数据库提供参考文献检索功能。检索步骤如下（图4.27）：

步骤1：点击"Cited References"按钮进入索引检索。

步骤2：在Author、Title、Source、Year或是All各检索栏内输入关键词，如在"Author"检索栏中输入Samuelson，PaulA.。

步骤3：点击"Search"按钮。

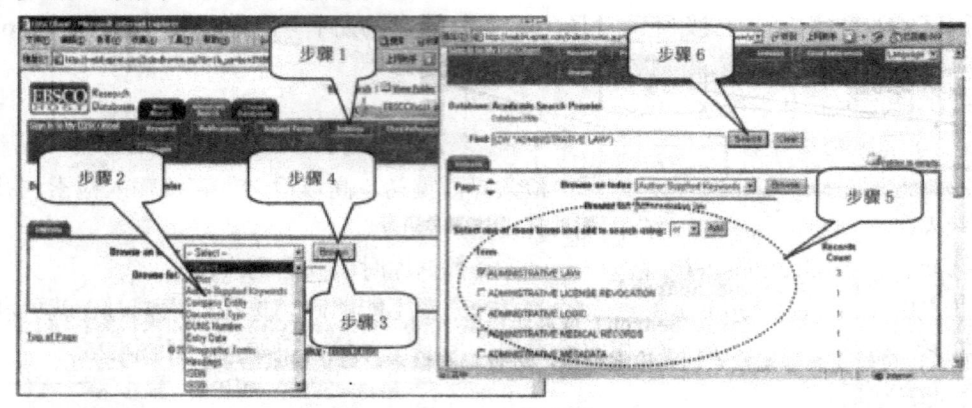

图4.26　索引检索

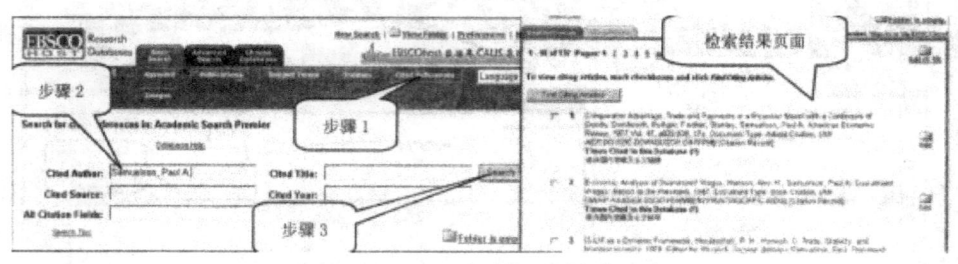

图4.27　参考文献检索

⑥图像（Images）检索。图像检索的检索步骤为（图4.28）：

步骤1：点击"Images"按钮进入图像检索页面。

步骤2：选择图片的类型，包括旗帜、历史资料、地图、自然科学、风景、人物等，如Photos of people。

步骤3：在检索框内输入关键词，如在输入Mao（即检索毛泽东的照片），然后点击"Search"按钮。

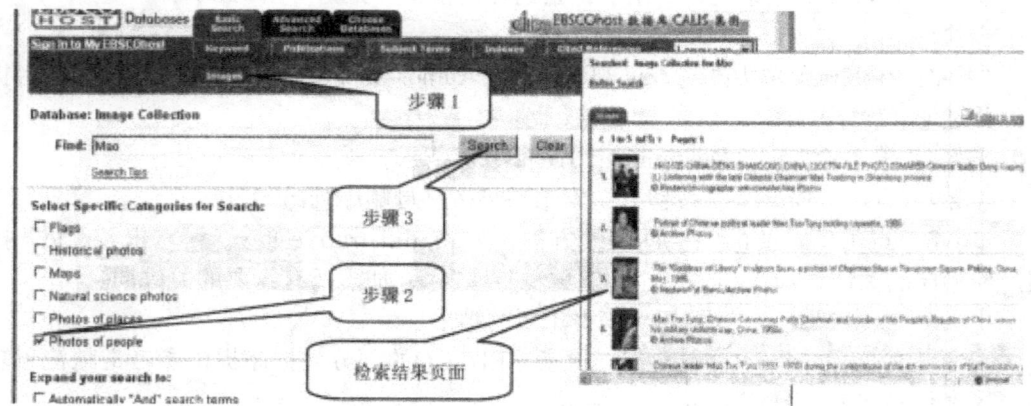

图4.28　图像检索页面

（4）二次检索（Refine Search）

在进行基本检索（Basic Search）或高级检索（Advance Search）后，如果检索结果

过于庞大,可以重新限定检索词和检索范围,进行二次检索,修正检索结果。检索步骤为(图4.29):

步骤1:在检索结果的基础上点击"Refine Search"按钮,进入二次检索界面。
步骤2:重新输入检索词或增加新的限定条件。
步骤3:点击"Search"按钮进行检索。

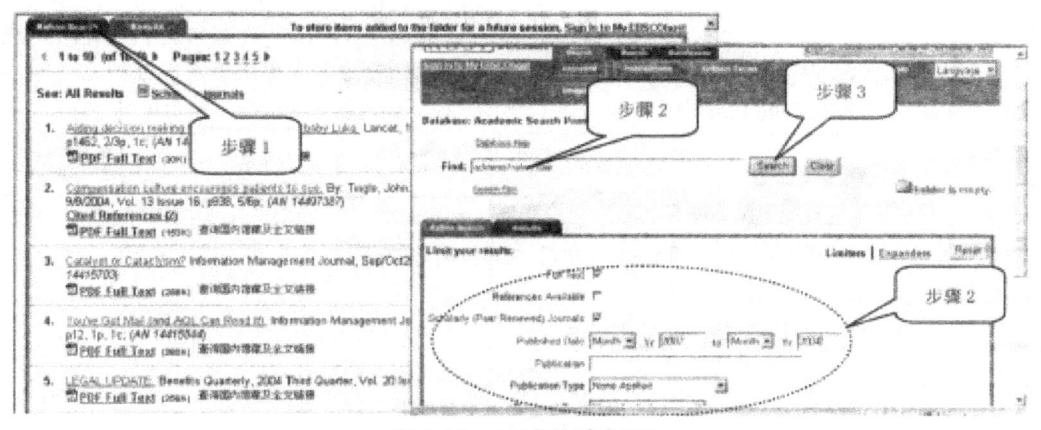

图4.29 二次检索界面

4.4.4 检索结果处理

检索结果界面见图4.30。若要查看文章详细信息,直接点击某一文章题名,显示该文章的详细外部特征(图4.31)。

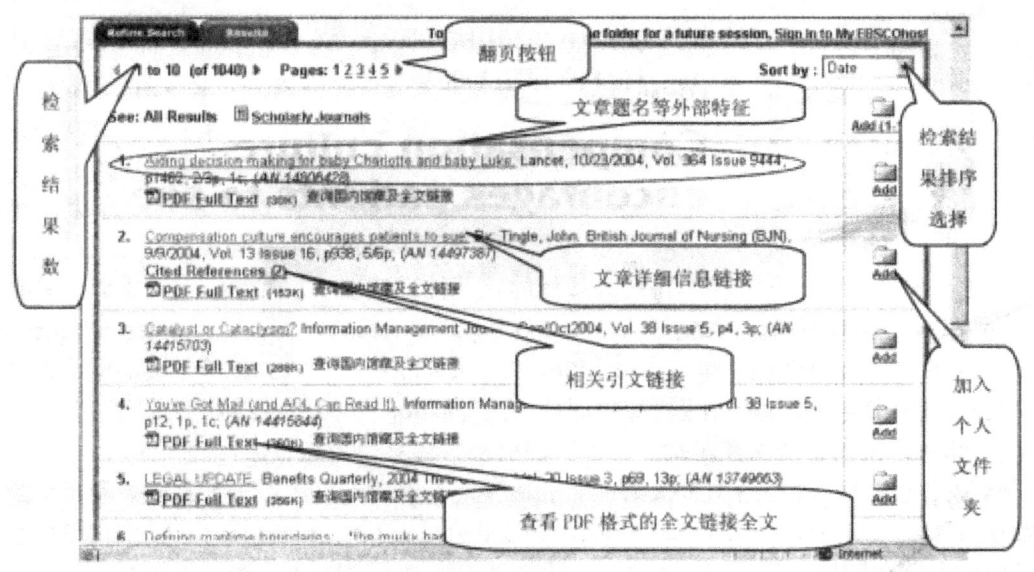

图4.30 检索结果界面

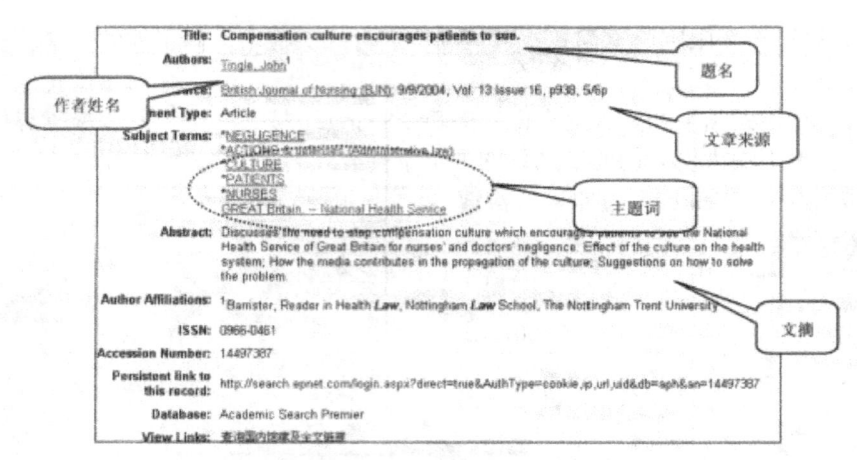

图4.31 文章的详细外部特征

4.5 ASME电子全文期刊数据库

4.5.1 ASME简介

ASME（American Society of Mechanical Engineers，美国机械工程师学会）是世界上最大的技术出版机构之一，成立于1880年，现已成为一家拥有全球超过12.5万位会员的国际性非赢利教育和技术组织。由于工程领域各学科间交叉性不断增长，ASME出版的21种期刊（20种ASME学报期刊和1种评论杂志）也相应提供了跨学科前沿科技的资讯，内容涉及基础工程、制造业、系统与设计等诸多领域。

ASME电子全文期刊数据库通过AIP（美国物理联合会）的Scitation平台访问，访问地址为：http://scitation.aip.org，检索年限为2000年至今。

4.5.2 Scitation平台介绍

Scitation平台是由AIP（美国物理联合会）原OJPS在线服务平台升级而来，"Scitation"的名字标明平台内容主要涉及科学和技术领域以及平台采用了强大的引文处理技术，该平台中包含20多个科技出版社的几百种科技期刊，大约60万篇文献，并且每月将新增6000多篇文献。像APS（American Physical Society）、AIP（American Institute of Physics）、ASCE（American Society of Civil Engineers）、ASME等学会的电子期刊及AIP会议录都是通过Scitation平台提供服务的。Scitation平台无并发用户数限制。

Scitation平台新增功能包括：

①引文管理：为平台参考文献建立了超链接，用户可直接点击查看相关参考文献内容；同时系统提供BibTeX（Rev TeX4）、EndNote（R）、plain-text（ASCII）3种引文书写方式供下载。

②作者检索：平台中所有文献的作者都建立了超链接，通过链接可以查找出该作者的所有文献。

③期刊检索：在期刊每期的目次页中，增加了对本期期刊的检索功能。

④个性化设置：My Articles，My Publications，My Subscriptions，My Alerts。

4.5.3 Scitation平台检索方法

初次登录,用户可以选择免费注册,注册之后,用户才可以使用平台上提供的My Articles, My Publications, My Subscriptions, My Alerts等个性化工具。

用户也可直接在平台主页(图4.32)上进行浏览和检索操作。需要注意的是平台上提供3个检索范围:Scitation, SPIN和SPIN+Scitation。Scitation中的检索是检索平台上所有全文记录文献,SPIN中的检索是检索平台上只有文摘记录的文献,而SPIN+Scitation的检索是对平台上所有记录(包括全文和文摘)的检索,推荐使用SPIN+Scitation进行检索。

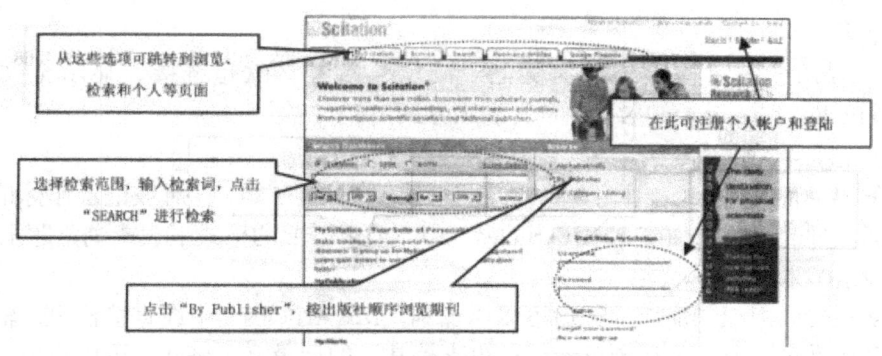

图4.32 Scitation平台主页面

Scitation平台主要检索方式为简单检索(Simple Search)和高级检索(Advance Search)两种。高级检索可以根据需要设定检索条件,并设定检索结果的显示。

(1)简单检索

简单检索的步骤如图4.33所示。

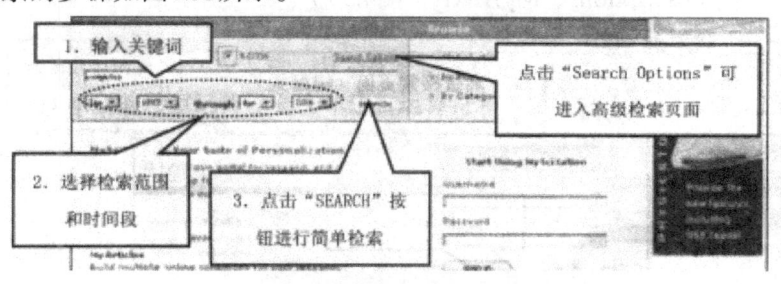

图4.33 简单检索界面

简单检索结果(题录信息)页面见图4.34。

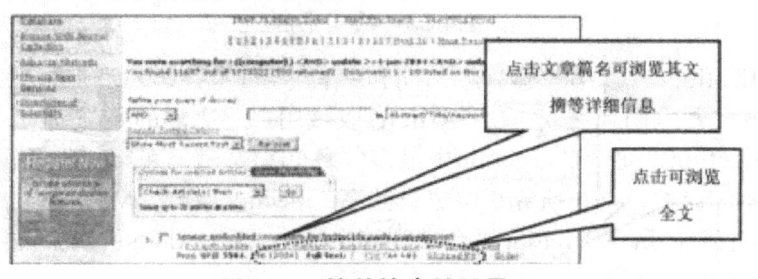

图4.34 简单检索结果界面

(2) 高级检索

高级检索可以检索所有的字段、构建布尔检索式、组配检索、定义检索结果的显示、指定检索的日期范围和卷、期范围。

(3) 浏览

Scitation平台可以通过3个途径浏览期刊：字母顺序（alphabetically）、出版社（by publisher）、内容类型（by category listing），也可以选择期刊加入到My Publications。

(4) 检索结果处理

Scitation平台对检索结果可以提供结果浏览、标记记录、以需要的格式输出检索结果等处理方式。

①结果浏览

Scitation平台对检索结果提供记录浏览、参考文献超链接、显示全文（提供HTML、PDF、和GZipped PS三种全文显示方式）。

②标记记录

每条记录都有一个标记框，可以单击该标记框打上"V"，对该记录作标记，以后可以将标记过的记录添加到"My Articles"中，或以需要的格式下载或浏览题录信息。

③检索结果输出

检索到的命中记录加以标记后可以添加到"My Articles"中或直接输出，输出方式可以保存在磁盘上或显示在浏览器上；也支持常用的记录显示格式，可以将记录数据直接导入对应的书目管理软件使用，如RefWorks，EndNote等。

(5) 个性化服务

初次登录，用户可以进行免费注册，注册之后，用户通过用户名和密码登陆，即进入系统提供的个性化页面，享受平台提供的个性化工具服务，包括：My Publication、My Articles、My Subscriptions、MyAlerts（图4.35）。

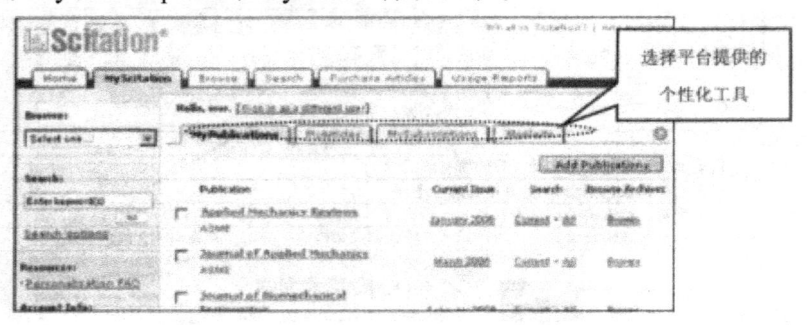

图4.35 检索平台

My Publications收藏用户感兴趣的期刊列表，可以对收藏期刊进行检索和浏览操作，以及增加或删除期刊列表。My Articles收藏用户感兴趣的文献列表，可根据需要创建多个Collection，每个Collection中最多收藏50篇文献。可以浏览收藏文献，编辑Collection内容和属性，并与研究小组成员共享Collection收藏。My Subscriptions列出用户目前有访问权限的所有Scitation平台期刊和出版物。My Alerts可以获得目前用户感兴趣的每周最新出版的文章。

（6）系统退出

Scitation平台不限制并发用户数，因此，检索完成后，不需要从系统中注销；但通过用户名和密码登陆的用户，从个人资料的安全考虑，请选点击择"Exit"按钮退出。

4.5.4 ASME电子期刊数据库检索

在AIP的Scitation平台首页中点击"Browse"，再选择"By Publisher"，逐层点击，便可浏览ASME的期刊及其文章，具体见图4.36、图4.37。

图4.36 Scitation平台首页

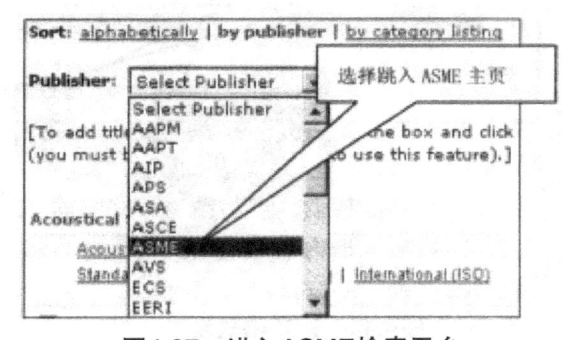

图4.37 进入ASME检索平台

接下来可看到ASME所有期刊和杂志的名称。期刊和杂志按字顺排序，可浏览检索。

①浏览检索：按字顺浏览，可看到ASME所有期刊和杂志的名称（图4.38），再层层点击直至所需。

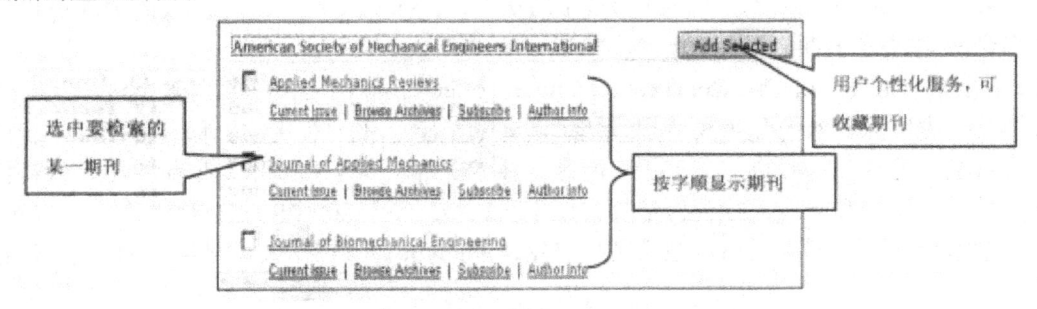

图4.38 ASME期刊和杂志的名称浏览界面

②简单检索：点击页面上的"Browse Archies"按钮进入检索页面，点击"SEARCH："后面的"Current Issue"或"All Issue"按钮即进入简单检索页面。

所有卷信息显示页面，点击某一卷可以浏览该卷所有期的文章。该平台提供HTML、PDF、Gzipped PS三种全文显示方式（图4.39）。例如，点击"PDF"按钮则可浏览PDF格式全文（图4.40）。在PDF浏览器窗口选中"T"按钮后，将要复制的部分选中变成蓝色，可以粘贴到写字板以及WPS、Wits、Word等Windows环境下的编辑器中进行任意编辑。

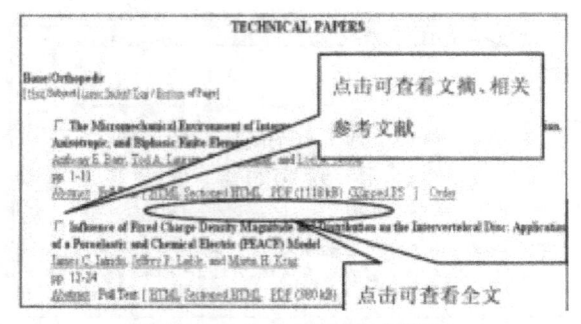

图4.39　全文显示方式界面

图4.40　PDF格式全文

4.6　Science Direct全文电子期刊数据库

4.6.1　数据库介绍

Science Direct数据库是已有100多年历史的Elsevier Science公司出版的全球最权威的多学科全文电子期刊数据库，包含Elsevier Science、Pergamon、Academic Press、Harcourt Health Sciences、Cell Press、China Collection等机构1995年以来出版的2000多种期刊，内容涵盖农业和生物科学、艺术和人文科学、化学和化学工程、临床医学、计算机科学、地球和星际科学、工程、能源和技术、环境科学和技术、生命科学、材料科学、数学、物理和天文、社会科学等24个学科领域。截至2006年5月，数据库已超过700万篇学术全文，其回溯文档可检索到1995年以前的400多万篇全文，最早可回溯到第1卷第1期。

Elsevier Science公司于1997年开始推出名为Science Direct电子期刊计划，即将其全部印刷版期刊转换为电子版，并使用基于浏览器开发的检索系统Science Server。这项计划还包括了对用户的本地服务措施Science Direct On Site（镜像服务器方式访问，简称SDOS），即在用户本地服务器上安装Science Server和用户购买的数据，同时每周向用户邮寄光盘更新数据库。2000年1月开始，CALIS工程文献信息中心以集团方式组织国内部分学术图书馆正式订购了Elsevier Science公司的SDOS数据库。Science Direct Online（简称SDOL）（www.Sciencedirect.com）为SDOS国外主站点，因此，国内使用Science Direct数据库有两种平台可以选择：

①Science Direct On Site（简称SDOS数据库）：服务器在清华大学图书馆和上海交大图书馆，位于教育网内。网址为：http：//elsevier.lib.tsirighua.edu.cn（清华镜像），http：//elsevier.lib.sjtu.edu.cn（交大镜像）。数据每周更新。

②Science Direct Online（简称SDOL数据库）：服务器在美国，在教育网外。网址是http：//www.sciencedirect.com。

国内镜像站提供的全文期刊都能在Science Direct国外服务器上下载全文。相对前者来说，后者收录的期刊更多、功能更强。从2006年8月起，我国所有SDOS客户均转到SDOL平台，且无须付国际流量费。

4.6.2 SDOL数据库检索方法

SDOL的功能包括：检索和浏览相结合，检索结果可按相关性或出版日期排列，全文可用HTML或PDF格式显示，有检索历史功能；个性化服务；使用报告及管理工具；开放的链接技术，便捷的数据传输——IP控制，无并发用户限制。SDOL平台的Science Direct数据库主要提供快速检索（Quick Search）、基本检索（Basic Search）、高级检索（Advanced Search）。

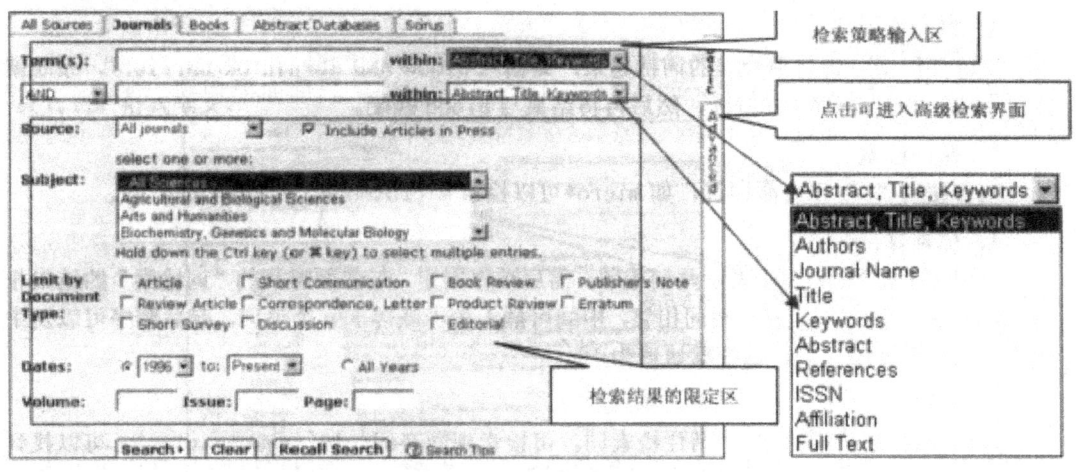

图4.41 基本检索界面

（4）高级检索（Advanced Search）

点击基本检索界面中的"ADVANCED"按钮即进入高级检索（Advanced search）页面（图4.42），也分为检索策略输入区和检索结果的限定区。高级检索可对不同的字段进行布尔逻辑的匹配检索。和基本检索一样，也可以选择检索范围、学科分类、时间段和卷期，可以进行文献类型限定。

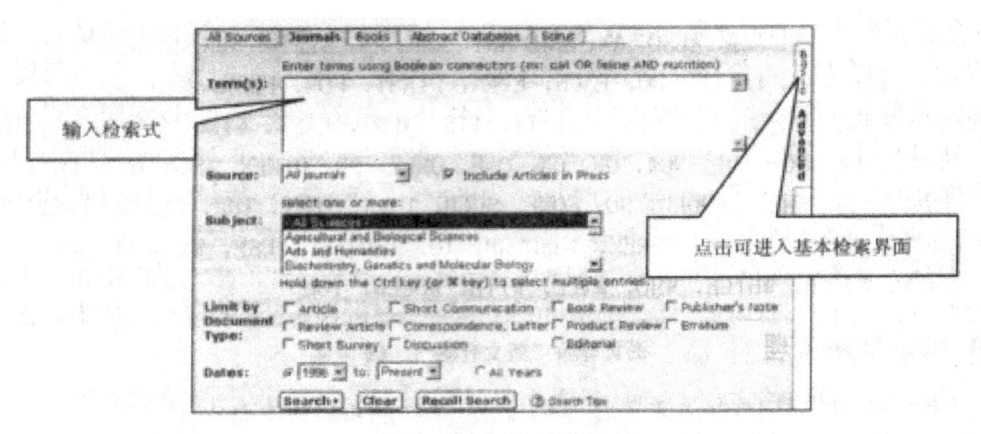

图4.42高级检索界面

4.6.3 检索技术

（1）布尔逻辑（Boolean）

在同一检索字段中，可以用运算符AND、OR、NOT来确定检索词之间的关系，但运算符要大写。如果没有运算符和引号，系统默认各检索词之间的逻辑关系为AND。

（2）嵌套检索

允许使用括号将有限检索的词括起来，如输入blood AND（brain OR barrier），系统就会优先检索brain OR barrier，然后再将结果与blood匹配。

（3）截词检索

允许使用作为截词符，如micro*可以检索microscope、microcomputer。

（4）位置算符

使用ADJ和NEAR.ADJ表示两词相邻，前后顺序固定，与前面提到的"词检索"的结果相同；NEAR或NEAR（N），表示两词相邻，中间可插入少于或等于n个单词，前后顺序可以发生变化，如果不使用（N），系统默认值为10。

（5）其他

①同音词检索：用[ ]括住检索词，可检索到同音词，如[organization]，可以找到organization、organisation。

②拼写词：用TYPO[ ]可进行同一词义不同拼写的检索，例：TYPO[fibre]，还可找出fiber。

③大小写：不区分。

④检索史（search history）：只要输入过一次检索词，就可以随时查看检索历史，包括检索词和检索结果数量。但这项功能仅限于个人用户。

4.6.4 检索结果处理

（1）检索结果列表

检索后，首先显示的是检索结果的数量和篇名列表，包括篇名、刊名、卷期、出版日期、页码、作者、文摘链接、文摘和参考文献链接、PDF全文链接等（图4.43）。

点击检索结果页面上方的"Partial Abstracts"按钮可进入"部分文摘"列表页面（图4.44），点击"Full Abstracts"按钮可进入"全部文摘"列表页面。

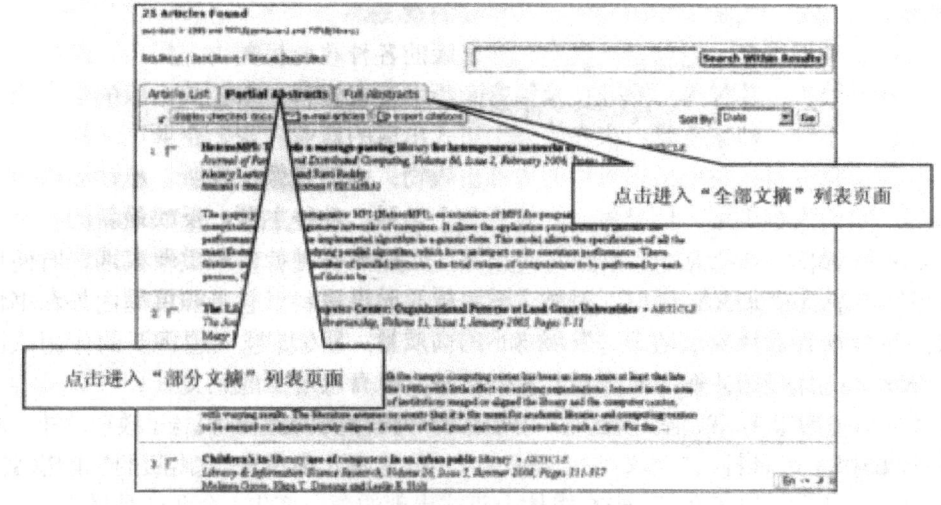

图4.43 检索篇名列表

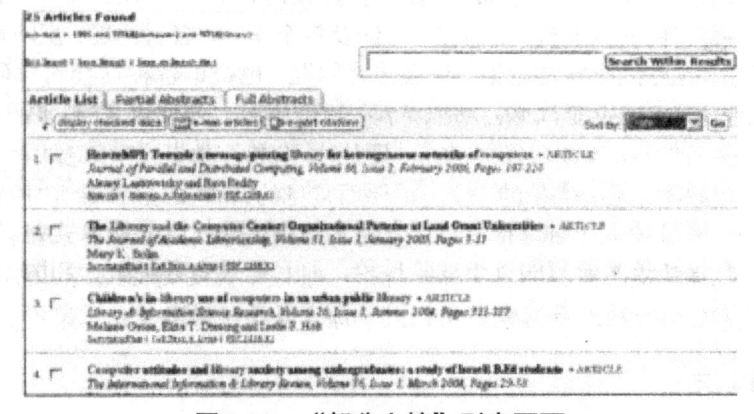

图4.44 "部分文摘"列表页面

（2）标记记录

在每篇文章篇名前的方框内允许打"√"选择记录，选择结束后，点击"Display checked docs"（显示标记），即只出现标记过的记录；点击"Original search results"（原始检索结果），即返回原始检索记录。

（3）详细记录

进一步点击每篇文章篇名下面的"Abstract"或"Summair Plus"按钮，可浏览其文摘信息，点击"Full Text + Links"按钮可浏览其超文本格式全文，点击"PDF"按钮可浏览或下载其PDF格式全文。

该数据库详细的中文检索教程可到Science Direct数据库主站点Elsevier SDOL（Science Direct OnLine）查询，网址为：http：//info.sciencedirect.com/using/。

第 5 章 特种文献检索

特种文献，一般指通过常规的出版流通途径或一般的查阅方法难以获得的、有使用价值的各种知识信息载体，又称灰色文献、半文献或内部资料。它是当前国内外图书情报界公认的重要情报源之一，在科学研究和经济建设中将发挥越来越重要的作用。因此，掌握特种文献的检索对研究人员、大学生和研究生具有重要的意义。

特种文献的类型很多，包括：没有公开出版的各种政府机关内部报告、政府文书、政策性文件及调研报告；各种内部专业技术报告和学术会议资料；未正式出版的学位论文；内部书刊、书信、手稿；档案文献；未在媒体上正式出现的商业广告、企业产品样本、产品目录和技术开发信息资料；科研情报机构的内部出版物；内部音像、视听、机读缩微和感光性文献资料等。它们内容丰富，信息量大，涉及各个学科、各种主题，反映最新的科研动态、成果和信息，既提供最新的政策、社会热点问题，也报道各种社会科学研究课题的成果，有的甚至是学术上的重要创见；同时，特种文献出版及时迅速，资料来源可靠，具有权威性。因而它是一种反映各领域发展动态、发展水平的高质量、新信息的信息源，蕴含的情报价值是常规文献所无法代替的。较为重要而常见的特种文献有政府出版物、社会调查报告、科技报告、学术会议文献、标准、学位论文、内部刊物和内部交流资料等。

本章主要介绍科技报告、会议文献、标准、学位论文几类特种文献的特点及作用，它们的主要数据库和网站以及检索方法，及其原文获取的途径。

5.1 科技报告

科技报告最早出现于20世纪初，是最重要、最特殊的一类科技文献，其出版形式具有非书非刊的特点，难于搜求，往往带着不同程度的保密性质，是世界各先进国家在进行经济竞争中搜求或猎取的对象。科技报告内容大多专深、新颖，往往涉及尖端学科或世界最新研究课题；内容丰富、信息量大，科技报告对问题研究的论述往往既系统又完整，并针对问题的难点技术，不但有包括技术研究的整个试验过程，而且记录有各种数据和图表甚至对试验失败也有穷究原因的详尽分析。其文献数量巨大、形式多样，据报道，全世界每年产生的科技报告有100万件以上。

5.1.1 科技报告的类型

科技报告的类型繁多。按研究进展划分有初步报告、进展报告、中间报告、终结报告等。按密级划分则有绝密、秘密、非密级限制发行、解密、非密公开等各种密级的科技报告。从技术角度来分，主要有：

技术报告（Technical Report）：科研成果的总结，公开出版；

技术札记（Technical Notes）：报告新的技术工艺等，公开出版；

技术备忘录（Technical Memorandum）：试验报告、数据资料、会议记录等，不出版；

技术论文（Technical Papers）：准备在会议上宣读的论文的前身材料；

技术译文（Technical Translation）：翻译国外有价值的新技术；

合同户报告（Contractor Reports）：完成合同过程中的进展报告、研制报告等；

特殊出版物（Special Publications）：会议文集、总结报告、资料汇编等。

5.1.2 国内科技报告及其检索

我国科研成果的统一登记和报道工作是从1963年正式开始的。凡是有科研成果的单位都要按照规定程序上报、登记。国家科技部根据调查情况发表科技成果公报和出版《科学技术研究成果公报》。我国出版的这套研究成果报告内容相当广泛，实际上是一种较为正规的、代表我国科技水平的科技报告。

《科学技术研究成果公报》分为"内部"、"秘密"和"绝密"三个级别。检索我国的科技报告有以下检索工具和系统：

（1）《科学技术研究成果公报》双月刊

印刷版《科学技术研究成果公报》是国家科技部发布重要科学技术研究成果信息的政府出版物，是检索我国科学技术研究成果的工具。1963年创刊，1966年停刊，1981年5月复刊，2001年，《科学技术研究成果公报》进行了改版，主要侧重报道国内最新应用技术研究成果及相关信息。

《科学技术研究成果公报》由科技部科技成果管理办公室编辑，科技文献出版社出版。著录内容包括科技成果名称、登记号、分类号、部门或地方编号、基层编号及密级、完成单位及主要人员、工作起止时间、推荐部门、文摘内容。以摘要形式公布我国较大的科研成果。其刊载项目覆盖农林、工业、医药卫生等三大类共20个国民经济行业的众多最新应用技术研究成果。

农林成果涉及：农业工程、植物保护、粮食和经济作物育种、园艺学、林业、畜牧、动物医学、水产养殖等众多成果及其相关信息；

工业技术成果涉及：一般工业技术、矿业工程、石油天然气工业、冶金工业、金属学与金属工艺、机械仪表工业、能源动力与原子能技术、电工技术、无线电电子学和电信技术、自动化技术、计算机技术、化学工业、轻工业和手工业、建筑科学、水利工程、交通运输、环境科学等众多成果及其相关信息；

医药、卫生成果涉及：基础医学、临床医学、内科学、外科学、妇产科学、儿科学、肿瘤学、皮肤病学、耳鼻咽喉科学、眼科学、口腔科学、中医药学、西医药学、医疗器械等众多成果及其相关信息。

该检索工具还编有"分类索引"和"完成单位索引"等。近几年也以网站和数据库的形式对外提供检索服务。

（2）中国科技成果数据库（CSTAD）

中国科技成果数据库是国家科技部指定的新技术、新成果查新数据库。其收录范围包括新技术、新产品、新工艺、新材料、新设计，涉及自然科学各个学科领域。该库已成为我国最具权威的技术成果宝库，其具体情况介绍如下：

提供单位：北京万方数据股份有限公司；
专业范围：自然科学各个学科领域及部分社会科学领域；
收录范围：新技术、新产品、新工艺、新材料、新设计等技术成果项目；
数据来源：历年各省市部委鉴定后上报国家科委的科技成果及其他科技成果；
资源类型：文摘题录数据库（不可下载全文）；
更新频率：每月；
更新方式：全库更新。
该数据库的网址为：http：//www.wanfangdata.com.cn/ResourceDescription/Cstad
数据库的检索界面见图5.1。

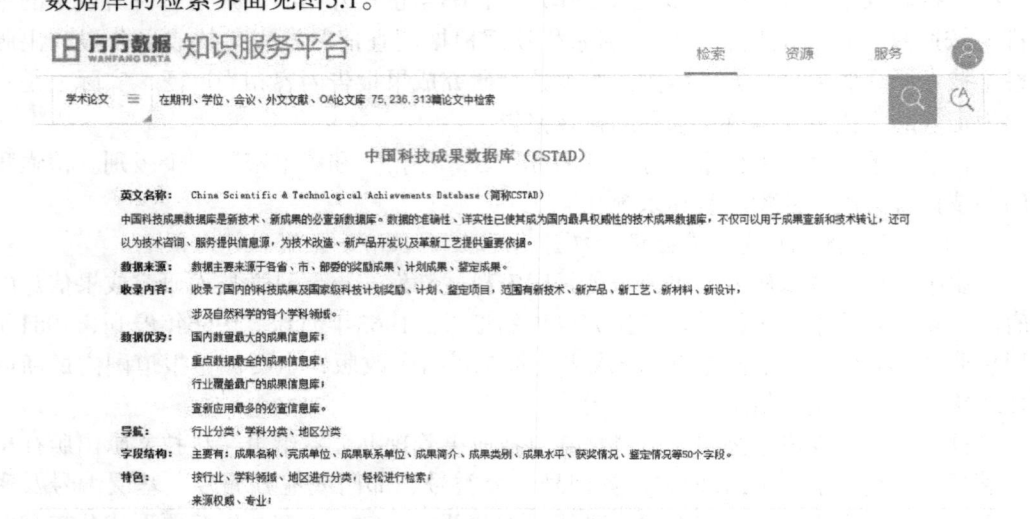

图5.1 中国科技成果数据库

为了满足不同单位、部门和个人的要求，该数据库设置了多种查询办法，可以通过对全文、成果名称、分类号、关键词、成果简介、成果公布年份、省市、完成单位、完成人、联系单位、联系人、成果类别、成果水平、鉴定单位、鉴定日期、应用行业码、应用行业名称等进行分别查询或多条件组合查询。

检索到的资源样式如下：

项目年度编号	99020740
标题	国库业务核算系统
联系办法	联系人：中国人民银行南京分行； 地址：江苏省南京市建邺区建邺路88号210004；
省市	江苏
简介	该系统的运用加速了国家预算收入的入库，减少了在途资金，提高了该省银行系统的计算机应用水平，取得了良好的经济效益和社会效益。
分类号	F830.49，0F830.43
关键词	金库，计算机应用，经济核算
提供单位	北京万方数据股份有限公司

(3) 国家科技成果网 (NAST)

国家科技成果网 (http://www.most.gov.cn) 是由国家科学技术部创建的以科技成果查询为主的大型权威性科技网站。它所拥有的全国科技成果数据库内容丰富、权威性高，已收录全国各地区、各行业经省、市、部委认定的科技成果约12万项，库容量以每年3~5万项的数量增加，充分保证了成果的时效性。同时提供方便、快捷的免费上网查询，还可进行全国科研单位、上网科技网站查询、发布科技成果供求信息等。自1999年6月向社会开放以来，在国内外产生了较大影响，在全国各省市建有几十个科技成果信息服务中心，直接用户达数万人。该网站的"科技成果"栏目下的"成果查询"和"成果公报"子栏目分别提供成果查询和《国家科学技术研究成果公报》双月刊的电子版。国家科技成果网主页见图5.2，检索界面见图5.3。

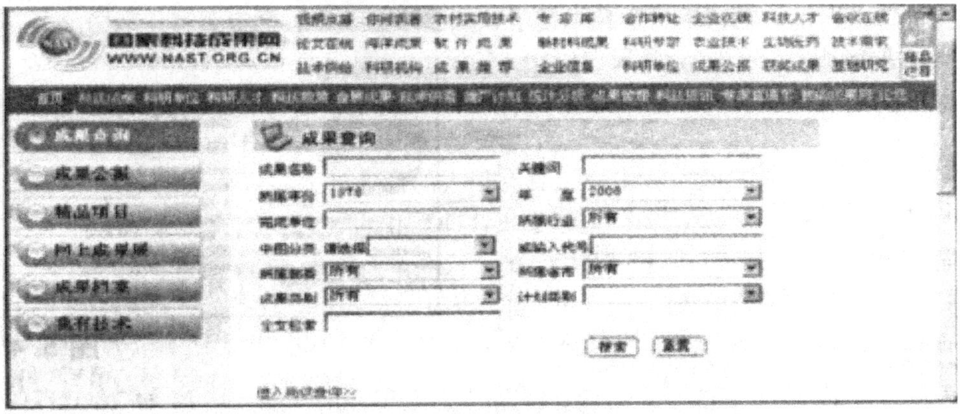

图5.2 国家科技成果网主页

图5.3 国家科技成果网检索界面

(4) 国外科技报告及其检索

世界上著名的科技报告有美国的四大报告、英国航空航天委员会的ARC报告、法国原子能委员会的CEA报告、德国的航空研究报告 (DVR)、瑞典国家航空研究报告 (FFA)、日本原子能研究报告 (JAERI) 等。其中美国的四大报告 (AD、PB、

NASA、DOE)一直雄居首位,是世界广大科技人员注目的中心。

①NTIS美国政府报告数据库

NTIS(National Technical Information Service)是美国国家技术情报社出版的美国政府报告数据库,是目前查找美国四大报告的主要检索工具,以收录美国政府立项研究及开发的项目报告为主,少量收录西欧、日本及世界各国(包括中国)的科学研究报告。包括项目进展过程中所做的一些初期报告、中期报告、最终报告等,反映最新政府重视的项目进展,年文献量约70000件。具体说,它包括全部PB报告、所有非密的或者解密的AD报告、部分NASA报告和DEC报告,以及其他类型的科技报告,还有部分会议文献和美军的申请专利与批准专利说明书的摘要。该库75%的文献是科技报告,其他文献有专利、会议论文、期刊论文、翻译文献;25%的文献是美国以外的文献;90%的文献是英文文献。专业内容覆盖科学技术各个领域。检索结果为报告题录和文摘。

该数据库所对应的印刷型刊物为:《Government Reports Announcements & Index (GRA&I)》《政府研究报告文摘报道与索引》和《Government Inventions for Licensing》《NTIS快报:可签许可证的政府发明》,报道美国联邦政府所属实验室的新发明,这些取得专利的新技术成果具有很大的商业潜力,厂商可通过NTIS获得使用这些发明的许可证。该数据库可在美国DIALOG国际联机数据库系统的网络版光盘数据库中检索到1993~2001年文摘。

或者到NTIS网站(http://www.ntis.gov)可检索题目、作者和主题词,无摘要。该网站由美国国家技术情报服务局主办,提供几乎全部的TO报告、所有公开或解密的AD报告、部分的NASA报告和DOE报告。该网站的主页见图5.4。

图5.4 NTIS美国政府报告数据库

②NASA科技报告数据库

NASA科技报告数据库包括NTRS(NASA Technical Reports Server)和NACATRS(NACA Technical Report Server)两个数据库,是检索世界航空、航天资料主要的综合性检索工具。主要包括NASA及其合同用户编写的科技报告,美国和其他国家政府机构、公司、大学和研究机构所出版的科技报告、学位论文和译文,NASA本单位所属的专利和专利出版物及其他一些文献。学科涉及航空、航天、化学化工、材料、工程、机械、激光、地球科学、能源、生命科学、数学与计算机科学、物理学、空间科学、社会科学。该数据库可提供全文科技报告。

NASA科技报告的两个数据库可以通过美国宇航局科技信息站点（http：//www.sti.nasa.gov/STI-public-homepage.html）进入。其主页见图5.5。

NTRS数据库（网址：http：//ntrs.nasa.gov）检索页面见图5.6。

图5.5　NASA科技报告数据库主页

图5.6　NTRS数据库检索页面

美国国家技术情报社出版的美国政府报告数据库，是目前查找美国四大报告的主要检索工具，以收录美国政府立项研究及开发的项目报告为主，少量收录西欧、日本及世界各国（包括中国）的科学研究报告。包括项目进展过程中所做的一些初期报告、中期报告、最终报告等，反映最新政府重视的项目进展，年文献量约70000件。具体说，它包括全部PB报告、所有非密的或者解密的AD报告、部分NASA报告和DEC报告，以及其他类型的科技报告，还有部分会议文献和美军的申请专利与批准专利说明书的摘要。该库75%的文献是科技报告，其他文献有专利、会议论文、期刊论文、翻译文献。25%的文献是美国以外的文献，90%的文献是英文文献。专业内容覆盖科学技术各个领域。检索结果为报告题录和文摘。

该数据库所对应的印刷型刊物为：《Government Reports Announcements & Index（GRA&I）》《政府研究报告文摘报道与索引》和《Government Inventions for Licensing》《NTIS快报：可签许可证的政府发明》。其网址为http：//naca.larc.nasa.gov，检索界面见图5.7。

（3）GrayLIT Network科技报告全文数据库

GrayLIT Network是由美国能源部（DOE）科技信息办公室（OSTI）联合美国国防科技信息中心（DTIC）、美国航空航天局（NASA）、美国环保总局（EPA）提供的科技报告数据库。GrayLIT Network由以下五个数据库组成：

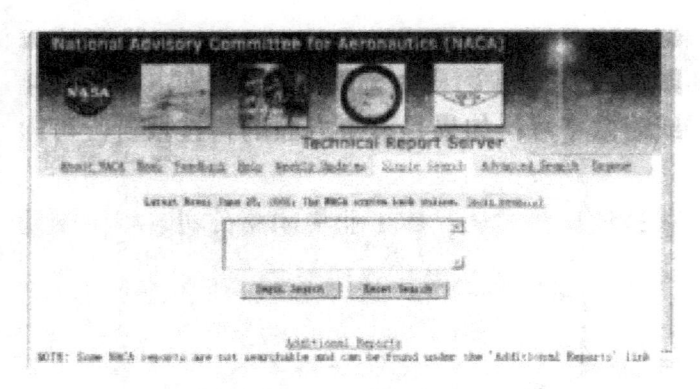

图5.7　美国政府报告数据库

①Defense Technical Information Center（DTIC）Report Collection，提供解密文件,超过42000篇全文报告，内容涉及国防研究和基础科学等。

②DOE Information Bridge Report Collection，能够检索并获得美国能源部（Department of Energy）提供的研究与发展报告全文。共有超过65000篇报告，内容涉及物理、化学、材料、生物、环境科学及能源。

③EPA—National Environmental Publications Internet Site（NEPIS），超过9000篇报告，内容涉及水质、废水、生态问题、湿地等。

④NASA Jet Propulsion Lab（JPL）Technical Reports，超过11000篇报告，内容涉及推进系统、外太空进展、机器人等。

⑤NASA Langley Technical Reports，拥有超过2500篇报告，内容涉及航天、太空科学等。

网址为：http：//graylit.osti.gov，其主页见图5.8。

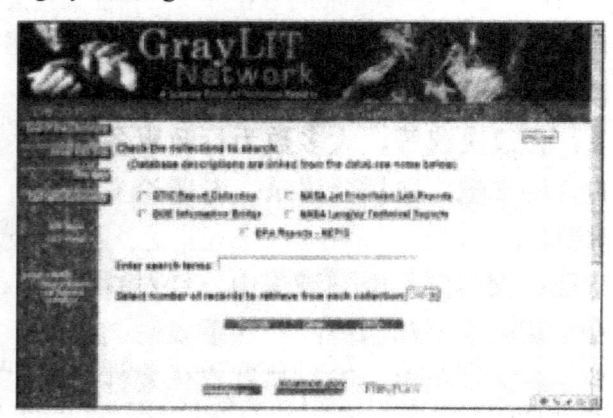

图5.8　GrayLIT Network科技报告全文数据库

5.1.3　获取科技报告原文的方法

中国科技信息研究所是我国收藏国内外科技报告的主要单位，也是提供国内科技成果报告的机构，因此，国内科技成果报告可向中国科技信息研究所索取或邮购。

国家科学图书馆（原中国科学院文献情报中心）是收藏PB报告最全的单位。如所需科技报告而国内没有收藏，如果是公开的美国科技情报，可根据NTIS订购号（入藏号）向NTIS直接订购报告的复印件或缩微平片；如果是军事方面的科技报告，可向美国国防技术情报中心邮购。

另外，也可向上海科技信息研究所、核工业集团总公司、中国国防科技信息中心等机构索取或邮购。

5.2 会议文献及其检索

5.2.1 会议文献

随着科学技术的迅速发展，各个国家的学会、协会、研究机构及国际学术组织越来越多，为了加强科学家之间的信息交流，各学术组织每年都定期或不定期地召开学术会议。学术会议按其组织形式和规模区分，一般可分为以下五大类：国际性会议、地区性会议、全国性会议、学会或协会会议、同行业联合会议。

会议文献是在各种会议上宣读和交流的论文、报告和其他有关资料，是国际学术交流的重要组成部分。新的理论、新的解决方案和新发展的概念通常最早出现在科学会议上发表的论文中。传统会议文献多数以会议录（proceedings）的形式出现。

会议文献的特点是专业性强、内容新、学术水平高、出版发行较快。会议文献大部分是本学科领域内的新成果、新理论、新方法，且经过会议主办者审查、推荐，经过专家学者提问、讨论、评价、鉴定，再由本人修改后出版。所以可靠性也较高。会议文献基本上是会议上首次公布的成果，不在其他刊物上发行，因而越来越受到人们重视，成为了解新动向、新发现的重要信息源。据美国科学信息所（ISI）统计，全世界每年召开的学术会议约1万个，正式发行的各种专业会议文献5000多种。因此，会议文献是传递和获取科技信息的一种极为有效的重要渠道。

会议文献按其出版时间的先后，可分为会前文献、会间文献和会后文献三种类型。会前文献包括会议日程预告、会议论文预印本和会议论文摘要；会间文献包括会议期间的开幕词、讲演词、闭幕词、讨论记录、会议决议等，大多数为行政事务性材料，学术价值不大；会后文献是指会议结束后出版的会议文献，包括会议录、专题论文集、会议论文汇编、会议论文集、会议出版物以及会议辑要。

会议文献一般有四个特征：探讨的专业领域集中，针对性强，内容专深，往往反映出一门学科或专业在相应范围内的发展水平和趋势；一些重要研制成果或新的发现一般通过会议文献向社会公布；新兴学科专业文献集中，能反映具有代表性的不同观点；有时能透露出一些内部情况或正在进行中的研究情况。

检索会议文献应了解几个关于会议的常用术语：Conference（会议）、Congress（代表大会）、Convention（大会）、Symposium（专业讨论会）、Colloquium（学术讨论会）、Seminar（研究讨论会）、Workshop（专题讨论会）等。

现在检索会议文献与信息，除手工检索外，主要还是通过互联网进行。既可在专门的商业网站（如：http：//www.yahoo.com）、专业性的网站（http：//www.IEEE.org，http：//www.spe.org）上检索，也可在一些学术团体的网站获得会议文献信息。

本节将介绍几种典型的印刷型会议文献报道工具和会议文献数据库。

5.2.2 国内会议文献检索工具

（1）万方数据资源系统中的"中国学术会议论文文摘数据库"（CACP）

"中国学术会议论文文摘数据库"是文摘题录数据库，它的前身为《中国学术会议文献通报》（1999年后停刊），数据资源来自中国科技信息研究所，收录了1985年以来由国家级学会、协会、研究会组织召开的全国性学术会议论文，覆盖自然科学、工程技术、农林、医学等自然科学和社会科学各领域，每年涉及上千个重要的学术会议，是目前国内收集学科最全、数量最多的会议论文数据库。采用受控语言进行主题标引，以《汉语主题词表》为叙词表，按照《中国图书资料分类法》分类，大部分记录附有论文文摘。该数据库每月采用增量更新方式，其检索页面见图5.9。

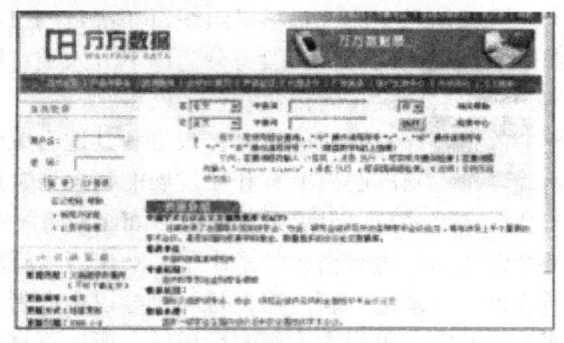

图5.9 中国学术会议论文文摘数据库检索页面

（2）万方数据资源系统中的"中国学术会议论文全文数据库"（PACC）

"中国学术会议论文全文数据库"是国内唯一的学术会议文献全文数据库，主要收录了1998年以来国家级学会、协会、研究会组织召开的全国性学术会议论文，数据范围覆盖自然科学、工程技术、农林、医学等领域，是了解国内学术动态必不可少的帮手。

"中国学术会议论文全文数据库"分为两个版本：中文版、英文版。其中："中文版"所收会议论文用中文撰写；"英文版"主要收录在中国召开的国际会议的论文，论文多用西文撰写。"中国学术会议论文全文数据库"（中文版）检索页面见图5.10。

"中国学术会议论文全文数据库"提供了多种访问全文的途径：按会议分类浏览、会议论文库检索、会议名录检索。下面主要介绍本系统提供的会议论文库检索功能。

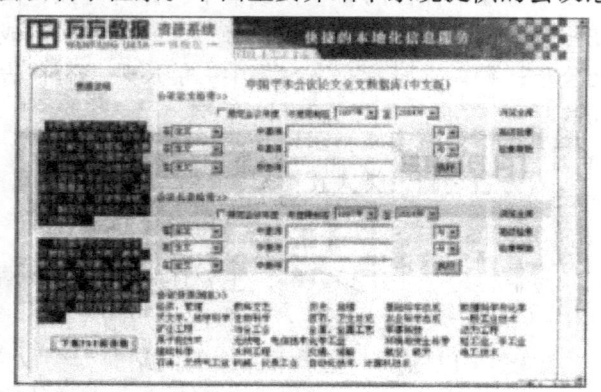

图5.10 中国学术会议论文全文数据库检索页面

对会议论文库，本系统提供了如下检索入口：个性化检索、浏览全库、高级检索（图5.11）。

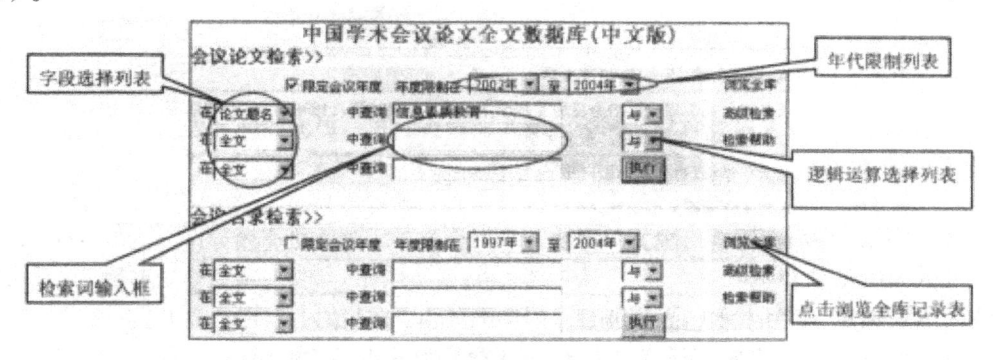

图5.11　数据库检索入口

要检索的字段，输入相应检索词，便可组配出比较复杂的检索表达式。"会议论文库"个性化检索入口说明如下：

①字段选择列表：用鼠标点击此下拉框中的下拉箭头，将列出可供选择的字段，再用鼠标点击所要选择的字段，便可选定所要检索的字段。选择"全文"说明在用其后的检索词检索时不区分字段，即此检索词只要在一记录的任意可检索字段中出现，便认为此记录符合检索要求。

②检索词输入框：用于输入要检索的词语。若要进行"精确匹配"，用半角双引号（""）将检索词引起来；在检索词没有用半角双引号引起来时，进行的是"模糊匹配"。

"模糊匹配"是指：只要一记录的指定字段中含有此检索词，便认为此记录符合此检索要求。"精确匹配"则要求字段的取值与检索词完全相同。例如："智能设计"与"设计"是"模糊匹配"，但不是"精确匹配"；"李红"与"李红军"是"模糊匹配"，但不是"精确匹配"。

在此，支持"精确匹配"检索的字段有：主办单位（70）、分类号（170）、关键词（130）、馆藏号（120）。

③逻辑运算选择列表：用于确定两个检索条件之间的关系，选项有"与"、"或"、"非"。为了便于说明问题，在此，假设只有这两个检索条件，则其含意如下：

"与"：只有同时满足这两个检索条件的记录才符合检索要求。

"或"：记录只要满足这两个检索条件之一，便符合检索要求。

"非"：只有满足第一个检索条件，但不满足第二个检索条件的记录，才符合检索要求。

④年代限制列表：用于限定论文的年份，此处以会议召开年份为准。若"是否限定会议年度"栏没有打钩儿，则在检索时不限定会议召开年份；若"是否限定会议年度"栏打钩儿，则仅检索会议召开年份在指定"年度限制"内的会议论文。

⑤"执行"按钮：用于提交用户的检索要求，以得到相应检索结果。

二次检索是在已有检索结果范围内再一次检索，以便进一步缩小检索范围。

"会议论文库"的检索结果显示格式如图5.12所示。

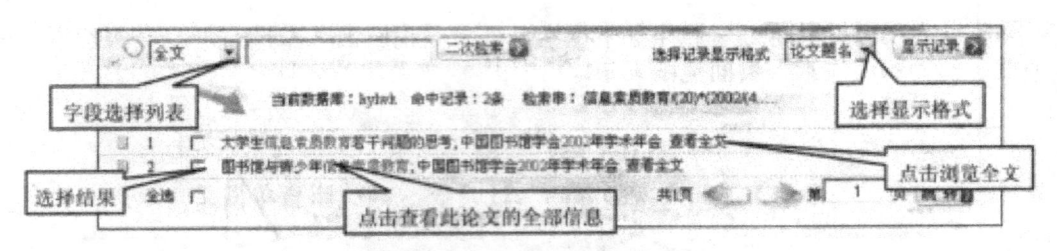

图5.12 会议论文库检索结果

此页面的上方提供了二次检索入口，其使用方法与"个性化检索"入口相同。在此，用鼠标点击此页面右下角的"显示选择记录"按钮，可以"改变显示格式"栏指定的显示格式浏览选定记录（记录前的方框中有钩儿的记录为选定记录）。

用鼠标点击一论文题名链接，将在一新窗口显示此论文的全部信息，显示格式如图5.13所示。

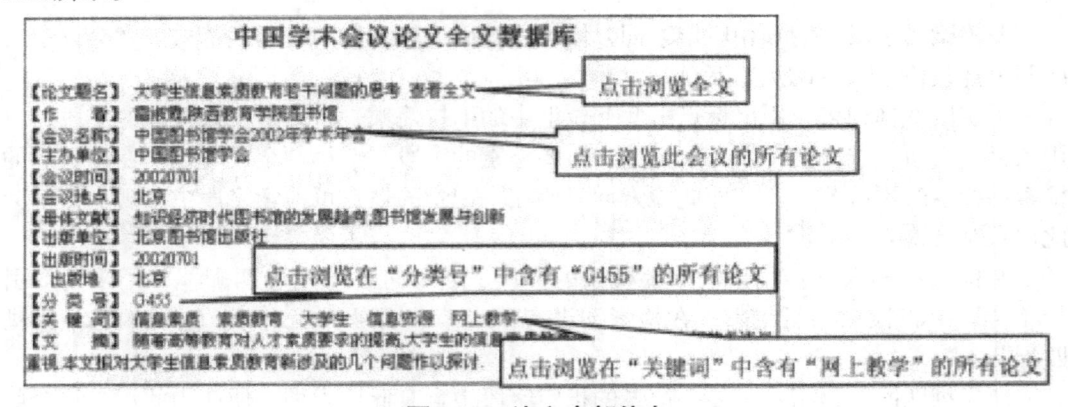

图5.13 论文全部信息

在上图所示论文全部信息中，不仅提供了查看论文全文的链接，而且提供了一些"关联检索"入口：

会议名称：点击会议名称，可检索出此"会议论文库"所收录的此会议的所有论文。

分类号：点击--分类号，可检索出此"会议论文库"中此分类下的所有论文。

关键词：点击--关键词，可检索出此"会议论文库"中"关键词"字段含有这个词的所有论文。

（3）清华同方知识资源总库中的《中国重要会议论文集全文数据库》

《中国重要会议论文集全文数据库》由中国学术期刊（光盘版）电子杂志社出版，收录我国2000年以来国家二级以上学会、协会、高等院校、科研院所、学术机构等单位的论文集，年更新约100000篇文章。至2005年10月，累积会议论文全文文献近34万篇。包括九大专辑：理工A、理工B、理工C、农业、医药卫生、文史哲、经济政治与法律、教育与社会科学综合、电子技术与信息科学；共120个专题文献数据库。

资源来源于国家二级以上学会、协会举办的重要学术会议、高校重要学术会议、在国内召开的国际会议上发表的文献。

产品形式有WfiB版（网上包库）、镜像站版、光盘版。

中国知网（CNKI）中心网站及数据库交换服务中心每日更新，各镜像站点通过互联网或卫星传送数据可实现每日更新，专辑光盘每月更新，专题光盘年度更新。该数据库的"初级检索"页面见图5.14。高级检索见图5.15。

图5.14　初级检索页面

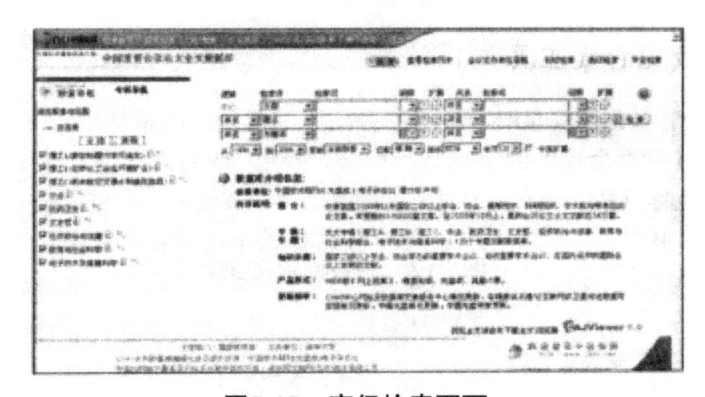

图5.15　高级检索页面

（4）CALIS学术会议论文库

据目前的调查，我国重点大学每年主持召开的国际会议在20个左右，其中大多数的会议提供有正式出版号的会议论文集。CALIS学术会议论文数据库收录来自于"211工程"的重点学校每年主持的国际会议的论文，年更新会议论文总数可达1.5万篇以上。目前该数据库正在建设中，可以通过网址：http：//www.calis.edu.cn/chinese/CALIS学术会议论文库.htm进入。其简单查询页面见图5.16，高级检索页面见图5.17。

5.2.3　国外会议文献检索工具

检索国外各种学术会议信息时，根据用户的不同需求，通常使用以下三种各具特色的会议文献检索工具：《世界会议》（World Meeting，简称WM）、《会议论文索引》（Conference Papers Index，简称CPI）、《科技会议录索引》（Index to Scientific & Technical Proceedings，简称ISTP）。《世界会议》是一种预报两年内将要召开的会议信息的检索刊物；《会议论文索引》是用来查找召开不久或即将召开的学术会议论文的重要检索刊物；《科技会议录索引》是检索正式出版的会议文献的主要工具。这三种检索刊物的时间性、可靠性都各有不同。其日期覆盖范围为：

图5.16　简单查询页面

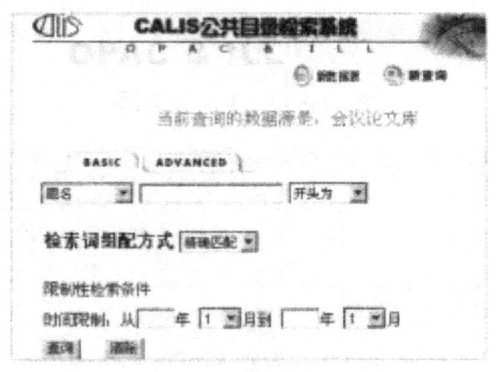

图5.17　高级检索页面

另外，还有与印刷版会议文献相对应的光盘版数据库和网络数据库，如ISTP光盘版、ISI Proceedings网络数据库。

（1）《世界会议》

《世界会议》是由美国世界会议情报中心（World Meetings Information Center）编辑，麦克米伦出版公司（MacMilan Publishing Company）出版的英文版会议文献检索工具。它专门报导未来两年内将要召开的国际学术会议信息，共分4个分册，即《美国和加拿大》《美国和加拿大以外各国》《医学》《社会与行为科学、教育与管理》，这4个分册都是季刊，而且编排方法和著录格式都相同。各分册独立发行。

《世界会议》每期都由正文（Main Entry Section）和6个索引构成。正文部分较详细地著录了即将召开的各种会议消息，每个会议消息将在《世界会议》中连续报道3次，这2次包括修改、增删的次数。《世界会议》的内容每年翻新一次，每期则把内容已重复报道了2次的会议消息删除，补入最新的消息。这样动态地构成其报道内容的主体。

（2）《会议论文索引》

《会议论文索引》是由美国数据快报公司（Data Courier Inc.）于1973年创刊（现在属于美国剑桥科学文摘社）的月刊型检索工具，主要报道会议论文。这些论文可能已经收集在会议录中，也可能还只是一个预告，不过都有论文的标题，因此是一种题录式报道工具。CPI报道的会议文献，时间上介于其他二者之间，能同时拥有"过去"和"将来"，既比《世界会议》"实在"（有论文），又比《科技会议录索引》新和快，年报道量达10万，因此是检索最新研究成果的好工具。该工具也有年索引，查法大致相同。此外在DIALOG系统（BRS和ESA/IRS中也有）收录自1973年至今的全部文献，便于机检。

CPI由正文和索引两大部分组成，正文部分是会议消息和会议论文的标题，按17个学科专业分类排列，每一类目下列出该类的各种会议的名称、召开日期及地点、订购消息等项。紧接着会议消息之后著录了会议上即将宣读或已经宣读的多篇论文、著者及其单位等。

CPI的索引体系分期索引和年度索引两种。期索引（按类编排）包括：主题索引（Subject Index）和著者索引。主题索引按主题词字顺编排，主题词来自论文题目，而且每个主题词将被轮排一次。在被抽取的各个主题词后还著录了相应的标题说明语（注意它不是论文标题本身，而是抽取了主题词之后把剩下的其他词稍稍规整一下的结果）。例如：

Water Problems in Australian Water Supplies，91-12098

这篇文章至少还会在Australian主题词下出现一次。著录格式为：关键词性说明语、论文编号。

年度索引每个年度（从上年8月到次年7月）自成一册（一卷）。除了累积的主题索引和著者索引之外，还附加了两种索引：

会议日期索引（Index by Date of Conference）：按会议召开日期的先后顺序排列，著录项包括会议名称、本卷期号、该期的起始页码；

会议议题分类索引（Index by Topic of Conference）：在17个类目下按会议名称的字顺列出该年内召开的所有会议，其后给出会议日期，本卷期号和该期的起始页码。

（3）《科技会议录索引》

《科技会议录索引》是一种综合性的科技会议文献检索刊物，由总部位于美国费城的科学信息所（Institute for Scientific Information，简称ISI，隶属于Thomson Scientific信息集团）编辑出版，与SCI、EI一起被称为三大检索系统。ISTP于1978年创刊，月刊，有年度累积索引。该检索工具覆盖的学科范围广，收录会议文献齐全，而且检索途径多，出版速度快，其声誉已超过其他同类检索工具而成为检索正式出版的会议文献的主要的和权威的工具。

ISTP的优点是：

①可快速有效地查找某个会议的主要议题和内容；

②根据ISTP提供的会议论文作者的详细地址，检索者可直接写信向作者索取文献资料。

ISTP的全部内容分为类目索引（Category Index）、会议录目录（Contents of Proceedings）、著者/编者索引（Author/Editor Index）、会议主持者索引（Sponsor Index）、会议地点索引（Meeting Location Index）、轮排主题索引（Permuterm Subject Index）、团体（Corporate Index）7个部分（Section）。其中类目索引是正文的编排根据，会议录目录是正文，其他是各种索引。团体著者索引又分为两部分，一个是按地区的Geographic Section，另一个是按机构名称的Organization Section。

（4）国外会议文献的网络检索

利用Internet一些搜索引擎（如Yahoo、Google等），以proceeding、symposium、

conference、meeting等作为关键词进行检索，可获得各个信息的数量、会议名称、会议录信息、论文全文的E-mail地址，以及有关会议的分会场、会议论文的标题、作者等信息。国外作者一般是乐意直接提供其论文，尤其是以E-mail方式提供。

①利用WWW上的Usenet、BBS、On-line Meeting。通过WWW上的专题性的网络新闻组、电子公告板、在线会议等多种多样的形式查找会议动态信息。

②从国际上一些著名的学术机构和学术团体上的网站去查找。如国际光学工程学会（SPIE）站点（http：//www.spie.org），就有一些有关该机构的学术研究动态、学术会议召开计划及网上公开的会议文献等信息。

③CPI Web版（1982-Current）：是剑桥科学文摘（CSA）中的一个数据库。

④联机计算机图书馆中心（OCLC）First Search系统的Papers First数据库：Papers First数据库包括在世界各地学术会议上发表的论文，它覆盖了自1993年10月以来在"大英图书馆资料提供中心"的会议录收集的每一个大会、专题讨论会、博览会、讲习班和其他会议上发表的论文，每两周更新一次。

⑤联机计算机图书馆中心（OCLC）First Search系统的Proceedings数据库：Proceedings数据库是Papers First的相关库，它包括在世界各地举行的学术会议上发表的论文的目次表，一条记录包括在一个会议上发表的论文的目录。该库提供了一条检索"大英图书馆资料提供中心"的会议录的途径。利用其他专业检索期刊和数据库检索会议论文。如Ei、ACM、OCLC等数据库都收录会议论文。

（5）ISI Proceedings数据库

美国科学信息研究所（ISI）基于ISI Web of Knowledge平台，将ISTP（科学技术会议录索引）和ISSHP（社会科学及人文科学会议录索引）两大会议录索引集成为ISI Proceedings（1990年至今）ISI Proceedings汇集了世界上最新出版的会议录资料，包括专著、丛书、预印本以及来源于期刊的会议论文，提供了综合全面、多学科的会议论文资料，是目前世界上了解会议文献信息的最主要检索工具，对于工程技术、化学和物理等学科领域内的研究尤其重要。科技版（ISTP版）和社科与人文版（ISSHP版），共涵盖约250个不同的学科，其中科技版包括：农业科学、生物化学、生物技术、化学、计算机科学、工程技术、环境科学、临床医学、分子生物学、物理学等，包括IEEE、SPIE、ACM等协会出版的会议录；社科与人文版覆盖社会科学，艺术及人文领域的所有会议文献，包括心理学、社会学、公共卫生、管理、经济、艺术、历史、文学及哲学，每年收录2800多个会议录。该数据库每周更新，每年新增超过38.5万条记录，内容包括国际会议录，不限于以英语发表的论文。见图5.18。

在会议论文中出现的一些新理论、新概念、新假说、新方法往往要早于期刊论文，研究者通过检索ISI Proceedings数据库，可以查找某一新的研究方向或概念的初始文献；查找未在期刊上发表的论文；可进行作者、研究所和研究机构及主题词的回溯检索；可找到在别处无法查到的会议文献；根据会议的部分信息检索会议录文献；决定订购哪些会议录并确定相应的出版机构。

目前，ISI Proceedings数据库采用IP控制，已购买的单位通过IP地址可以直接访问，无需用户名和密码，并采用专线传输，不需花费国际流量通信费。由于ISI Web of Knowledge有并发用户数限制，读者检索后应尽快退出，以便他人连接（退出时请点击"LOG OFF"）。

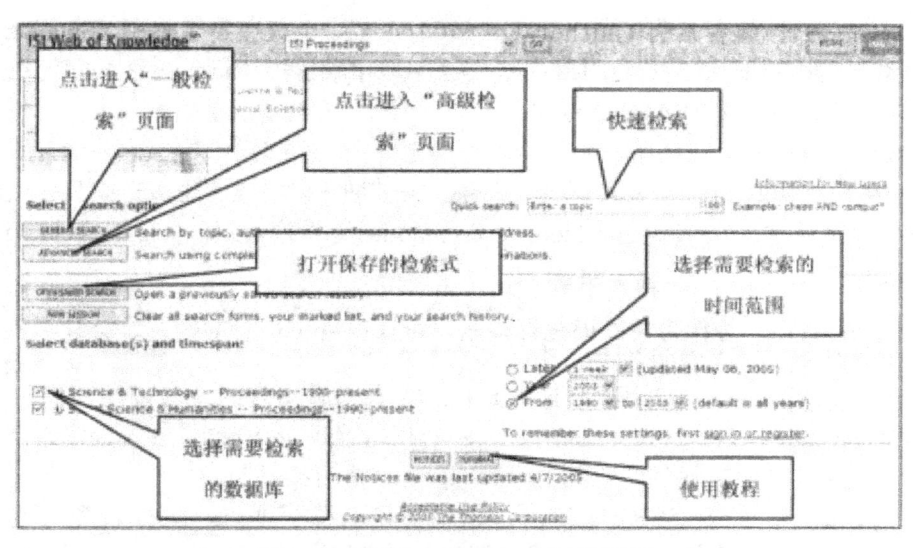

图5.18 ISI Proceedings开始页面

ISI Proceedings提供快速检索（Quick Search）、普通检索（General Search）和高级检索（Advanced Search）三种检索方式。

① 快速检索

检索功能相对简单，可对感兴趣的特定主题（Topic）、人物（Person）、地点（Place）三种途径进行检索。检索结果只显示前100条记录。这里的Place是作者地址，而不是会议召开地址。

主题检索（Topic Search）：在篇名、文摘及关键词字段通过主题检索文献。

人物检索（Person Search）：对特定人物进行检索。

地址检索（Place Search）：从作者所在机构或地理位置进行检索。

② 普通检索

进入ISI Proceedings开始页面（图5.19）。检索前可先选择年代范围，可以选择某年

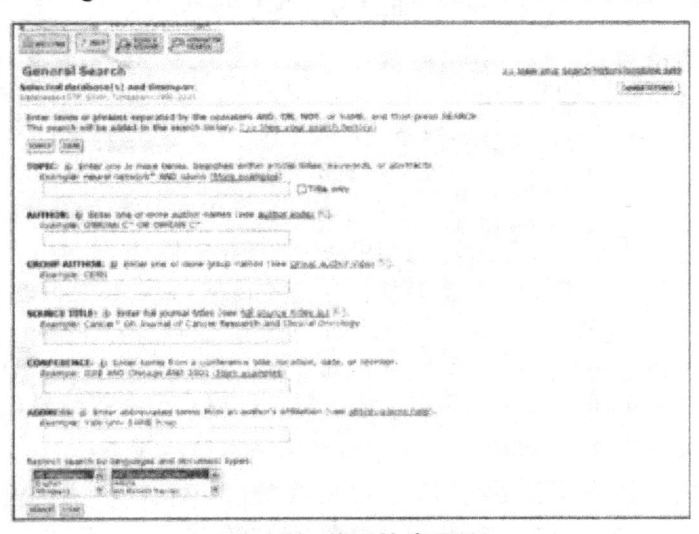

图5.19 普通检索页面

或最近几周上载的数据，默认为All years（2001年至今）。点击"General Search"按钮进入检索词输入界面后，根据需要在以下5个字段中输入检索词，检索词间可用逻辑算符（AND、OR、NOT、SAME）连接。

　　a.检索字段：

　　·主题（TOPIC）：在文献篇名、文摘及关键词字段检索，也可选择只在文献篇名（Title）中检索。如输入laser melding and computer，将检索到包含laser melding词组和computer词的文献。

　　·作者（AUTHOR）：输入作者姓的全称，然后空一格，再输入名的首字母缩写。如要查找张建国发表的文章，可输入ZHANG JG。

　　·来源文献名称（SOURCE HTLE）：输入来源文献的全名或缩写名称。如：Proceedings of the Seminar for Arabian Studies；IEEE Autotestcon*。在不确定来源文献的名称时，可从"来源文献名称列表（source list）"中直接复制。

　　·会议信息（CONFERENCE）：包括会议名称、地点、主办者和日期等，通常使用"AND"运算符连接几个词，即可检索到某一特定会议。如需检索the 9th International of Meeting on Lithium Batteries，Edinburgh，Scotland，July 12-17，1998的会议文献，输入Lithium AND Scotland AND 1998即可。

　　·作者地址或机构（ADDRESS）：可输入研究机构、城市、国家名称或邮政编码。机构名称常用缩写。

　　b.输入检索词后，点击"Search"按钮执行检索，点击"Clear"按钮清除输入框中所有内容。

　　c.限定与类别选项。输入框下方提供两组限定选项（用"Ctrl-Click"可进行多项选择）：文献语种选项：默认为所有语种（All Languages）。

　　文献类型选项：默认为所有文献类型（All document types）。

　　d.检索结果的排序：命中结果的输出可以选择按数据加工日期由近及远排序，或按检索词与文献的匹配程度由高及低排序，或按第一作者的首字母顺序排列，或按会议录名称的首字母顺序排列，或按会议名称的首字母顺序排列。

　　③高级检索

　　利用高级检索页面（图5.20）右侧给出的字段标识符可构成复杂的检索式。可用And、Or、Not和Same连接检索字段，构造检索式，也可利用检索式进行复合检索。检索结果的显示分为简要格式的显示与标记、全记录格式的显示与标记。在简要格式下，点击文献题目的链接即可看到全记录，包括文摘、作者单位、会议主办者等信息。此时点"Mark"按钮可对记录做标记，点击"Summary"按钮可回到简要格式显示。

　　将需要的记录做标记后，屏幕上方就会有"Marked List"按钮，点击后显示所有标记记录的简要列表，选择要输出的字段和排序方式后，再点击"Format for Print"按钮进行显示（建议选择此种方式），然后利用浏览器的存盘和打印功能输出。也可以选择E-mail方式，将检索结果发至电子邮箱；Save to File和Export方式用于输出到专门接口软件，一般用户不用。

　　中国科技信息研究所、国家图书馆、中国科学院图书馆、一些专业图书馆收藏会议文献比较多。中国科技信息研究所收藏国内会议论文较齐全，一般可提供原文。如国内

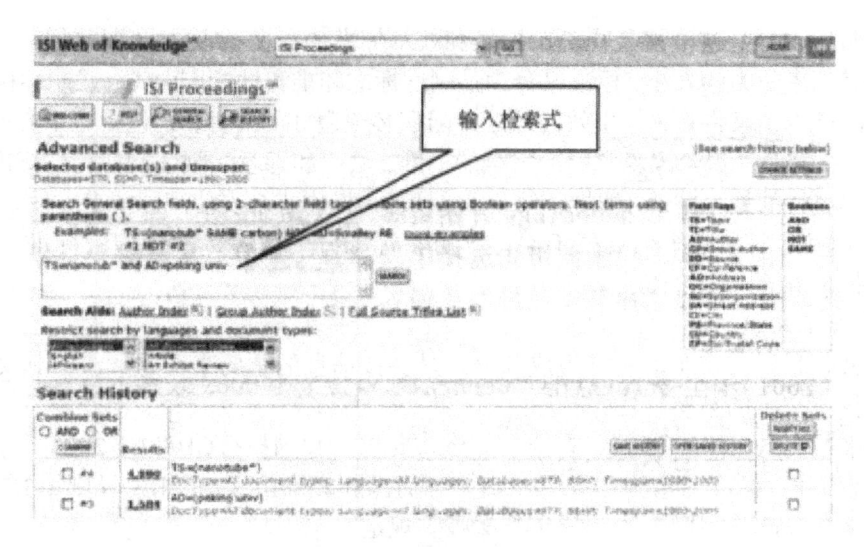

图5.20　高级检索页面

无法找到的外文会议论文可通过馆际互借,如OCLC(通过馆际互借)、IEL全文数据库、ACM、万方数据资源系统的科技会议全文等途径获取原文。

5.3　标准文献检索

5.3.1　标准文献基础知识

随着工业化时代的来临,生产的专业化程度日渐增高,同一台设备上的零部件被分散在不同的企业中制造,而要使众多来源不一的零部件组装而成的机器设备能正常工作,就必须在零部件的生产过程中遵循一种统一的规则,这种统一的规则实际上就是标准。

(1) 标准的概念

在中华人民共和国国家标准《标准化工作指南第1部分:《标准化和相关活动的通用词汇》(GB/T20000.1-2002)中,对标准做了如下定义:"为了在一定的范围内获得最佳秩序,经协商一致制定并经一个公认机构批准,共同使用的和重复使用的一种规范性文件。"这里的规范性文件是指"为各种活动或其结果提供规则、导则或规定特性的文件"。该定义采用了《ISO/IEC指南2:标准化和相关活动的通用词汇》(1996年英文版)中的术语及其定义,是对标准概念的权威性描述,而在同一标准中,将"为了在一定的范围内获得最佳秩序,对现实问题或潜在问题制定共同使用的和重复使用的条款的活动"称为标准化,上述活动主要包括编制、发布和实施标准的过程。

(2) 标准的类型

依照其不同的性质,标准可分为基础标准、技术标准和组织管理标准。基础标准是具有广泛指导意义的最基本的标准,如对专业名词、术语、符号、计量单位等所做的统一规定;技术标准是为科研、设计、工艺、检测等技术工作以及产品和工程的质量而制定的标准,它们还可以细分为产品标准(对品种、检验方法、技术要求、包装、运输、贮存等所做的统一规定)和方法标准(对检查、分析、抽样、统计等所做的统一规定）。通常所说的标准大多是指基础标准和技术标准。

依照其约束效力的大小，标准又分为强制性标准和推荐性标准两类。强制性标准是法律发生性的技术，即在该法律生效的地区或国家必须遵守的文件，它包括三个方面，即保障人体健康的标准、保障人身和财产安全的标准、法律和行政法规强制执行的标准；推荐性标准是建议性的技术文件，即推荐给企业、团体、机构或个人使用的技术文件。

根据适用范围和颁布机关的不同，则可将标准分为国际标准、国家标准、行业标准、地方标准和企业标准五类。

（3）标准文献的特征

标准文献是科技文献的重要组成部分，是科技信息的重要来源之一，但其又有着不同于一般科技文献的某些特性。

①标准具有规范性，其编写有统一的格式要求，我国执行GB/T1.1-2000《标准化工作导则第1部分：标准的结构和编写规则》，而国际标准由《ISO/IEC导则第3部分：国际标准的结构和起草规则》（1997年英文版）规定。

②标准具有替代性，其内容会不断随着技术进步和社会发展而做出修改，经修改后的新标准将代替原有的旧标准，而少数与实际要求不符、又没有修改价值的标准则会被废止。

③标准具有趋同性，即随着国际间经济贸易和科技文化交流的扩大，各国纷纷将本国标准制定成国际标准，或者将国际标准转化成本国标准，使得相当数量的标准在内容上相同或相似。

④标准具有法律约束力，要求人们自觉遵守。

⑤标准数量多，篇幅小，文字简练，通常一件标准只解决一个问题。

无论是国际标准还是各国标准，在编号方式上均遵循各自规定的一种固定格式，通常为"标准代号+流水号+年代号"。这种编号方式上的固定化使得标准编号成为检索标准文献的途径之一。

5.3.2 标准文献分类

《中华人民共和国标准化法》规定我国根据标准的适应领域和有效范围，把标准分为四级，即国家标准、行业标准、地方标准和企业标准。

①国家标准的代号、编号。国家标准分为强制性标准和推荐性标准，《标准化法》规定："保障人体健康，人身、财产安全的标准和法律、行政法规规定强制执行的标准是强制性标准，其他标准是推荐性标准。"强制性国家标准的代号为GB，推荐性国家标准的代号为GB/T；国家标准化指导性技术文件的代号为GB/Z。

国家标准的编号由国家标准的代号、标准发布顺序号和标准发布代号组成，其中顺序号表示各类标准发布的先后次序，年代号为4位数字，表示标准发布或修改年代。

国家标准的编号的格式为：

GBXXX—XXX   GB/TXXX—XXX

除了GB、GB/T之外，尚有军用、卫生标准等给出了专门标准代号：

GB.n   国家内部标准
GB.j   国家工程建议标准

GB.w　　　　　　国家卫生标准
GJB　　　　　　国家军用标准
GSB　　　　　　国家实物标准

②行业标准的代号、编号。行业标准也分为强制性标准和推荐性标准。行业标准的编号由行业标准代号、标准发布顺序号和标准发布年代号组成，行业标准的代号由2位拼音字母组成，例如：

JY　　　　　　教育行业
CY　　　　　　新闻出版行业
WH　　　　　　文化行业
TY　　　　　　体育行业
HG　　　　　　化工行业

行业标准编号中组成为：

XX XXXX-XXXX　　XX/T xxxx-xxx

③企业标准代号以"Q"为分子，以企业名称代码为分母，例如：Q/JB1-79。

标准文献的分类主要采用《中国标准文献分类法》《国际标准分类法》（ICS）、《国际十进分类法》（UDC）等分类系统。国际标准化组织（ISO）发布的标准1994年以前使用《国际十进分类法》（UDC），1994年以后改用ICS分类。我国自1995年底发布的国家标准也将《国际十进分类法》（UDC）改用《国际标准分类法》（ICS）分类。

（1）《中国标准文献分类法》

中国标准文献的管理一般采用分类的方法，其分类依据为《中国标准文献分类法》，其类目的设置以专业划分为主，适当结合科学分类。序列采取从总到分，从一般到具体的逻辑系统。类目结构采用二级编制形式。一级主类的设置主要以专业划分为主，有24大类，分别是：A—综合；B—农业、林业；C—医药、卫生、劳动保护；D—矿业；E—石油；F—能源、核技术；G—化工；H—冶金；J—机械；K—电工；L—电子元器件与信息技术；M—通信、广播；N仪器、仪表；P—工程建设；Q—建材；R—公路、水路运输；S—铁路；T—车辆；U—船舶；V—航空、航天；W—纺织；X—食品；Y—轻工、文化与生活用品；Z—环境保护。每个一级主类有100个二级类目，用2位数字表示，分类详尽，检索方便。二级类目设置采取非严格等级制的列类方法。

使用《中国标准文献分类法》时要注意通用与专用标准的划分。所谓通用标准，是指两个以上专业共同使用的标准；而专用标准是指某一专业特殊用途的标准。在《中国标准文献分类法》中对这两类标准是采取通用标准相对集中、专用标准适当分散的原则处理的。例如：通用紧固件标准入J机械类，航空用特殊紧固件标准入V航空、航天类。但对各类有关基本建设、环境保护、金属与非金属材料等方面的标准文献采取相对集中列类的方法，如水利电力工程、原材料工业工程、机电制造业工程等入P工程建设类等。

《中国标准文献分类法》的类目在网上（网址：http：//www.zgbzw.com/bzzs/bzfl.htra）可以检索到。

（2）《国际标准分类法》

《国际标准分类法》（ICS：International Classification for Standards）是由信息系统

和服务委员会（INFC0）制定的，它主要用于建立国际标准、区域性标准、国家标准及其他标准文献的目录结构，并作为国际标准、区域性标准和国家标准的订购系统的基础，也可用作数据库和图书馆中标准及标准文献的分类。ICS的制定将促进信息和有关工具（如目录、选择清单、数据库等）的协调，以及国际标准、区域性标准、国家标准及其他标准文献的传播。

ICS是在1992年由INFCO通过、理事会批准的。ISO从1994年开始在其标准上采用ICS分类法。目前，ICS的最新版本为第四版。我国自1995年开始对ICS进行分析，将其与中国标准分类法进行了对照，于1996年出版了ICS的中文版，该版本是在ICS的结构下，根据我国国情适当补充而形成的。目前，与ICS第四版相对应的ICS中文版已出版，该中文版中仍增加了一些适合我国国情的条目。至今为止，我国在标准分类上仍采用ICS与中国标准分类法并行的办法，随着我国标准化工作与国际的接轨，ICS将最终取代中国标准分类法。

《国际标准分类法》由三级类构成。一级类包含标准化领域的40个大类，每一大类以二位数字表示，如01，03，07。二级类号由一级类号和被一个全隔开的三位数字组成。全部40个大类分为335个二级类，335个两级类中的124个被进一步分成三级类，三级类的类号由二级类的类号和被一个点隔开的两位数组成，如43.040.02（照明和信号设备）。

ICS一级类目表如表5.1所示。

表格5.1 ICS一级类目

01综合，术语，标准化，文献	27能源和传热工程	49航空与航天工程	77冶金
03社会学，服务，公司组织和管理，行政，运输	29电工技术	53材料储运设备	79木材技术
07数学，自然科学	31电子学	55货物的包装和分发	81玻璃和陶瓷工业
11医疗，卫生技术	33电信	59纺织和皮革技术	83皮革技术
13环境和保健，安全	35信息技术，办公设备	61服装行业	85造纸技术
17计量学和测量，物理现象	37成像技术	65农业	87涂料和颜料工业
19试验	39精密机械，珠宝	67食品技术	91建筑材料和建筑物
21机械系统和通用部件	43道路车辆工程	71化工技术	93民用工程
23流体系统和通用部件	45铁路工程	73采矿和矿产	95军事工程
25制造工程	47造船和船用设备	75石油及有关技术	97服务性工作，文娱，体育

5.3.3 中国标准文献检索

（1）我国标准概况

1978年5月，我国成立国家标准总局，1978年9月，参加国际标准化组织（ISO）。我国技术标准的级别分为国家标准、行业标准。国家标准是在全国范围内统一的技术要求，强制性国家标准是保障人体健康、人身、财产安全的标准和法律及行政法规规定强制执行的标准。国家标准的年限一般为5年，过了年限后，国家标准就要被修订或重新制定。中国标准有强制性标准和推荐性标准之分。保障人体健康、人身、财产安全的标准和法律、行政法规规定强制执行的标准是强制性标准，其他标准是推荐性标准。

此外，随着社会的发展，国家需要制定新的标准来满足人们生产、生活的需要。因此，标准是动态信息。标准代号采用两个大写的汉语拼音字母表示，国家标准代号为GB。行业标准是指没有国家标准而又需要在全国某个行业范围内统一的技术要求。

手工检索：标准文献手工检索工具是各收藏单位的纸质卡片或书本式检索工具。手工检索标准文献主要是利用标准目录。标准目录编排方式大致相同，主要有分类、主题和标准号（顺序号）两种途径。

检索我国各类标准的检索工具主要有：

《中华人民共和国国家标准目录及信息总汇》：由国家标准化管理委员会编辑，中国标准出版社按年度出版。《总汇》以目录的形式收录了截止到上一年度批准发布的全部国家标准信息，同时补充载入被代替、被废止的国家标准目录及国家标准修改、更正、勘误通知等相关信息。

·《中华人民共和国国家标准目录》：它由国家标准化司编辑，中国标准出版社出版，是查找国内标准的检索工具。

·《中国国家标准汇编》：由中国标准出版社出版，收录我国公开发行的全部现行国家标准全文，按国家标准号编排。《汇编》自1983年出版以来，已经出版了260多册，并从1994年开始出版国家标准汇编修订本。该汇编是查阅我国国家标准原文的重要工具。

·《中国标准化年鉴》：国家技术监督局编，中国标准出版社出版。从1985年每年出版一卷，中英两种文字对照编写。其主要内容是阐述前一年标准化工作的全面情况，包括标准化事业的发展情况、管理机构、法规建设以及科学研究工作的现状；一年内发布的新国家标准目录等。所附的国家标准目录分为两种：标准号顺序目录、分类目录。分类目录按《中国标准文献分类法》分类排列，在同一类中按标准顺序号排列。

网络数据库检索：利用计算机检索标准文献信息是利用计算机或计算机系统查找专业数据库和专业网站，标准文献数据库主要有：

万方数据检索系统：中国标准全文数据库，该数据库由中国科技信息研究所、万方数据集团公司开发，包括《中国国家标准库》《中国行业标准库》《中国建设标准库》《建材标准库》和《国际标准库》五个子数据库，标准门类也比较齐全。数据库检索首页如图5.21所示。

中国标准咨询网（http：//www.chinastandard.com，cn）：由北京中工技术开发公司、北京世纪超星电子有限公司和北京新标方圆在线软件技术有限公司等单位联合创建，提供技术监督法规信息，国内外标准信息产品质量抽检信息和质量认证信息等，网上数据信息日更新。其标准数据库包括ISO标准、IEC标准、ANSI标准、ASTM标准、ASME标准、SAE标准、UL标准、BS标准、DIN标准、JIS标准、AFN0R标准、GB标准、HB标准、DB标准、GBJ标准、IEEE标准，可进行简单检索和高级检索，它们的检索界面如图5.22和图5.23所示。

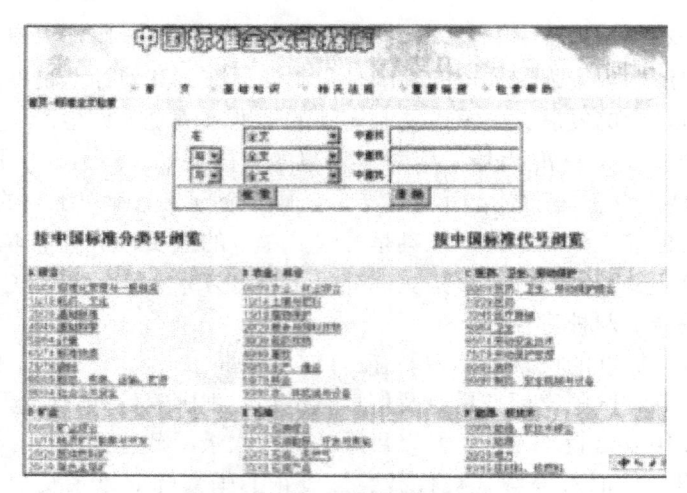

图5.21　万方数据检索系统

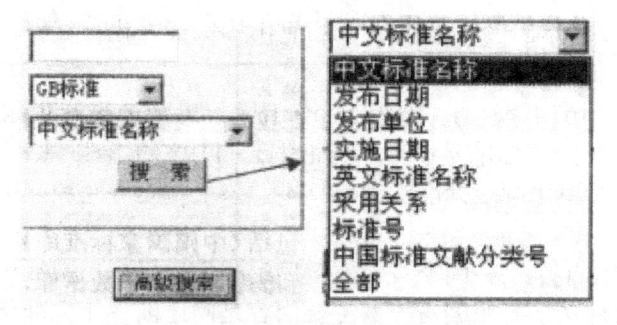

图5.22　中国标准咨询网检索界面

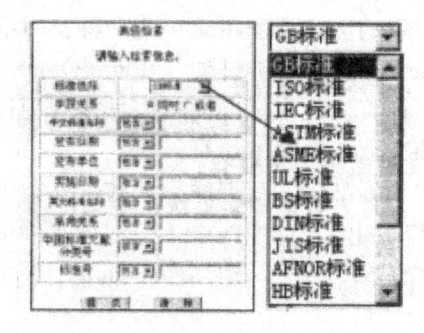

图5.23　中国标准咨询网标准分类

5.3.4　国外标准文献检索

国外标准文献检索：国际标准化组织和国际标准经济全球化的迅猛发展，使所有企业都无可选择地卷入了国际市场的竞争洪流之中。随着生产的发展和对外贸易的扩大，要求标准越来越具有广泛的统一性。向国际标准靠拢，采用国际标准已经是目前世界各国的发展趋势。国际标准是指由国际标准化组织（ISO）、国际电工委员会（IEC）和国际电信联盟（ITU）所制订的标准，以及ISO确认并公布的国际组织所制订的标准。

国际电工委员会（IEC）：成立于1906年，1947年曾合并于ISO，目前IEC与ISO相互独立工作,并列为两大国际性标准化组织,IEC专门负责研究和制订电工、电子技术方面的国际性标准,包括综合性基础标准、电工材料、电工设备、日用电器、仪器仪表及工业自动化标准、安全标准等。IEC设有19个技术委员会(TC)和27个分委员会(SC)。目前IEC的工作领域已由单纯研究电气设备、电机的名词术语和功率等问题扩展到电子、电力、微电子及其应用、通讯、视听、机器人、信息技术、新型医疗器械和核仪表等电工技术的各个方面,其标准已涉及了世界市场中约50%的产品。

国际电信联盟(ITU):是联合国的一个专门机构,也是联合国机构中历史最长的一个国际组织,其实质性工作由三大部门承担,分别是:电信标准化部门(ITU-TSS)、无线电通信部门(ITU-RS)和电信发展部门(ITU-TDS)。其中TSS由原来的国际电报电话咨询委员会(CCITT)和国际无线电咨询委员会(CCIR)的标准化工作部门合并而成,主要职责是完成ITU有关电信标准化的目标,促进全世界的电信标准化。

(2)手工检索

检索国外标准文献的检索工具主要有:

《ISO标准目录》(ISO Catalogue)年刊:每年2月,以英、法2种文字出版,报道ISO全部现行标准。

《国际标准草案目录》(ISO Draft International Standards),该目录主要用于检索标准草案。

IEC标准手工检索工具:

①《国家电工委员会出版物目录》(Catalogue of IEC Publications):该目录由IEC每年年初以英、法对照文本形成编辑出版。由两大部分组成:标准序号目录(Numerical List of IEC Publications)和主题索引(Subject Index)。另外,该目录正文之前有目录表,按TC顺序排列,TC号后列出标准名称和页码。利用主题索引可由主题词先查出IEC标准号,再利用IEC出版物序号表查出标准的名称和内容。其中英文对照本为《国际电工委员会标准目录》,由国家标准化管理委员会组织翻译、出版。

②《国际电工委员会年鉴》(UEC Yearbook):该年鉴按TC号大小顺序排列,著录项目有标准号与标准名称。

查找国外先进标准(主要指一些发达国家的标准,例如美国国家标准ANSI、英国标准BS、日本工业标准JIS等)可利用相应的标准目录,如ANSI Catalogue、BS Catalogue、《JIS标准总目录》和《JIS标准年鉴》等。

国际标准专业网站主要有:

ISO网站(http://www.iso.ch):该网站有ISO介绍、ISO各国成员、ISO技术工作标准和世界贸易、ISO分类等。

IEC网站(http://www.iec.ch):该网站提供一般信息、IEC成员、重要的IEC国际标准、文件、会议信息、技术委员会信息、IEC目录的检索订购和下载;常见问题与反馈等。

ANSI网站(http://www.ansi.org):提供美国国家标准系统新闻数据库查询和服务。

BSI网站(http://www.bsi.org.uk):其主页提供管理系统登记、产品试验和证明,英国标准在线,标准目录等。

ISO标准数据库检索概述:

ISO官方网站"ISO在线"于1995年开通,目前运行的是其第二版,设置了12个栏目,包括:ISO简介、ISO的成员、ISO的技术工作、ISO的联系方式、标准和世界贸易、世界标准服务网络、ISO标准目录、ISO 9000和ISO 14000、新闻与商务等。

"ISO标准目录"栏目包含有ISO国际标准数据库,该库收录了有关基础科学、社会科学、自然科学、农业、医学、土木工程、环境工程等方面的国际标准的题录,包括已发布的ISO标准信息、ISO作废标准和其他ISO出版物以及订购信息;"ISO9000和ISO14000"栏目专门介绍基于ISO9000系列标准的质量管理和质量认证的详细出版信息,以及基于ISO14000系列标准的环境管理方面信息。

5.4 学位论文及其检索

（1）学位论文的定义

学位论文主要指硕士、博士研究生为获得学位,在导师指导下独立完成并获论文答辩通过的学术研究论文。学位论文在英国称Thesis,美国则称之为Dissertation。学位论文必须要有新的见解,因此其中不乏有较高学术价值的信息。

（2）学位论文的类型

从内容来看,学位论文可分为两种类型:一种是作者参考了大量资料,进行了系统的分析、综合,依据充实的数据资料,提出本人的独特见解,称为综论;另一种是作者根据前人的论点或结论,经过实验和研究,提出进一步的新论点。

从学位名称角度划分,学位论文有博士论文、硕士论文和学士论文。由于博士学位是对大学或研究单位有独创性研究和贡献的博士生授予的,且研究课题是在有该课题专长的导师指导下进行,其论文需经该领域里著名学者审查通过,故博士论文大多质量较高,有新的信息,是一种很有参考价值的文献。

学位论文可从学位、学位论文名称、颁发学位的单位及其地址、授予学位的时间等方面识别。

（3）学位论文的特点

学位论文学术性强,内容比较专一,引用材料比较广泛,阐述较为系统,论证较为详细,一般不公开出版,获取比较困难。

（4）学位论文的组成

学位论文一般由论文、附录和综述三部分组成。

论文部分包括:

①封面:统一印制。

②题名页。

③目次摘要:包括简短摘要(同学术论文)和详细摘要(供论文答辩委员会审阅)。

④关键词。

⑤前言:篇幅比学术论文的前言长。

⑥材料、方法、结果、讨论。

⑦致谢。

⑧参考文献。

附录部分包括:论文中未放入的数据、图表、照片、术语说明。

（5）学位论文的收藏

世界上,学位的授予是从中世纪开始的。在学位论文的处理上,各个国家的学校或研究单位不尽相同。由于学位论文不公开出版,所以全文的获取比较困难。只有少数国家将学位论文集中保存,统一报道与提供。

美国学位论文由美国大学缩微品国际出版公司(UMI:University Microfilms International)收集,该公司还收集、报道、提供其他国家的学位论文。其出版的学位论文有印刷型、缩微胶卷、光盘和网络数据库。

英国的学位论文统一收藏于英国图书馆的国家外借图书馆(NLL)内,对读者不借论文原件,但提供复印服务。

日本规定国立大学的学位论文统一储存于日本国家图书馆内。

在中国,收藏学位论文的主要机构有:国家图书馆、大学图书馆和科研机构图书馆;中国科学技术信息研究所(主要收藏自然科学学位论文,同时也收藏部分国外学位论文);北京文献服务处。

尽管大多数图书馆不予系统收藏学位论文,但随着网络的发展,学位论文的检索比以往已变得容易,但目前收费的数据库仍然居多。

5.5 专利文献及其利用

5.5.1 专利文献概述

专利是国家专利主管机关授予申请人在一定时间内享有的不准他人任意制造、使用或销售其专利产品或者使用其专利方法的权利。作为获得这种权利的前提,权利申请人必须要以专利(申请)说明书的形式公开自己所申请专利的技术内容及细节。专利具有创造性、新颖性、实用性等基本特点。

专利权的保护期限各国专利法都有规定。大多数国家在15~20年间,日本15年,美国17年,英国、德国、法国、中国等20年。过了这期限,这项发明就成为社会的公共财产,谁都可以无偿使用。

何种发明创造能够获得专利法保护,各国专利法的规定不尽相同。绝大多数国家的专利法只保护发明和外观设计,少数国家的专利法还保护实用新型。其中发明专利是专利法保护的主要对象。

①发明专利:指前所未有的新设计、新技术和新产品,包括产品发明和方法发明两种。一般保护期为20年。

②实用新型专利:又称"小发明"、"小专利",是对产品形状、构造及其结合上提出的新的、实用的技术方案。我国对此种专利一般保护期为10年。

③外观设计专利:指对产品的外形、图案、色彩或其结合上提出的新颖的设计方案。我国对此种专利一般保护期为10年。

不是所有的发明都可以取得专利权,各国对授予专利权的领域都有限制。我国专利法第五条规定:对违反国家法律、社会公德或者妨碍公共利益的发明创造,不授予专利权;我国专利法第二十五条不授予专利权的发明包括:科学发现,智力活动的规则与方法,某些物质发明,动、植物新品种,疾病的诊断和治疗方法等。

(1)专利文献的概念

专利具有三层含义:一指专利法保护的发明;二指专利权;三指专利说明书等专利

文献。其核心是受专利法保护的发明,而专利权和专利文献是专利的具体体现。从广义上解释,专利文献包括:专利说明书、专利公报、专利检索工具、专利分类表、与专利有关的法律文件及诉讼资料等。从狭义上解释,专利文献就是专利说明书。它是专利申请人向专利局递交的说明发明创造内容及指明专利权利要求的书面文件,既是技术性文献,又是法律性文件。

世界知识产权组织1988年编写的《知识产权教程》阐述了现代专利文献的概念:"专利文献是包含已经申请或被确认为发现、发明、实用新型和工业品外观设计的研究、设计、开发和试验成果的有关资料,以及保护发明人、专利所有人及工业品外观设计和实用新型注册证书持有人权利的有关资料的已出版或未出版的文件(或其摘要)的总称。"该教程还进一步指出:"专利文献按一般的理解主要是指各国专利局的正式出版物。"

（2）专利文献的特点

与其他文献相比,专利文献具有以下特点:

①内容新颖,报道迅速

由于专利制度中特有的优先权原则,发明人往往会在发明完成的第一时间里提出专利申请。因此90%~95%的发明创造会很快地首先出现在专利文献中,所以专利文献是跟踪技术创新领域最新进展的一个重要媒介,根据多个专利权威机构的调查表明,一般80%以上的专利不会再以其他形式（论文、会议等）发表。例如,异氰酸酯和聚胺酯从发表专利（第二次世界大战后）到期刊文献（20世纪60年代）报道相距15年;电视机的专利文献发表于1929年,但到1948年才在期刊中有所反映,其间相隔了近20年。

②内容广泛,连续系统

专利制度在许多国家由来已久,因此许多国家都保存了大量广泛而系统的专利技术文献。从尖端的纳米技术到日常的生活用品,可以说无所不包;由于专利文献保存的系统性,可以反映出技术从无到有、从低级到高级的完整技术进化史。

发明于20世纪初的浮法玻璃制造技术,发展到今天,仅外围专利就有100件之多,不仅反映了这一技术的进化过程,也反映了有关这一核心技术的各个侧面的技术细节。

同时技术本身的发展也具有继承性、系统性。据统计70%的公司,是在现有专利技术中发展新技术的。系统地了解这些已有的技术文献是推动技术创新的基础。

③具有竞争性情报价值

利用专利文献可及时了解最新技术研究进展,启发思路,提高科研起点,获得科研支持资金。根据欧洲专利局的统计,欧洲每年大约要浪费200亿美元用于重复项目的开发投资。若能充分利用专利文献,则能节约出40%的研发经费用于高水平的研究工作,同时为科研人员节约时间,少走弯路。

利用专利文献可洞察技术发展趋势,预测技术发展动向,洞悉竞争对手、同行的研究进展;也可连续跟踪一项技术的自然演变。

专利文献能反映一个机构、国家的核心技术竞争力。

④对发明创造的揭示完整而详尽

各国专利法规定,专利说明书内容必须完整、清楚。因此,专利文献对发明内容的叙述是详尽而具体的,并有附图加以说明。各国专利法还明确规定,申请专利的发明创造必须具备工业实用性。因此,专利文献比一般的科技文献更具有实用性。

⑤叙述准确质量可靠

专利说明书往往是聘请受过专门训练的专利代理人同发明人一起撰写,加上严格的专利审查制度,使专利说明书质量可靠,符合新颖性、创造性、实用性的要求。

⑥格式统一规范,高度标准化

为了便于国际交流,各国专利说明书都采用国际统一的格式出版,著录项目都标以统一的识别代码,并且具有统一的分类体系,便于检索、阅读和实现信息化。对于具有一定专利文献知识的人来说,即使文字不通,通过代码或格式也可以识别各部分的内容。

(3)专利文献的类型

1)一次专利文献

一次专利文献泛指各种类型的专利说明书,包括授予发明专利、发明人证书、医药专利、植物专利、工业品外观设计专利、实用证书、实用新型专利、补充专利或补充发明人证书、补充保护证书、补充实用证书的授权说明书及其相应的申请说明书。

②二次专利文献

二次专利文献一般是指各工业产权局出版的专利公报、专利文摘出版物和专利索引。

③专利分类资料

专利分类资料是按发明技术主题分类、用于检索专利文献的工具,即专利分类表及分类表索引等。

5.5.2 专利文献的编排结构

广义上的专利文献包括专利申请文件、专利证书、专利公报、专利题录、专利文摘、专利分类表及专利说明书等;狭义上的专利文献指专利说明书,包括权利要求书、附图、摘要。

专利说明书是专利申请人向各国专利局提交的书面文件。它不仅是记述一项申请的发明创造详细内容的技术文件,同时也是体现申请案的专利权种类及法律状况的法律文件。专利说明书是专利文献的主题,是专利检索的主要对象,出版量大。

专利说明书是具有法律性的技术文件,与一般科技论文、研究报告的行文结构和风格明显不同。由于各国专利说明书大都请专利代理人撰写,所以各国专利说明书的结构和风格都大体相同,其结构通常由以下三部分组成:标识部分(扉页部分)、正文部分、权项。

(1)标识部分

标识部分位于说明书首页,著录本专利的申请、分类、摘要等法律、技术特征。一般均著录有8大项:专利说明书名称、本发明的专利号、国别标志、申请日期、申请号、国际专利分类号、专利题目、申请者。如为相同专利,则要著录优先项:优先申请日期、优先申请国别、优先申请号。说明书的名称各国称呼不一。

为便于机械检索,各著录事项前还标有INID国际通用数字代码,即"巴黎联盟专利局兼情报检索国际合作委员会数据识别代码"(ICIREPAT Number for the Identication of Date,简称INID)。如果熟悉INID代码,可以直接判明著录事项。主要项目代码见表5.2。

表格5.2 项目代码

[10]文件证号	[51]国际专利分类号
[11]专利号（文献号）	[52]本国分类号
[12]文献种类的简述	[53]国际十进位分类号
[19]专利国别	[54]发明名称
[20]国内登记项	[55]主题词
[21]申请号	[71]申请人
[22]专利申请日期	[72]发明人
[32]优先权申请日期	[73]受权人（专利所有者）
[45]获专利权说明书的出版日期	[74]律师或代理人

（2）正文部分

正文部分内容一般可划分为五个方面：
①前言（发明背景介绍或专利权人介绍）；
②同类专利存在的问题；
③本专利要解决的问题及其优点；
④专利内容（原料、制造条件等）的解释；
⑤实例（包括使用设备、原料制备、配方、生产条件、结果等）。

（3）专利权限部分

专利权限（claims）部分一般是将发明的内容概括成若干条，第一条是总的介绍专利的主要内容，后几条是具体的内容。

此外，有的专利说明书还附有必要的简图和检索报告（即相关文献目录）。

如果我们熟悉专利说明书的这种行文结构，在使用专利说明书时，就没有必要对说明书的全文逐字逐句加以阅读。因为专利说明书中，上述几个方面的内容重复部分很多。

5.5.3 国际专利分类法

（1）概况

专利分类法是从主题出发来检索专利文献的重要途径。国际专利分类法（International Classification of Patent for Invention，简称Int.Cl或IPC）有英法两种文字版本，每5年修订一次。各国专利说明书上采用Int.Cl国际专利分类法，并在其右上角用数字表示版别。2006年1月1日开始生效的IPC第8版（写成Int.Cl8），英、法文版全文可在因特网上查阅，网址为www.wipo.int/classifications/ipc。IPC第8版包括基于IPC第7版的一些修订，总计增加1400多个新条（包括中国传统药物分类），并分为基本版和高级版，我国采用高级版。

检索不同时间的专利文献，应使用相应版次的IPC，否则就可能查不出所需的分类号。目前世界上已有70多个国家及4个国际组织采用IPC对专利文献进行分类。美国和英国仍沿用本国的专利分类法，但由于他们也参加了国际专利法联盟，所以在专利文献上除了本国专利分类号外,还附注有国际专利分类号。我国从1985年4月1日实行专利法开始就采用了IPC,知识产权出版社(原专利文献出版社)对第1~7版的IPC均出版了中译本。

(2)国际专利分类(IPC)的体系结构

IPC所采用的分类原则可归纳为两条:功能分类和应用分类。它由9个分册构成,前8个分册分别对应8个部类,第9分册是《使用指南》。IPC的等级展开依次为:部(Section)、分部(不编类号,属于非实质性类目)、类(Class)、小类(Subclass)、主组(MainGroup)分组(Subgroup),技术内容逐级分类组成一个完整的分类体系。

部是IPC的第一个分类等级。在IPC中,首先将与发明专利有关的全部技术领域划分为8个部,并分别用A~H中的一个大写字母进行标记。另外,在每个部内还有由情报性标题构成的分部。分部只起到将某一大部的内容再进一步细分,以方便用户检索的作用,而不作为分类中的一个等级,也没有任何分类标记。第8版IPC的8个部如下。

A部:人类生活需要(Human Necessities)
B部:作业、运输(Performing Operations; Transport-ing)
C部:化学、冶金(Chemistry; Metallurgy)
D部:纺织、造纸(Textiles; Paper)
E部:固定建筑物(Fixed Constructions)
F部:机械工程、照明、加热、武器、爆破(Mechanical Engineering; Lighting; Heating; Weapons; Blasting)
G部:物理(Physics)
H部:电学(Electricity)

在IPC的8个部中,除H部电学之下未设分部外,其他部下均设有不同的分部。

大类是IPC的第二级类目,是对部的进一步细分。大类类号用一个二位数进行标记,其完整的表示形式为:部号+类号。例如:

部	B	作业、运输
大类	B64	飞行器、航空、宇宙飞船

小类是IPC的第三级类目,是对大类的进一步细分。小类类号用一个大写字母进行标记,其完整的表示形式为:部号+大类号+小类号。例如:B64C 飞行。

主组或大组是IPC的第四级类目,是对小类的进一步细分。类号用1~3位数加/00表示,其完整的表示形式为:部号+大类号+小类号+主组类号。例如:B64C25/00。

起落装置分组或小组是IPC的第五级类目,是在小组的基础上进一步细分出来的类目。其类号标记是将主组类号中"/"后的00改为其他数字。小组之内还可继续划分出更低的等级,并在小组文字标题前加注"·"的方法来标示小组之内的等级划分,标题前的"·"数目越多其类目等级越低。这种小组内的等级划分在分类号中是表现不出来的。例如:

B作业、运输 B64飞行器、航空、宇宙飞船 B64C飞行、直升飞机

B64C25/00	起落装置
B64C25/02	·起落架
B64C25/08	··非固定的,如:可抛弃的
B64C25/10	···可快放的,可折叠的或其他的
B64C25/18	····操作机构
B64C25/26	·····操纵或锁定系统
B64C25/30	······应急动作的

其中，从B64C25/02到B64C/30，其在小组内的等级是依次降低的，但从分类号上是看不出来的，只能根据分类表中小类文字标题前的圆点数目加以判别。IPC类号的完整书写形式为：Int.Ce8B64C25/08。其中，Int.Ce8表示国际专利分类第8版。

以下是IPC中的一个样例：

E	固定建筑物	[部]
E04	建筑物	[大类]
E04H	专门用途的建筑物或类似的建筑物	[小类]
E04H03/00	公共的或类似用途的建筑物群	[大组]
E04H03/10	·供集会、娱乐或体育用的	[一级小组]
E04H03/14	··体育馆；其他体育建筑物	[二级小组]
E04H03/16	···游泳用的	[三级小组]

（3）《IPC使用指南》

《IPC使用指南》（Guide to the IPC）是世界产权组织为配合IPC使用而出版的IPC的指导性刊物，以第9分册形式出版。它对IPC的编排、分类原则、方法、规则等做了解释和说明，集中了A—H 8个分册，6000多个大组的类目，即用户可通过它查到专利的部和大组类目（如A61B17/00），再利用相应类目对应的A~H分册找到合适的分组号。

（4）IPC分类表索引

IPC分类表索引（Official Catchword Index）是为了帮助用户从主题词入手，确定发明的IPC类号而设置的辅助性检索工具。该索引以关键词做标目，其后给出该关键词所属技术领域的IPC类号。该索引共收入6000多个关键词，全部关键词用大写体印刷，按顺序进行排列。有些关键词下又进一步划分出下属关键词，下属关键词用小写体表示，用来限定说明际目的含义。用该索引确定某项技术的分类号时，应注意表中给出的是比较粗的初步分类号，若要找到确切的分类号，还需根据分类表索引给出的初级分类号到IPC分类表中进一步进行查找。其著录格式如下：

```
    CATALYSIS              B01J21/00
    Polymerisation         C08F4/00
    LASEKS                 H01S
```

下面举例说明该索引的使用方法及步骤。检索课题：皱纹纸的加工。

①根据课题确定关键词：纸（paper）；

②按字顺到分类表索引中查paper一词的一级标题：paper，在此一级标目下，又找到下属关键词：加工（working）

```
    paper
      ·
      ·
      ·
        working ........ B31
```

③根据分类表索引提供的初步分类号B31类目查到：
B31F纸或纸板的机械加工或变形B31F1/12皱纹纸
在B31F1/12之下，又有三个下一级分组：

1/14，1/16，1/18。

故该课题完整的IPC类号应为：B31F1/12，B31F1/14，B31F1/16，B31F1/18。

5.5.4 英国德温特分类系统

（1）德温特简介

德温特（Derwent）是全球最权威的专利情报和科技情报机构之一，1948年由化学家Monty Hyams在英国创建，主要出版物有各种专利目录、文摘、累积索引等专利检索工具，并提供各种文摘卡片、计算机检索磁带、缩微平片、胶片，以及联机信息产品和WEB产品。现在Derwen隶属于全球最大的专业信息集团Thomson集团，并与姐妹公司ISI、Delphion、Techstreet、CurrentDrugs、Wila等著名情报机构共同组成Thomson科技信息集团（Thomson Scientific）。目前全球的科研人员、全球500强企业的研发人员、世界各国几乎所有主要的专利机构（知识产权局）、情报专家、业务发展人员都在使用Derwent所提供的情报资源。

（2）Derwent分类表的体系结构

德温特检索系统收录全面、报道广泛、体系完整，已为各国普遍采用，成为系统查找世界各国专利文献的最重要的检索工具。德温特公司出版报道的专利文献除利用IPC分类外，还使用德温特自编分类系统对其进行分类。德温特分类系统属于应用性分类系统，非常适合大众查找专利的需求。

德温特分类表首先将所有的技术领域划分为三部分：即化学（Chemical）、一般与机械（GeneralandMechnical）、电气（Electrical）。每部分技术内容按等级划分，共分三级。第一级类目用一个大写字母表示，如：P表示"人类生活必需品"；第二级类目用一位数字表示，如：P1-农、轻、医，P2-生活日用品；第三级类目亦用一位数字表示，如：P26-沙发、床、椅。Derwent分类表著录格式为：

一级P：HUMNNECESSITIES：PERFORMINGOPERATIONS

二级P1：AGRICULTURE；FOOD TOBACCO

三级P11：SOILWORKONG：PLANTING

　　　P12：HARVESTING：PLANTING

　　　P13：PLANT CULTURE：DAIRY PRODUCTS

　　　P14：ANIMAL CARE

　　　P15：TOBACCO

在检索时，首先根据技术主题查找其所属的一级类目，然后再在其下查找二级和三级类目。例如查找有关沙发、床、椅方面的课题，首先利用Derwent分类表确定其所属的一级类目为P人类生活必需品；在P大类下继续查，找到P2生活日用品；在P2下即可查到P26为"沙发、床、椅"，其最后分类号即为P26。根据类号P26就可到Derwent检索工具相应的类目去查有关的专利文献了。

在Derwent公司出版的每一期《WPI题录周报》（WPIG：World Patent Index Gazzete）的封二、封三上，都刊有Derwent分类表，并附有对应的IPC类号，查找起来非常方便。

5.5.5 专利文献检索与利用面临的问题

专利是科学发现的重要组成部分，无论从事技术发明，还是致力于科学研究，专利文献都是学术文献不可或缺的组成部分。但是长久以来，由于种种原因，专利文献的检索与利用面临种种问题：

专利文献的查找比较困难，人们对专利文献的利用并不能令人满意。据欧洲专利局的统计指出：欧洲每年大约浪费200亿美元的投资；若能应用好专利文献，能节约40%的科研开发经费，少花60%的研究开发时间。中国科技部已经把"专利战略"列为中国发展的三大战略之一，专利情报的利用必将日益重要。

专利申请人为了有效地保护其发明创造，在专利文献中往往会用一些繁复晦涩、意义含混的专用术语（或法律术语），与一般科技论文中的通用技术用词不同。

由于专利审查制度程序的规定，以及专利的保护具有国家性，常常造成相同技术文献多次重复出版。

一般由专利审核机构所提供的免费的专利检索系统基本只提供了简单的检索途径，由于专利文献的特殊性，基本上检索是挂一漏万；一般只提供本机构或少数几个机构所审核的专利信息，而且专利全文也多以单页显示的图形文件（IMAGE）方式提供。

5.6 中国专利文献检索

5.6.1 中国专利概况

1980年中国专利局成立，1984年4月1日实施中国专利法，1985年9月开始出版中文专利文献刊物。1994年1月中国成为"专利合作条约"（Patent Corporation Treaty, PCT）成员国，国家知识产权局（专利局）即成为国际专利的受理局、国际检索单位和国际初步审查单位，中文亦成为PCT的工作语言。现在中国已成为专利申请最多的国家之一。

中国专利法对专利实行"早期公开、延迟审查制"，其保护的对象是发明专利、实用新型专利、外观设计专利。

5.6.2 中国专利文献的编排结构

自1992年中国专利法修订版通过后，我国专利检索工具体系已基本定型。我国目前出版的专利文献主要有：

①中国专利公报：包括《发明专利公报》《实用新型专利公报》《外观设计专利公报》3种；

②专利说明书：包括《发明专利申请公开说明书》《发明专利说明书》《实用新型专利说明书》《工业品外观设计说明书》；

③专利年度索引：包括《分类年度索引》和《申请人、专利权人年度索引》；

④专利年度分类文摘：只包括《中国发明专利分类文摘》和《中国实用新型专利分类文摘》。

中国专利文献的出版形式包括纸质、缩微胶卷和光盘（CD-ROM）三种形式。

（1）专利公报及专利索引

《中国专利公报》是国家知识产权局每周定期公开受理、审查和授权公告的惟一法定刊物，由国家知识产权局知识产权出版社出版，分为《发明专利公报》《实用新型专利公报》和《外观设计专利公报》三种。它们的编排结构基本一致。每种公报均为每年出一卷，每周星期三出一期，某周内容多时则分上下或上中下出版。1993年后为适应专利法修订本的需要，调整部分公报的结构，因实用新型和外观设计两种专利没有了"申请公开（告）"的问题，公告时即已批准，把原来的"申请公告"和"专利权授予"合并为"授权公告"报道。三种公报的编排结构见表5.3。

表格5.3 三种公报编排结构

编排项目 公报名称	目录	文摘		题录	索引				
		申请公开（告）	审定、授予		专利事务(生效、驳回等)	申请公开（告）	审定、授予	授予公告*	号码对照表
发明专利	√	√	√	√	√	√	√	√	√
实用新型专利	√	√**		√	√	√**		√	√
外观设计专利	√	√**		√	√	√**		√	

备注：
* 均有IPC、申请号（专利号）、申请人/专利权人索引；授予公告中1993年起有授权公告索引。
**1993年开始撤消，并入审定授予公告栏。
号码对照表为申请号/公开（告）号对照表1989年始；发明专利还有审定号/申请号对照表。此外，1993年后还有授权公告号/专利号对照表。

在上述编排结构中，发明和实用新型专利按《国际专利分类表》（IPC）分类，而外观设计专利则采用《国际外观设计分类表》分类及排序，为表示上的方便，上述均称"IPC索引"而没分述。外观分类表的大类表刊登在《外观设计专利公报》第一卷第二期上，可作参考。

此外，在发明专利公报上还有"发明保密专利"项，报道保密专利的授权和解密等事项。"专利事务"项，是关于专利的实质审查请求生效、实质审查、驳回、撤回、放弃、权利无效宣告和终止，以及专利权的强制许可等的项目公报，共有10多项内容。

专利公报的著录项采用国际标准代码，用数字表示放在[]内，即INID代码。著录格式如下：

[51] Int.CL6A61k35/78

[21]　　申请号95107235.8

[11]　　公开号CN1140066A

[22]　　申请日95.7.7

[71]　　申请人　广州白云山制药总厂
　　　　地址　510515广东省广州市白云区同和镇

[72]　　发明人　章若愚陈俊仁

[74]　　专利代理机构　广州市专利事务所代理人工科何麟毓

[54]　　发明名称　脉通灵口服制剂的配方及生产方法

[57]　　摘要　本发明是一种治疗脱疽症的中药制剂，……

（2）专利年度索引

专利年度索引主要有《分类年度索引》和《申请人、专利权人年度索引》。1997年，《分类年度索引》更名为《分类号索引》，按IPC和国际外观设计分类进行编排；《申请人、专利权人年度索引》按申请人或专利人姓名或译名的汉语拼音字母顺序进行编排。两种索引将发明专利、实用新型专利和外观设计专利分编成3部分，每部分由2~3

个子索引组成。1999年起，专利年度索引改以光盘形式出版。

①《分类年度索引》

《分类年度索引》指的就是按IPC分类和排序的索引，或简称"IPC索引"。该索引实际是三种专利全年各期"IPC索引"的累积本。索引按发明、实用新型、外观设计三种专利的申请公开（告）、审定公告、授予公告分列。其编排结构见表5.4。

表格5.4　分类年度索引编排结构

编排项目 专利名称	申请公开（告）索引			审定公告索引			授予公告索引		
	IPC索引	申请号索引	申请人索引	IPC索引	申请号索引	申请人索引	IPC索引	申请号专利号索引	专利权人索引
发明专利	√	√	√	发明专利	√	√	√	发明专利	√
实用新型专利*	√	√	√	实用新型专利*				实用新型专利*	√
外观设计专利	√	√	√	外观设计专利				外观设计专利*	√
备注	* 1993年后二种专利的申请公告和授予公告合并报导，其索引项亦随之变化。								

②《申请人、专利权人年度索引》

该索引是发明、实用新型、外观设计三种专利申请人、专利权人索引的年度累积本，按三种专利依次分列，并以申请人或专利权人字顺排列。编排结构见表5.5。

表格5.5　申请人、专利权人年度索引编排结构

编排项目 专利名称	专利申请公开	专利申请公告	专利申请审定	专利权授予
	申请人索引	申请人索引	申请人索引	专利权人索引
发明专利	√		√	√
实用新型专利		√		√
外观设计专利		√		√

在《分类年度索引》中著录条目按IPC号顺序编排。如分类号相同，则按申请号递增顺序排列。例：

IPC号	公开号	申请号	申请人	发明名称	卷期号
B29C33/04	87100208.6	87100208.6	上海大中华橡胶厂	制造B型胶囊的装置	7-35
A23k1/00	CN1052996A	9010960.1	莫以贤	禽营养胶及其生产方法	7-29

（3）专利分类文摘

专利分类文摘只有《中国发明专利分类文摘》和《中国实用新型专利分类文摘》两种。文摘按IPC号的顺序排列，即先按IPC表的"部"分类成册，各册再按IPC的五级分类类号大小次序排列。文摘前附有IPC三级类号简表，其后附有索引。编排结构见表5.6。

表格5.6　专利分类文摘编排结构

编排项目 文摘类型	IPC简表	文摘	公开（告）号索引	申请号索引	申请人索引	审定公告索引	授权公告索引
发明专利文摘	√	√	√	√	√	√	√
实用新型专利文摘	√	√		√	√		√

应当指出，文摘后所附的审定和授权公告索引是当年公报两种索引的累积，作为当年审定授权的专利，其文摘并不收录在当年的分类文摘本内或当年两种专利公报上，需通过申请号才能转查。

（4）光盘专利文献

1992年开始，中国专利文献开始出版发行光盘（CD-ROM），主要产品有：

CNPAT系列光盘：CNPAT/ABSDAT和CNPAT/ACCESS；

CPAS系列光盘：Chinese Patent Administrator System,即中国专利管理系统，包括CPAS/中国专利数据库、CPAS/中国专利说明书、CPAS/中国专利公报和CPAS/外观设计。

5.6.3　中国专利文献的编号体系

熟悉专利知识的人们都知道专利文献的重要性，因此，了解中国专利文献号的编号体系，对识别中国专利文献和查阅中国专利文献将会起到非常积极的作用。

此处所称的"专利文献号"是指国家知识产权局按照法定程序，在专利申请公布、专利申请审定公告（在1993年1月1日前）和专利授权公告时给予的文献标识号码。

中国专利文献编号体系包括6种专利文献号，即：

申请号——国家知识产权局受理一件专利申请时给予该专利申请的一个标识号码；

专利号——在授予专利权时给予该专利的一个标识号码；

公开号——在发明专利申请公开时给予出版的发明专利申请文献的一个标识号码；

审定——号在发明专利申请审定公告时给予公告的发明专利申请文献的一个标识号码；

公告号——在实用新型专利申请公告时给予出版的实用新型申请文献的一个标识号码；在外观设计专利申请公告时给予出版的外观设计申请文献的一个标识号码；

授权公告号——在发明专利授权时给予出版的发明专利文献的一个标识号码；在实用新型专利授权时给予出版的实用新型专利文献的一个标识号码；在外观设计专利授权时给予出版的外观设计专利文献的一个标识号码；

中国专利文献的编号体系经历了1989年、1993年和2003年的三次调整而分为四个阶段：1985~1988年为第一阶段；1989~1992年为第二阶段；1993~2004年6月30日为第三阶段；2004年7月1日以后为第四阶段。现说明如下。

（1）以"一号制"为特征的第一阶段（1985~1988年）

1985年4月1日，我国的第一部《中华人民共和国专利法》开始实施。1985年9月开始出版各类专利文献。1985—1988年的专利文献编号基本上采用的是"一号制"。即：各种标识号码均以申请号作为主体号码，然后，以文献种类标识代码标识各种文献标号。具体编号如表5.7所示。

表格5.7　第一阶段具体编号

专利申请类型	申请号	公开号	公告号	审定号	专利号
发明	88100001	CN88100001A		CN88100001B	ZL88100001
实用新型	88210369		CN88210369U		ZL88210369
外观设计	88300457		CN88300457S		ZL88300457

第一阶段编号体系的特点是一个专利申请在不同的时期（如：申请、公开、公告、授权等）共用一套号码，共用一套号码的编号方式的突出优点是方便查阅，易于检索。不足之处是：由于专利审查过程中的撤回、驳回、修改或补正，使申请文件不可能全部公开或按申请号的顺序依次公开，从而造成专利文献的缺号和跳号（号码不连贯）现象，给文献的收藏与管理带来诸多不便。因此，1989年中国专利文献编号体系做了调整。于是，自1989年起中国专利文献编号体系进入了下述的第二阶段。

（2）以"三号制"为特征的第二阶段（1989~1992年）

为了克服"一号制"的出版文献的缺号和跳号（号码不连贯）现象，便于专利文献的查找和专利文献的收藏和管理，从1989年起，采用"三号制"的编号体系。即：申请号、公开号（发明）、审定号（发明）、公告号（实用新型和外观设计）各用一套编码，专利号沿用申请号。异议程序以后的授权公告不再另行出版专利文献。具体编号如表5.8所示。

表格5.8　第二阶段具体编号

专利申请类型	申请号	公开号	公告号	审定号	专利号
发明	89100002.X	CN1044155A		CN1014821B	ZL89100002.X
实用新型	89200001.5		CN2043111U		ZL89200001.5
外观设计	89300001.9		CN3005104S		ZL89300001.9

字母串CN后面的第一位数字表示专利申请的种类：1—发明，2—实用新型，3—外观设计。第二位数字到第七位数字为流水号，逐年累计。

1993年1月1日起，实施第一次修改后的专利法，中国专利文献编号体系又有了新的变化，即自1993年1月1日起进入了第三阶段。

（3）以取消"审定公告"为特征的第三阶段（1993~2004年6月30日）

1992年9月4日，第七届全国人民代表大会常务委员会第二十七次会议通过了《关于修改<中华人民共和国专利法>的决定》。于是，从1993年1月1日起开始实施第一次修改的专利法。由于第一次修改的专利法取消了三种专利授权前的异议程序，因此，取消了发明专利申请的审定公告，取消了实用新型和外观设计申请的公告，并且，均用授权公告代替之。第三阶段的具体编号如表5.9所示。

表格5.9　第三阶段具体编号

专利申请类型	申请号	公开号	授权公告号	专利号
发明	93100001.7	CN1089067A	CN1033297C	ZL93100001.7
指定中国的发明专利的国际申请	98800001.6	CN1098901A	CN1088067C	ZL98800001.6

续表

专利申请类型	申请号	公开号	授权公告号	专利号
实用新型	93200001.0		CN2144896Y	ZL93200001.0
指定中国的实用新型专利的国际申请	98900001.X		CN2151896Y	ZL98900001.X
外观设计	93300001.4		CN3021827D	ZL93300001.4

（4）以专利文献号全面升位为特征的的第四阶段（2004年7月1日）

为了满足专利申请量的急剧增长的需要和适应专利申请号升位的变化，国家知识产权局将从2004年7月1日起启用新标准的专利文献号。第四阶段的具体编号如表5.10所示。

表格5.10　第四阶段具体编号

专利申请类型	申请号	公开号	授权公告号	专利号
发明	200310102344.5	CN100378905A	CN100378905B	2L200310102344.5
指定中国的发明专利的国际申请	200380100001.3	CN100378906A	CN100378906B	ZL200380100001.3
实用新型	200320100001.1		CN200364512U	ZL200320100001.1
指定中国的实用新型专利的国际申请	200390100001.9		CN200364513U	ZL200390100001.9
外观设计	200330100001.6		CN300123456S	ZL200330100001.6

由于中国专利申请量的急剧增长，原来申请号中的当年申请的顺序号部分只有5位数字：最多只能表示99999件专利申请，在申请量超过10万件时，就无法满足要求。于是，国家知识产权局不得不自2003年10月1日起，开始启用包括校验位在内的共有13位（其中的当与申请的顺序号部分有7位数字）的新的专利申请号及其专利号。事实上，2003年发明和实用新型的年申请量均超过了10万件大关。

为了满足专利申请量的急剧增长的需要和适应专利申请号升位的变化，国家知识产权局制定了新的专利文献号标准，并且，将从2004年7月1日起启用新标准的专利文献号。此阶段的编号说明如下：

①三种专利的申请号由12位数字和1个圆点以及1个校验位组成，按年编排，如200310102344.5。其前四位表示申请年代，第五位数字表示要求保护的专利申请类型：
1—发明，2—实用新型，3—外观设计，8—指定中国的发明专利的PCT国际申请，9-指定中国的实用新型专利的PCT国际申请，第6位至12位数字（共7位数字）表示当年申请的顺序号，然后用一个圆点分隔专利申请号和校验位，最后一位是校验位。

②自2004年7月1日开始出版的所有专利说明书文献号均由表示中国国别代码的字母串CN和9位数字以及1个字母或1个字母加1个数字组成。其中，字母串CN以后的第1位数字表示要求保护的专利申请类型：1—发明，2—实用新型，3—外观设计。在此应该指出的是"指定中国的发明专利的PCT国际申请"和"指定中国的实用新型专利的PCT国际申请"的文献号不再另行编排，而是分别归入发明或实用新型一起编排；第2位至第9位为流水号，三种专利按各自的流水号序列顺排，逐年累计；最后一个字母或1个字母加1个数字表示专利文献种类标识代码，三种专利的文献种类标识代码如下所示：

发明专利文献种类标识代码为：
A发明专利申请公布说明书
A8发明专利申请公布说明书（扉页再版）
A9发明专利申请公布说明书（全文再版）
B发明专利说明书
B8发明专利说明书（扉页再版）
B9发明专利说明书（全文再版）
C1-C7发明专利权部分无效宣告的公告
实用新型专利文献种类标识代码为：
U实用新型专利说明书
U8实用新型专利说明书（扉页再版）
U9实用新型专利说明书（全文再版）
Y1-Y7实用新型专利权部分无效宣告的公告
外观设计专利文献种类标识代码为：
S外观设计专利授权公告
S9外观设计专利授权公告（全部再版）
S1-S7外观设计专利权部分无效宣告的公告
S8预留给外观设计专利授权公告单行本的扉页再版

5.6.4 中国专利文献的计算机检索

因特网上有着丰富的专利信息资源，包括：许多国家的专利局介绍，专利法的研究、比较与讨论，许多国家的专利律师事务所的名称、地址，各种专利知识和专利信息检索知识的介绍，更有价值的是在因特网上存在着大量的专利数据库，而且大多数都是免费的，不仅可以查阅主要工业国家的最新专利公告，甚至可以下载整个专利文件，从而使科技人员从堆积如山的纸件检索中解放出来，提高他们从事专利文献检索的积极性，同时也为推广专利文献检索提供了一种简便易行的方法。

（1）中国国家知识产权局网站（http://www.sipo.gov.cn）
①概述
中国知识产权局网站中的中国专利数据库收录了1985年9月10日以来公布的全部中国专利信息，包括发明、实用新型和外观设计三种专利的著录项目及摘要，并可浏览到各种说明书全文及外观设计图形。该数据库面向公众提供免费专利检索服务，可以进行IPC分类导航检索及法律状态检索，但每天下载量不能超过300页。
②检索
该数据库提供包括申请（专利）号、名称、摘要、申请日、公开（告）日、公开（告）号、分类号、主分类号、申请（专利权）人、发明（设计）人、地址、国际公布、颁证日、专利代理机构、代理人、优先权共16个检索点。
③获取摘要及原文
检索框中输入检索词以后，可以得到图5.45所示专利题录页面。

图5.45　专利题录页面

点击某一专利名称后出现该专利的文摘（图5.46）。

在该页面的左侧有"说明书全文申请公开共页"，点击"共**页"链接后出文件下载窗口，选择"在文件的当前位置打开"可直接浏览专利说明书全文，选择"将该文件保存到磁盘"即为将该专利说明书下载至磁盘。专利说明书的全文格式为TIF格式，可以使用如下任何一种方式浏览或下载说明书：

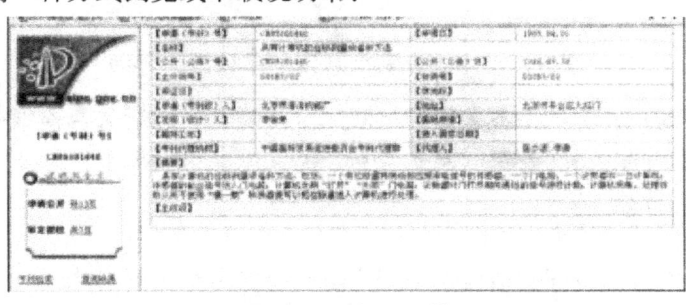

图5.46　专利文摘

a.使用本网站提供的专用浏览器；
b.在"附件"中安装"映象"；
c.使用其他可以浏览TIF格式文件的软件。

该数据库各检索点的详细检索方法可查看"使用说明"。例如："分类号"的检索说明如下：

专利申请案的分类号可由《国际专利分类表》查得，键入字符数不限（字母大小写通用）。分类号可实行模糊检索，模糊部分位于分类号起首或中间时应使用模糊字符"%"，位于分类号末尾时模糊字符可省略。

检索实例：

*已知分类号为G06F15/16,应键入"G06F15/16"。
*已知分类号起首部分为G06F,应键入"G06F"。
*已知分类号中包含15/16,应键入"%15/16"。
*已知分类号前三个字符和中间三个字符分别为G06和5/1,应键入"G06%5/1"。
*已知分类号中包含06和15,且06在15之前,应键入"%06%15"。

（2）中国专利信息网（http：//www.patent.com.cn）

①概述

收集了我国自1985年实施专利制度以来的全部发明专利和实用新型专利，记录内容包括专利的完整题录信息和文摘，能够检索自1985年4月1日中国专利法实施以来至今的专利的题录信息；免费用户可以自由浏览专利全文说明书的首页，正式和高级用户可以查看并打印、下载发明专利、实用新型专利说明书的全部内容。

系统提供三种检索方式：简单检索、逻辑组配检索和菜单检索。

②简单检索

简单检索的界面见图5.47。

图5.47　中国专利信息网简单检索的界面

在检索框内键入关键词，各关键词之间用空格隔开，然后选择检索框下方的选项，简单检索默认关键词之间的逻辑联系是"与"的关系，最后单击检索按钮，系统会在新打开的窗口中列出检索结果。

③逻辑组配检索界面见图5.48。

逻辑组配检索可以更准确地检索出用户所要求的专利，检索式1和检索式2是检索提问输入框，分别可以输入多个关键词并可以进行组配。

图5.48　逻辑组配检索界面

④菜单检索

该功能可提供多字段组配检索，各字段之间的逻辑组配关系为AND，点击字段名可查询各检索式的输入格式及要求。键入各项相应的内容，然后，点击"检索"按钮，即可得检索结果。

检索界面见图5.49。

（3）中国知识产权网上"专利信息检索系统"（http://www.cnipr.com）

可在线浏览、检索自1985年以来在中国公开的全部专利信息（包括全文说明书）。按法定公开日实现信息每周更新。也可查看外观设计专利，在网上完全再现了外观设计专利的彩色图、灰度图及线条图。

系统提供的检索方式包括：表格检索、逻辑检索、法律状态检索、IPC分类检索等。用户可以选择检索范围：发明专利、实用新型专利或外观专利。该系统的表格检索界面见图5.50。

图5.49　菜单检索界面　　　　图5.50　表格检索界面

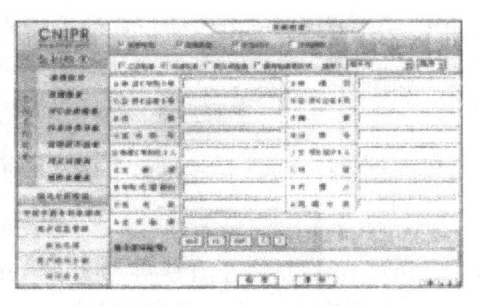

（4）中国专利信息中心"中国专利信息检索系统"（http://www_cnpat.com.cn/search.asp）

可在线进行我国专利信息的查询。检索系统共提供17个检索入口（分别以字母A~R表示），并允许各个检索条件之间进行复杂的逻辑运算。检索入口分别为申请号/专利号、申请日、公开/公告号、公开/公告日、IPC分类号、发明名称、文摘、权项、关键词、发明人、申请人、申请人地址、国省代码、优先权、代理机构、代理人、法律事项。用户还可在标记为S的输入行中选择专利类型以便在检索结果进行筛选。

检索屏主要由说明列、输入框和状态列等三部分组成（图5.51）。中间为检索条件输入框。输入框相应各行（分别以字母A~R表示）对应各检索入口，最底下一行为连接行，用户可在此行输入布尔运算式以便对各检索行的结果进行逻辑运算；最右侧为状态列，显示检索结果或错误信息；最左侧为说明列，包括检索式的标记和检索入口名称，点击检索入口名称可以获得联机帮助。

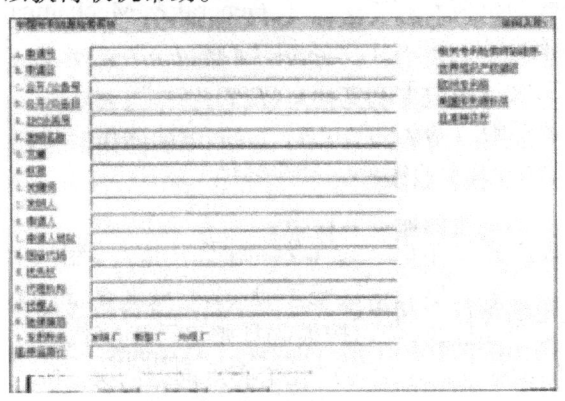

图5.51　中国专利信息检索系统

（5）《中国失效专利数据库》光盘（第四版）

国家知识产权局知识产权出版社出版发行，记载收录1985~2001年底所有的失效专利数据。其中包括在审批专利程序中，申请公布后，被驳回的或视为撤回的专利申请及主动撤回的专利申请；在授予专利权后，专利权被撤销、无效、终止的专利技术和专利有效期届满的专利技术35万余条，是迄今为止收录最全、最准确的失效专利数据光盘。

另外，上海市知识产权服务中心也出版"中国所有失效专利数据光盘"，数据包括著入项目、文摘和权力要求，按国际专利分类进行划分，并配有强大的检索、二次检索和输出等功能，系统操作简单易学、检索速度快。

5.7 外国专利文献检索

5.7.1 德温特印刷型专利检索工具简介

德温特最初出版的专利文献为《英国专利文摘》（British Patent Abstracts'），随后出版美、苏、法等12种分国专利文摘；1970年开始出版《中心专利索引》（Central Patent Index），即现在的《化工专利索引》（CPI，Chemical Patent Index），1974年创刊《世界专利索引》（WPI，World Pantent Index），并以"WPI索引周报"（WPIG，World Pantent Index Gazette）系列和"WPI文摘周报"（WPI Alerting Abstracts Bulletin）系列出版。"WPI索引周报"系列因以题录的形式报道，故也称为"WPI题录周报"。

目前，德温特出版公司的专利信息报道范围覆盖整个工业技术领域，其出版物除"WPI题录周报"系列和"WPI文摘周报"系列外，还有《优先权周报》（WPI Weekly Priority Concordance），《WPI累积索引》及按国别出版的《分国专利文摘》（PABO）等。英国德温特公司出版的专利索引体系具有报道国家广、专业面全、出版迅速、检索途径多、文种单一等优点，在世界上各种专利检索工具中占有重要的地位。

5.7.2 《世界专利索引》

《世界专利索引》（一）出版物系列有：

题录系列：《世界专利题录周报》（或称《WPI周报》）；

文摘系列：《一般与机械专利索引》（General & Mechanical Patents Index、简称G&MPI），《化工专利索引》和《电气专利文摘》；

索引系列：《优先权索引》（priority concordance）；

综合系列：《分国专利文摘》QPABO。

（1）《世界专利索引》中的常用概念及标记

①专利权人代码

德温特公司为所报道的每件专利申请者编制了四个字母组成的代码，代码编制方式有两种：一种是按德温特公司出版的代码手册（Derwent Company Code Manual）确定公司代码;公司代码手册未包含的公司按编码规则自己确定代码。代码确定原则一般是取其名称中具有实意的词的前四个字母或几个实意词的词头。如：

Abbott Machine Co——ABBM

Hewlett-Packard LTD——HEWP

Astra Pharm Prod Inc——ASTR

大公司：在公司代码手册中能查到的公司称为大公司，也称标准专利权人（Standard Patentee），公司代码后不加任何标记；

小公司：其他的公司称为小公司，或非标准专利权人（Non-Standard Patentee），公司代码后后加个人代码需自己编制，代码后加"/"表示。

②德温特分类号

德温特分类号也叫德温特分册分类号，仅适用于德温特专利信息出版物的分类法，主要指文摘本的分册分类号。如果分类号前注有"+"，表示该相同专利与基本专利相比新增的分类号。

③德温特登记号

德温特登记号又称德温特入藏号。德温特对每件基本专利给予一个入藏登记号，相同专利或同族专利使用与基本专利同一登记号。

1983年第27周之前，德温特登记号分两种形式：一是化工类，用5位数字后面加一个英文字母表示年份，如30124X（X表示1976年）；二是非化工类，用4位数字后面加一个英文字母表示年份，同时在4位数字的前面加一个英文字母，表示非化工类的编号，如E9806A。

登记号索引1969~1983年英文字母表示的年份如下：

R-1970　W-1975　C—1980　S-1971　X-1976　D-1981
T—1972　Y—1977　E/J—1982　U—1973　A-1978　K—1983　V—1974　B—1979

即，英文字母R表示1970年，依此类推，其中字母F、G、H、I、Z不用（J仅用于1982年第47~52周）。

从1983年第27周起将两类登记号的编制一律改为公历年号加上6位阿拉伯数字，如83—506688。登记号"—"前两位数表示公元年份的后两位数，其后的数字为顺序号，斜线后的数字为收录基本专利的题录周报当年期号<>如，92—072931/10，表示1992年第10期（周）的072931号专利。

④专利标记

"*"表示基本专利；"="表示相同专利；"#"表示非法定相同专利。

专利说明书的法律状态标记与各国的专利审批制度相关，一般来说：A表示申请公开说明书，B表示申请审定说明书，C表示已批准专利说明书；有时A后还有阿拉伯数字，表示第几次公开。

（2）《WPI题录周报》

《WPI题录周报》以题录形式快速报道德温特公司收录的全部专利信息，每周出版一次，但该刊自2000年起停止出版。

《WPI题录周报》按专业分为4个分册，它们分别是：

P分册：一般技术（Section P：General），包括农业、轻工、医药、一般加工工艺与设备、光学、摄影等；

Q分册：机械（Section Q：Mechanical），包括运输、建筑、机械工程、机械零件、动力机械、照明、加热等；

R（或S-X）分册：电气（Section R：Electrical），包括仪器仪表、计算机和自动控制、测试技术、电工和电子元器件、电力工程和通讯等；

CH（或A-M）分册：化学化工（Section CH：Chemical），包括一般化学、化工、聚合物、药品、农药、食品、化妆品、洗涤剂、纺织、造纸、印刷、涂层、石油、燃料、原子能、爆炸物、耐火材料、冶金等；

每个分册均有4种索引：专利权人索引（Patentee Index）、国际专利分类索引（IPO Index）、登记号索引（Accession Number Index）和专利号索引（Patent Number Index）。另外还单独出版《优先权索引》（NPI Number Index）。现分别介绍如下：

①专利权人索引

专利权人索引主要按专利权人代码排序，代码相同的按申请日期先后编排，日期相同的1992年18期前，按基本专利、相同专利、非法定专利顺序编排，1992年18期后，按专利号顺序排列。

该索引的主要用途是查找某一公司企业或个人在各国的专利申请情况。为了便于编制和查检，德温特把它报道的专利公司或个人一律用4个英文字母编成代码，出版《公司代码手册》，收录公司企业约15000个（不包括个人）。如果在《公司代码手册》中查不到其名称和代码的公司企业，或者专利权人是个人的，那么检索者可按德温特编制专利权人代码的规则，自行给其编代码，取其名称中具有实质意义的前4位字母作为该专利权人的代码。

《公司代码手册》又分两部分：第一部分是专利权人字序，第二部分是代码字序，其内容为专利权人代码与专利权人名称对照，按代码字顺排列。用于由代码查找专利权人的名称。

1992年18期前，专利权人索引的著录格式如下：
COSU.①
*Fibreopticpressuresensorformedicaluse-includeselastomermaterialwith
・・②
Variable tansimission function attend of optical fib re
COSURVEYOPTICS®27.07.90-BE-000752④92-080196⑤*W09202-796-A⑥
S02S05V07R15⑦（20.02.92）⑧GO11-09⑨（号码不全）？

注：①专利权人代码；②专利标题，"—"号前为专利的主标题，号后为专利的副标题，号表示本件专利在德温特本期周报中首次发表；③专利权人名称；④最早优先权项（申请日期、国家和申请号）；⑤德温特登记号；⑥专利号，表示基本专利；⑦德温特分册分类号；⑧专利说明书的公布日期；⑨国际专利分类号。

1992年18期后，专利权人索引的著录格式如下：
*BELL®BELLG®V05X14® *DE4202862-A1®
Cracking plastics scrap for rouse-using low temp., low pressure plasma®
93-250552/32®
（93.08.05）⑦92.02.01®92DE-4202862®C08J11/12,…，B29B17/00®（号码不全）？

注：①专利权人代码；②专利权人名称；③德温特分册分类号；④专利号（"*"表示基本专利）；⑤专利标题（"—"号前为专利的主标题，"—"号后为专利的副标题，号表示本件专利在德温特本期周报中首次发表）；⑥德温特登记号（1993年第

1期，编号为007509）;.⑦专利说明书的公布日期；⑧最早优先权项（该专利的申请日期）；⑨专利申请号；⑩国际专利分类号。

②国际专利分类索引

国际专利分类索引即IPCINDEX,是按国际上通用的专利分类法来查找专利文献的一种检索工具。其著录格式如下：

G04B37①

♦Mfg.Ornamentalpartshavinganantiqueappearance—byProvingirregulariesonmouldsurface,wet-platingresultingstainlesssteelmould,platingandfinishing②MS③

SEIKOEPSONC0RP④92-139007/17⑤*JP04083897-A⑥22⑦（号码不全）?

注：①IPC主组号；②专利标题（"一,"号前为主标题,后为副标题。号表示本专利为德温特首次发表）；③德温特分册分类号（表示在M分册和S分册中都可以找到）；④专利权人名称；⑤德温特登记号（表示1992年第17周编号为139007）；⑥（日本）专利号；⑦国际专利分类号的小组编号（该专利的国际专利分类的完整编号为G04B37/22）。

③登记号索引

登记号索引在《WPI题录周报》的四个分册上都有，每周颁布一次。该索引专门用来查找同族专利（同一个专利人，就同一内容的发明在不同国家批准的专利）。

在登记号索引中所有的专利都按德温特的登记号的次序排列。登记号后是刊登该专利的德温特分类分册号，然后就是该专利族的所有专利。每篇专利后指出了其上刊登的年份和星期。在星期后有一个加号（+）表示该专利说明书有不止一个登记号，在该条信息则最后给出了有关的登记号。在星期后有一个星号（*）表示是仅有标题的日本专利的第一份主要相同专利，或是次要国家的基本专利。著录格式如下：

```
92-065751①        Q7②
      DE  3312278-C  9209③
      DE  3312276-C  9210+④
      DE  3312277-C  9210+
      GB  2248913-A  9217⑤
      GB  2248914-A  9217
      GB  2248915-A⑦ 9217
      GB  2248916-A  9217
      NL  8301593-A  9217
      NL  8301594-A  9217
      NL  8301595-A  9217
         92-072931/10⑧
         92-072932/10⑧
```

注：①德温特登记号；②德温特分类分册号；③基本专利；④"+"表示有相关的专利；⑤专利刊登白年份和星期；⑥当期的同族专利专利；⑦专利号；⑧相关的登记号（表示1992年第10周的072931号专利与目前的92-065751号专利相关）。

④专利号索引

专利号索引用于从专利号查《题录周报》中的著录项目，并以此为线索转查其他索引。专利号索引把当期报道的全部专利文献按专利号排列。其著录格式如下：

$$SE^① (A^⑥)$$
$$SE\ 9002^② (A^⑥)$$

```
*735③   92-129199④   BOXE-
*738③   92-129200    RENR-
*742③   92-139201    FAST-
=760③   92-114446    FORL-
=764③   92-114216    HIAS-
```

注：①专利国家（SE表示瑞典）；②专利号；③有关的专利号（其中表示基本专利，"="表示相同专利）；④德温特登记号；⑤专利权人代码代表非标准公司，小公司）；⑥专利法律状态代码（A表示申请公开说明书）。

（3）《WPI文摘周报》

《WPI文摘周报》以文摘形式报道专利信息，其出版时间比《题录周报》晚3周左右，主要有：《一般和机械专利索引》（G&MPI）、《化工专利索引》（CPI）、《电气专利索引》（EPI），对应《WPI题录周报》四个分册。从形式上分为两种，一是快报型文摘（Alerting Abstracts Bulletin），报道所有专业范围的专利，每条文摘100个词左右。特点是出版周期较快，距说明书公布时间5~8周，文摘内容简单明了，叙述发明的主要特点、用途和优点，有时也摘录实施例；二是文献型文摘（Documentation Abstracts Journals），主要用来报道化工专业的基本专利，每条文摘在250~400个词。所摘录的内容比快报型专利文摘详细得多。通过这种文摘能够比较具体地了解专利的实质内容，能较准确地判断原文的参考价值；原文无法取得或语言看不懂的，可以通过它得到主要数据和某些启发，它比较适合科研单位使用，文摘报道时间为说明书出版后7周以内，和快报型文摘也相差不多。

文摘周报中的文摘著录方式视专利种类不同而稍有变化。《化工专利索引》文摘的排列为，先按德温特分类号排列，再按国家（先排主要国家，再在"Other"条下排其他国家），再按专利号排。对其他分册，先按德温特分类号大号排，再按国别和专利号排列。著录项目有：专利权人代码、德温特分类号、德温特入藏号、专利号、专利标题、语种（有时）、专利权人名称、优先权项、专利公布日期、IPC分类号、指定专利权有效国家、详细文摘、页数、示意图、引用专利文献、二级登记号等。

①《一般与机械专利索引》

《一般与机械专利索引》的前身是《世界专利文摘》（分类版），1988年改为现名，简称GMPI。包括有《GMPI文摘周报》的4个分册和《速报文摘胶卷：一般与机械部分》。

GMPI的著录格式如下：

★-SUMH①Q13②92—133877/17③　*EP481597.A④ Planetary reduction gear wheel mechanism for industrial vehicles.——Provides drive from electric or hydraulic motor to driving wheel via drive shaft splined to but disconnectable from output rotary shaft⑤（En）⑥ SUMITOMO HEAVY IND KK⑦90.1 0.1 7@90JP—277620@ （92.04.22）⑩·B60K 1 7/14。o 91.08.12 '91EP—3074㈣R（AT BE CH DE DK ES FR GB GR IT LI LU NL SE）∞The output shaft of the hydraulic or electric drive motor（11）has a worm（17）…due to driving the gearing from the output end--i.e.the drive wheelsa5）.（15PP Dwg.N01/7）"o CT：DE3000863 GB 1 543607 GB2 1 84987 GB952730 IJS2450073 IJS3 1 84985a7）

注：①专利权人代码；②德温特分类分册号；③德温特入藏（登记）号；④专利号，专利状态（*表示基本专利，A表示申请公开说明书）；⑤专利标题；⑥语种（有时注）；⑦专利权人名称；⑧最早优先权项（该专利的最早申请日期）；⑨最早专利申请号（该专利第一次申请了日本专利）；⑩专利公布日期；（1DIPC分类号；（13最晚优先权项（最近的专利申请日期）；（13）最近专利申请号（申请欧洲专利）；（M）指定专利权有效国家（对EP和W0而言）；09专利文摘（介绍该专利的信息）；（16）专利说明书页数及示意图编号（该专利有15页，示意图编号为1—7）；（17）所引用专利文献。

②《化工专利索引》

《化工专利索引》的前身是《中心专利索引》，1986年改为现名，简称CPI。报道化学化工和冶金文献的专利文献。该系列有数10个分册，10多个品种，其中较重要的有：

a.《CPI文摘周报》

有分国排序本和分类排序本两种，各12个分册，分别用英文字母A~M来表示，提供短文摘，又称CPI速报版。最后部分有3个索引：专利权人索引、登记号索引和专利号索引。

b.《文献工作文摘杂志》

共12个分册，为周报，全部收录"基本专利"，原称《基本专利文摘》。另外还有综合性的胶卷版和胶片版。CPI各分册的文摘或题录均按德温特分类号顺序编排；在同一类下，按专利号中的专利国别字顺排；国别相同，按专利号由小到大排。而与专利权人代码和德温特登记号及国际专利分类号（IPC）均无关。所以，检索IPC时，必须知道德温特分类号和专利号。若从IPC号和专利权人途径检索文摘，必须使用WPI，得出德温特分类号和专利号，才能实现。

③《电气专利索引》

《电气专利索引》于1988年改称为《EPI文摘周报》，有分国排序本和分类排序本两种各6个分册。分别用英文字母S~X来表示。用于专门查电气电子方面的专利文献。最后有四个索引：专利权人索引、登记号索引、专利号索引和手工代码索引。

（4）德温特累积索引

该累积索引有季度、年度、3年度、5年度等累积索引。包括：

①专利权人累积索引。

②国际专利分类号累积索引。

③登记号累积索引。

④相同专利累积索引。

⑤优先权累积索引。

累积索引的著录格式与WPI题录周报基本相同。

5.7.3 外国专利文献网上检索系统和数据库

从Internet上获取外国专利信息的途径包括：商业专利数据库和各国工业产权局网站。

（1）德温特世界专利创新索引（DII）数据库

德温特世界专利创新索引（DII：Derwent Innovations Index）是由Thomson Scientific与Derwent公司共同推出的基于ISI Web of Knowledge平台的商业专利信息数据库。DII将"世界专利索引（WPI）"和"专利引文索引（PCI）"的内容整合在一起,采用Web of Knowledge平台，通过学术论文和技术专利之间的相互引证的关系，建立了专利与文献之间的链接。

DII收录来自世界40多个专利机构的1000多万个基本发明专利，3000多万个专利，数据可回溯至1963年。数据每周更新（每周增加2.5万多个专利），分为Chemical Section、Electrical& Electronic Section、Engineering Section三部分，为研究人员提供世界范围内的化学、电子电气以及工程技术领域内综合全面的发明信息。DII还同时提供了直接到专利全文电子版的链接，可以直接获取部分专利文献的电子版全文。

与其他专利资源相比较，DII具有以下几个方面特点：

① 强大的检索功能：提供快速检索、高级检索、化合物检索、被引专利检索四种检索方式；

② 被引及施引专利和文章；

③ 描述性的标题；

④ 描述性的摘要；

⑤ 专利发明图示：提供专利技术中最关键的图示或化学结构图；

⑥ 专利信息丰富；

⑦ 用户界面友好；

⑧ 与ISI Web of Science的双向连接（图5.52）；

⑨ 与专利电子版全文的链接：直接点击记录中专利号旁的"ORIGINAL DOCUMENT"按钮，即可获取专利全文的PDF版。

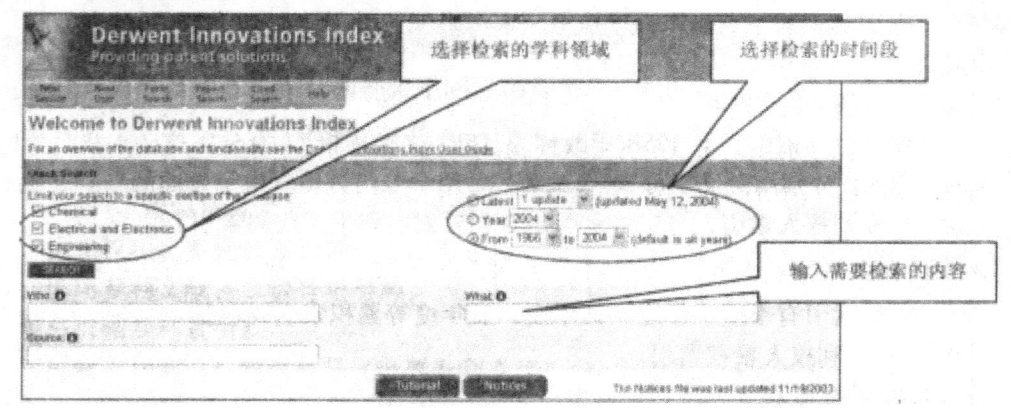

图5.52 基于Web of Knowledge平台的DII数据库快速检索界面

（2）.USPTO专利数据库（http：//www.uspto.gov/patft/index.html）

美国专利和商标局（USPTO：USP atent and Trade mark Office）是美国政府参与的一个非商业性联邦机构，主要服务内容是办理专利和商标，传递专利和商标信息。其专利数据库收集了美国从1976年至今的专利，有全文和图像资料。这个专利数据库在网上可免费使用。USPTO网站有两个数据库可供检索：

①1790年以来出版的所有授权的美国专利说明书扫描图形，其中，1976年以后的说明书实现了全文数字化；

②2001年3月15日以来所有公开（未授权）的美国专利申请说明书扫描图形。

USPTO网站的主页见图5.53。

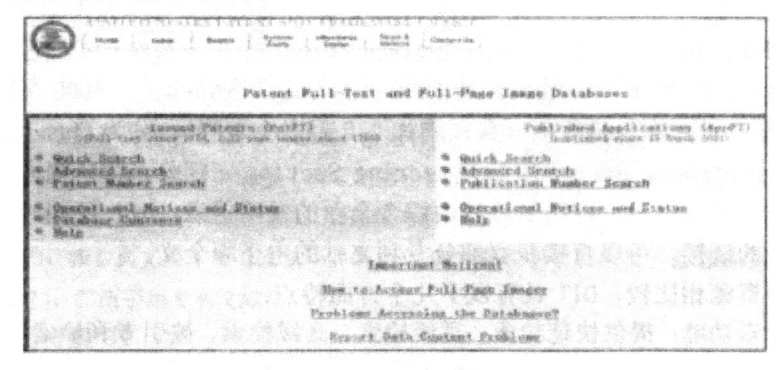

图5.53　USPTO网站的主页

（3）欧洲专利局的专利数据库（http：//ep.espacenet.com）

该专利数据库网站是Internet上见到的收录专利信息资源最丰富涉及范围最广的一个免费专利网站。只要懂英语、德语、法语中的任一种语言，就可免费检索全世界范围内的专利文献。目前，该网站可检索的专利数据库范围包括EPO收藏的全世界范围内70多个国家和地区的专利文献，数据库中的绝大部分数据可回溯到1970年。其中一些主要国家的专利出扳物的图像文件可回溯到1920年。集成了INPADOC数据库,可获取同族专利及法律状态信息。数据库的更新频率为按周更新。

可查获的最终结果依国家不同分三种情况：

①既可查得题录和文摘，又可获得全文。欧洲专利组织（EPO）、法国、德国、瑞士、英国、美国、日本、世界知识产权组织（WIPO）、非洲知识产权组织以及主要欧洲国家的专利，用户不仅可从网上检索题录和文摘，还可浏览、打印专利说明书的全文。

②只能查获题录和文摘。对于中国专利和韩国专利，用户只能从网上查获题录和文摘。

③仅能获得题录。其余国家和地区的专利文献，用户只能获得题录。

详细情况见表5.11。

表格5.11　各个国家和地区的专利文献

国家或地区	题录起始年代	文摘起始年代	图像说明书起始年代	文本说明书起始年代
欧洲专利组织	1978	1978	1978	1978
世界知识产权组织	1978	1978	1978	1978
非洲知识产权组织	1966	无	1966（第一件专利开始）	无

续表

国家或地区	题录起始年代	文摘起始年代	图像说明书起始年代	文本说明书起始年代
美国	1790	1970	1790	1976
日本	1973	1976	1980	无
欧洲各国	不同	不同	多数	1920
中国	1985	1990	无	无
韩国	1978	1979	无	无
加拿大	1970	无	部分专利说明书全文	无
其他国家	不同	无	无	无

数据库主页网址为：http：//ep.espacenet.com，系统提供四种检索方式：Quick Search，Advanced Search、Number Search、Classification Search。其首页见图5.54。

图5.54　欧洲专利局的专利数据库

（4）Delphion知识产权网（http：//www.delphion.com/simple）

Delphion知识产权网源自IBM公司开发的知识产权网络（IPN：Intel lectural Property Network），现在IBM和Internet Capital Croup合并成了一个新公司"Delphion"。新公司接收了IBM已有的专利检索网站。该网站内容丰富，可执行简单而强大的检索，查找美国和国际专利信息，包括美国专利首页、美国专利首页和权利要求书、欧洲专利申请、欧洲专利公告、日本专利文摘、世界知识产权组织出版的国际专利申请、IBM技术公告等。没有注册的用户只能进行Quick/Number检索，不能进行Boolean和Advanced检索。

Delphion专利检索主页见图5.55。

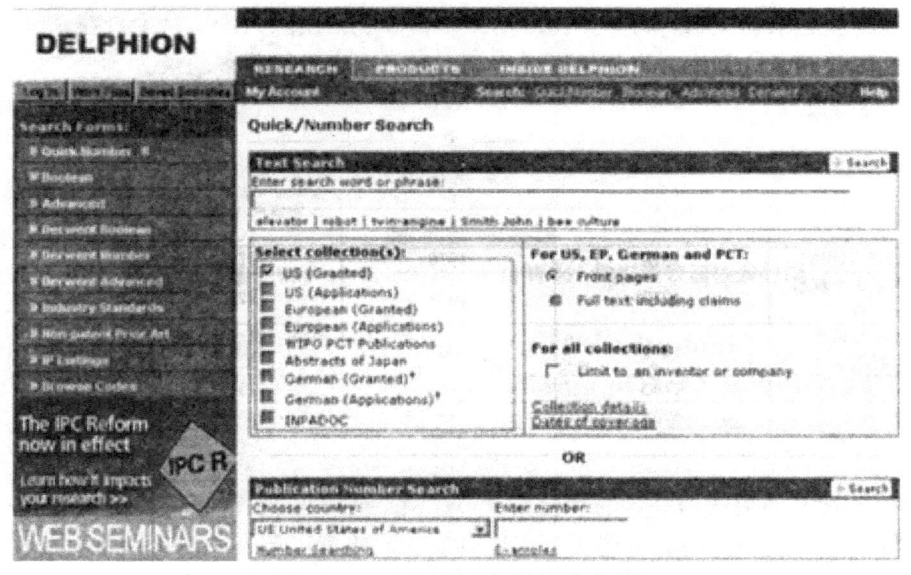

图5.55　Delphion专利检索主页

（5）SPO专利数据库（http：//www.nsnto.gov）

SPO是著名的EDS（Electronic Data Systems）的一部分，提供美国专利全文数据库的检索服务。该数据库收集了自1972年1月以来美国专利商标局公布的所有专利文件。该检索特色是提供一套基于上下文的检索方法来查询专利信息，其结果要比用关键词得到的结果更为准确。其主要开展的免费检索服务项目有：

①近期专利的浏览。

②主题检索。

（6）QPAT-US专利全文数据库（http：//www.qpat.com）

QPAT-US是法国Questel-Orbit公司推出的美国专利全文检索系统，它拥有1974年以来美国专利全文数据库，专利记录超过180万篇，该数据库每周更新一次。该检索系统目前向付费用户提供全部专利的全文数据库服务，即可检索、浏览、下载所需的专利文献。免费用户可以检索全部专利的文摘库，免费获得专利文摘。

（7）Micro-Patent专利网（http：//www.micropat.com）

Micro-Patent专利网是Micro-Patent公司提供的专利网页，1997年底由美国Information Ver-tures公司购买。该系统拥有1994年以来的美国专利、1992年以来的欧洲专利和1988年以来的世界专利；1998年又增加了1964~1974年间的美国专利，以及日本专利文献的首页数据信息。系统还提供最近两周的最新专利的免费首页查询，检索结果给出专利号和专利名称。

（8）其他专利信息服务网站

①加拿大专利文献数据库：http：//patentsl.ic.gc.ca/intro_e.html

②英国专利局：http：//www.patent.gov.uk

③俄罗斯的专利文献检索：http：//www.fips.ru/ensite

第6章 参考工具书

6.1 参考工具书的含义、特征

6.1.1 参考工具书的含义

参考工具书是指根据一定的社会需要,广泛汇集某一范围的知识材料,按一定形式加以编排,专供人们查阅的特定类型出版物。它同检索工具最大的区别是:检索工具提供的仅是一条条有关的文献线索,人们还要根据这些线索查原始文献;而参考工具书提供的是可以直接利用的具体知识、事实和数据,如专业名词术语的解释、人物背景材料、地理情况、事件经过、统计资料、会议或科研动态、国内外有关组织机构情况等。

6.1.2 参考工具书的特征

参考工具书与其他类型的文献相比,具有以下特征:

(1) 信息密集

工具书多数是在大量的普通图书(文献)的基础上,经过整序、提炼和浓缩而成的信息密集型文献。它好比是集成度很高的信息集合,能为人们提供丰富的知识信息。如:字典、词典系统地汇集了有关语言文字和词汇的知识信息,百科全书系统地汇集了人类各个知识领域的知识信息。

(2) 资料性强

工具书是经过筛选和条理化了的一种基本情报源,它是反映、揭示和检索一般情报源(原始文献)的工具和手段。相对数量庞大的一次文献——普通图书来说,工具书多数是经过加工的二次文献或三次文献。如:字典、词典、百科全书、年鉴、手册、名录、数表统计集、类书、政书、表谱、图录乃至丛集等,系统地汇集了各种知识和资料,是事实性咨询的重要工具。而且各种工具书的编制,都要求广采博收、论述精炼、出处详明,为人们提供尽可能准确的资料或资料线索。

(3) 方便检索

任何文献都有一定的体系结构和排检方法,但工具书的检索效率更高。工具书为了把自身蕴含的丰富的知识信息迅速地提供给读者,十分讲究科学的编排形式和高效率的检索方法,它要求本身能构成严密的有机体,形成网络,以覆盖有关的知识领域和资料范围,做到以简驭繁。每种工具书的排检,或按部首,或依笔画,或用号码,或以音韵,或分类分主题序列,或以年、月、日为次,或依地域分编,一索即得,简明易查。或正文采用某种排检法,再附以其他排检法,为读者提供多种检索途径。

（4）查考为主

工具书的编纂目的主要供读者临时查考释疑解难之用，而且这种查考往往持续时间较短，但多次进行。如：字典词典用于查考某一字词，百科全书用于查考某学科、某术语的知识。

6.2 参考工具书的类型及功用

古今中外的参考工具书内容繁多，类型也相当复杂。就其文种来说有中文和外文之分；就其编纂年代来说有古代、近代、现代之分；就其材料范围来说有综合性、专科性、专题性之分；就其学科性质来说有社会科学、自然科学之分；就其规模来说有大型、中型、小型之分；就其出版形式来说有单卷型、多卷型、连续型之分；就其用途职能来说，常用的参考工具书主要有字典、词典、类书、政书、百科全书、年鉴、手册、表谱、名录、图录、资料汇编等。下面简单介绍常用工具书及其功用。

6.2.1 字典、词典

（1）字典、词典的定义

字典、词典都是汇集或汇释字、词、熟语，按一定次序编排的工具书。字典是以字为单位，解释字的形、音、义及用法的工具书；词典以单字为字头，汇集包含这一字的词语，解释词语的语义、意义与用法的工具书。但语文字典大多以单词为词头，说明字的形、音、义，并对词语也加以解释。所以，一般语文字典、词典并没有严格区别。

我国古代的字典、词典，一般统称为字书。我国最早的字书始见于《汉书·艺文志》记载的相传周宣王时太史籀所作《史籀篇》。古代字书大体上可分为三类：一是以系统分析字形，探讨字体结构源流为主要内容的字书。它以东汉许慎编撰的《说文解字》为代表，按字的形体结构排列。二是以分析训释字、词、句意义为主要内容的训诂书。它以形成于战国时代，至西汉整理成书的《尔雅》为代表，是按字、词的性质和意义分类排列的。三是以研究声韵源流为主要内容的韵书。它以宋真宗时陈彭年等增广《切韵》《唐韵》编成的《广韵》为代表，是根据字的音韵排列的。

清代康熙年间编成《康熙字典》，在200多年间影响很大。"字典"一词即源出于此。1915年出版的《中华大字典》，吸取了西方词典的编纂方法，成为现代字典、词典的开创之作。此后各种字典、词典日渐增多。中华人民共和国成立后，随着学术文化事业的发展，各种字典、词典也不断涌现。有代表性的如《新华字典》《现代汉语词典》《辞海（1989年版）》《辞源（修订本）》等。与此同时，各门各类的专门性字典、词典也纷纷出现，或查古字、古词，或查人名、地名、书名，或查典故、人物、事件，或查各专门学科领域的术语，可以说是应有尽有，无一不包。

（2）字典、词典的类型

现代字典、词典种类很多。一般按所收内容分为语文字（词）典和知识词典两大类。语文字（词）典包括：

①综合性语文字（词）典

对字的形、音、义和词义、用法全面加以解释，如《中华大字典》《现代汉语词典》。

②专门性字（词）典

只收一定范围的字或词，或侧重解释字、词的形音义某个侧面。如《辞通》只收古汉语中的连绵词。

又如《汉语外来词词典》和许多成语词典。还有一些专门解释字形或辨音、辨义的词典，如《简明同义词词典》。

③字（词）表

只汇集字、词，一般不加解释。如《2000常用字表》《常用构词字典》。

知识词典包括：

a.百科词典

汇集各学科重要的术语和概念，加以概括解释，提供最基本的知识。一般不收普通词语。如《新知识词典》。《辞海（1989年版）》是一部以百科词目为主并兼收词语的综合词典。百科词典的性质接近百科全书。

b.专科词典

收集一个学科或专门领域的术语、概念、专名，加以解释，系统地反映专业知识的概要。所提供的知识往往比百科词典更为详细。如《经济大词典》《数学词典》等。

c.专名词典

也是一种专科词典，以人名、地名、书名等为对象，只介绍有关专名的概况，提供事实和资料。人名词典如《中国美术家人名辞典》；地名词典如《世界地名词典》《中国名胜词典》；书名词典如杨家骆编《丛书大辞典》等。

（3）字典、词典的功用及检索

①查检汉字

汉字，是世界上使用时间最长的文字之一。发展变化到现在，有六万字之多。要查清某个汉字的形、音、义，必须利用字典。下面我们从实用出发，对怎样查检常用字和冷僻字分别加以介绍。

a.查检一般常用字。常用字的形、音、义的查检。《新华字典》商务印书馆1980年出版后经过多次修订，是一部多次再版的最通用的流行于世的小型字典，收字11100个，复音词和词组3500个，分部首检字和四角号码检字两种本子出版。两种本子均按汉语拼音音序排列，附有部首与四角号码检字及汉语拼音音节索引。

另外，还可以利用《现代汉语词典》《辞海》《汉语大词典》《中华字典》等。

b.查检冷僻字。所谓"冷僻字"是指不常见的在一般字典中不易查到的字。它包括书刊上很少出现的和一些出现在口语中而难写出来的字。如"壐"音玺皇帝的印章；"籥"音龠，古代一种像箫的乐器等。这类冷僻字在一般字典中不易查到，检索这类冷僻字需要借助较大的字书，常见的有：

《康熙字典》由（清）张玉书、张延敬等奉敕编。分12集，以十二地支标名，每集分上、中、下三部分，收字47035个，按214部编排。本书商务印书馆、宁华书局、成都古籍和上海书店曾先后影印，其中上海书店1985年影印本后附有四角号码索引，最便检索。

《中华大字典》由徐元诰、欧阳溥存等编，中华书局1915年出版后，于1958年、1979年先后重版重印。本书以《康熙字典》为基础编成，是现代第一部汉语大字典。全书收字4.8万字，仍为214部，但调整了一些部首的排列顺序。检索途径有笔画检字和部首检字。

《汉语大字典》由徐中舒主编，是一部以解释汉字的形、音、义为主要任务的大型语文工具书。全书共8卷，按200部编排，共收单个汉字54678个，是我国迄今为止收字最多的字典。《汉语大字典》的查检是分卷检索，对收入每卷的单字查检，可利用该卷部首检字表，也可利用末卷检字总表进行检索。

除上述三种工具外，还有新旧版《辞源》《辞海》《大汉和辞典》《中文大辞典》《汉语大词典》等工具也是查找冷僻字的好书。

②查检语词

词是语言结构中的基本单位，汉语的词汇相当丰富，要了解一个词的本义、引申义及用法必须利用词典。

a.查检现代汉语语词。查检现代汉语语词可直接利用近现代编的各种语文性、百科性词典，常用的有：

《现代汉语词典》和《现代汉语词典》（补编），中国社会科学院语言研究所词典编辑室编。此书正编以现代汉语为对象，收录了字、词、成语共5.6万多条；补编收录了正编漏收的词条和新出现的语词约2万条。这是一部学术水平较高、使用较为广泛的现代汉语中型语文词典。

《汉语大词典》由罗竹风主编，上海辞书出版社1986年出版第1卷，自第2卷起，改由汉语大词典出版社出版，至1994年4月全部出齐。1997年出版《汉语大词典》（上、中、下）缩印三卷本。1998年12月又出版《汉语大词典简编》上、下册。全书共分12卷，收汉字2.2万多个，收词目37万余条。另有检字表和附录1卷。全书按200部编排，另有音序、笔画等检索途径，均列于附录。本书的特色是古今兼收，源流并重；释文义项齐全，集历代书面和口语词汇之大成。'

《辞海》由《辞海》编辑委员会编，上海辞书出版社1989年9月出版上、中、下三册，另有1990年12月出版的全一册缩印本。此书1979年曾出版修订，并先后出版了各学科分册和语词分册，共计20分册（分装28本），还于1983年出版了增补本。此书共收单字16534个，词语约11万条。有部首、笔画、笔形、汉语拼音和四角号码等多种检索途径。这是一部查检现代汉语字词的大型综合性辞典。

此外，还可利用《新华词典》《四角号码新词典》《现代汉语新词新语新义词典》等。

b.查检古代汉语语词。查检古代汉语语词要借助收词兼及古今的大型辞典，尤其那些以收录古汉语词为主的旧辞典，常用的有：

《辞源》，商务印书馆1979~1983年修订版。此版共分4册，每册配有部首索引和四角号码索引，同部首的字则按笔画多少序次。第4册还附有汉语拼音索引。由于4册分立，查字不知在哪一册，查一字往往要翻几册。1991年6月，商务印书馆将4册缩印合编为一册，检索起来要方便得多。《辞源》修订版以收词语为主，兼收百科，收单字12890个，复词84134条，收词一般止于鸦片战争，释义力求简明确切，并注意语词的来源和语词在使用过程中的演变，是一部阅读古籍用的大型古汉语词典。本书另有部首、四角号码、汉语拼音及难检字笔画笔形等检索途径。

此外，查检古代汉语语词还可利用《古代汉语词典》《中文大辞典》《大汉和辞典》《汉语大词典》《辞海》等。

c.查检文言虚词、连绵词。所谓"文言虚词"是对文言实词而言,是文言文中起语法作用的成分,有人又叫它虚字或助字,有古代汉语虚词和现代汉语虚词之分。

查检古汉语虚词较著名的工具书是《古书虚字集释》(裴学海编著,商务印书馆1934年出版,中华书局1954年重印)和《词诠》(杨树达著,商务印书馆1928年初版,中华书局1978年9月第2版)。

查检现代汉语虚词可利用北京大学中文系编的《现代汉语虚词例释》(商务印书馆1982年版)和曲阜师大编的《现代汉语常用虚词词典》(浙江教育出版社1987年版)。另外,吕叔湘主编的《现代汉语八百词》(商务印书馆1980年版),选词以虚词为主,也可参考。

此外,查文言虚词还可利用《文言虚词大词典》《常用文言虚词词典》等。

连词也叫连绵字,是由两个音节联缀而成义又不能分割的词,即双音节的单纯词,如:玲珑、徘徊、皎皎、蜈蚣等。查找连绵词一般常用的是《辞通》(朱起凤著,开明书店1934年初版,上海古籍出版社1982年重印)、《连绵字典》(符定一著,中华书局1983年根据1954年第2版重印)。此外,清代张廷玉编的《骈字类编》也可参考。

d.查检专门语词。这里所说的"专门语词"主要指:成语、典故、方言、俗语、谚语、歇后语及外来语等。这些专门词语虽然在一般词典,尤其是大型词典中,如《辞海》《汉语大词典》《辞源》《大汉语辞典》等也有收录,但很不全面,必须借助专门词典才能解决。例如:查检成语典故的《现代成语巨典》《中国古代文人掌故辞典》;查检方言、俗语、读语、歇后语的《汉语方音字汇》《谚海》《中国歇后语大辞典》;查检外来词的《汉语外来词词典》等。

③查检各学科名词术语和基本知识

查检各学科的名词术语和基本知识,如学科的概念、原理、发展、著作、学术流派、历史事件等,可以利用综合性(百科性)辞典和各类专科性辞典。

a.综合性(百科性)辞典。这类辞典既收普通词语,又收各学科的名词术语,它既有普通词语的释义,又能提供各学科的专门知识,如旧版《辞源》、新旧版《辞海》《中文大辞典》《中国百科大辞典》《当代世界百科辞典》等。

b.专科性辞典。这类辞典收集一个学科或专门领域的术语、概念、专名加以解释,扼要系统地反映该领域的专业知识。所提供的知识往往比百科辞典更详细、更具体,更能适合人们查检各科名词术语和基本知识的需要。当今任何一个学科门类,几乎都有其相应的专科辞典出版,有些学科甚至出版数种辞典。如:《法学大辞典》《哲学大辞典》《简明数学词典》等。

c.专名词(辞)典。专名词(辞)典是专科词典的一种,以人名、地名、书名等为对象,只介绍有关专名的概况,提供事实和资料。人名词典如《中国美术家人名辞典》;地名词典如《世界地名词典》《中国名胜词典》;书名词典如《丛书大辞典》《简明中国古籍辞典》。

④查检英语词汇

英语词典类型很多,有专门收集词汇、词义的,如《英语常用两千字》《英语常用词解析》;专查语音的,如《英华正音词典》;有收集专门词语的《英语成语》《简明英语俚语词典》以及语法词典等。

6.2.2 类书

（1）类书的定义

类书是采辑古典文献资料，按类别或韵目编排，以供寻检、征引的工具书，与百科全书有某些近似之处。类书主要是汇辑古籍中有关原始资料的片断，有时也把整篇作品收入，一般只汇编资料，也有的加以概述或加暗语辨释考证。

类书和百科全书虽都包罗各科知识，但性质并不相同。类书是汇集前人著作，总是沿袭传统观念；百科全书采用条目形式写成专文，对各类知识做全面系统的叙述，注重新成就的介绍。

我国的类书起源于三国时代。魏文帝命王象等人编纂《皇览》，采集经传文字，分40余部，共800多万字。这是我国第一部类书，可惜已失传。此后直至明、清，历代均有类书的编纂，可考者不下500种。现存最早的类书是隋末唐初虞世南所编《北堂书钞》，但已经过后人篡改。唐代欧阳询等编《艺文类聚》，宋代李昉等编《太平御览》，都在历史上有重要地位。中国最大的类书是明代解缙等编的《永乐大典》，全书22877卷，今存约730卷。现存最大的类书是清陈梦雷等编著、蒋廷锡等重新编校的《古今图书集成》，全书10040卷。

（2）类书的类型

我国古代类书的发展逶迤连绵、数量庞大、种类繁多。归纳起来，按内容可分为综合性类书和专科性类书。综合性类书兼收各类资料，汇集丰富，如：《艺文类聚》（唐）欧阳询等编，是我国现存最早的一部官修类书。全书共100卷，分为46部，每部有细分类目，共727类。每类史实居于前，诗文列于后。史实部分摘取经、史、子等类书籍的有关资料。诗文则摘引有关的诗、赋、颂、赞、论、箴、碑等资料。全书征引古籍1431种，包括社会和自然知识的记载，兼及学术论著和文艺作品。所引皆隋以前遗文秘籍，故宋以后多用来校勘古籍、辑录佚文以及查找唐以前诗文典故和文献资料。其他的还有：《初学记》《太平御览》《古今图书集成》等专科性类书则是专收某一方面内容的，包括：

①专收文章典故、词藻丽句，如《佩文韵府》（清）张玉书等编，是一部供查找文章典故和韵藻丽句的大型类书，全书依韵分为106部，收单字1万余个，以单字统词语，每字下先注音、释义，再列尾字字和这个字相同的复词、成语，词语共48万余条，词语下举书证、列典故，典故例句不下140万条，最后列"对语"和"摘句"，"对语"是二字、三字之对仗词语，"摘句"则列举包含此字的五言、七言诗句。其他还有《骈字类编》《韵府拾遗》《子史精华》等。

②记载史事资料，如《册府元龟》（宋）王钦若、杨亿等编，是宋代最大的类书，全书1000卷，940万字，以论述历代史事为主要内容。所据史书都是宋以前古本，于唐、五代事尤为详备，不仅辑录了《旧唐书》《旧五代》等古书资料，而且保存有唐、五代各朝的诏令奏议等文献资料，且引文多系整篇整节照录，极便于查考史实，也可以校史和补史。其他的还有《玉海》《经济类编》等。

③辑录有关事物起源、沿革的资料，如《格致镜原》（清）陈元龙编，是宋以来查考事物起源沿革的类书。本书专门汇辑古籍中有关博物和工艺的记载，故曰"格致"，又每

物必述其原始沿革，注明出处，故曰"镜原"。全书共100卷，分30部，每部又按所属物名分细目，共886目，对研究我国古代科学技术史和文化史，颇有参考价值。

其他的还有《广博物致》《事物纪原》等。

（3）类书的主要功用及检索

作为我国历史文化遗产的古代类书，由于保存了大量的古代史料，其文献价值相当高。从类书的性质特点，我们可以归纳其几个方面的作用。

①查找辞藻典故、诗词文句出处。常用的有《初学记》《佩文韵府》《子史精华》《艺文类聚》《渊鉴类函》《太平广记》等。

②查找史实和事物掌故。常用的有《册府元龟》《事物纪原》《格致镜原》《太平御览》等。

③校勘古籍、辑录佚文。常用的有《北堂书钞》《永乐大典》《古今图书集成》《艺文类聚》《太平御览》《太平广记》等。

6.2.3 政书

（1）政书的定义

政书是专门记载古代典章制度的工具书。它收集历代或某一朝代政治、经济、文化、制度方面的史料，分门别类地加以编排和叙述，是专门记载典章制度的工具书。政书具有制度史、文化史和学术史的性质。

政书与类书在内容和编纂方法上有些雷同，只是类书一般兼收各类，政书却专记典章制度，好似专门性类书。但政书不像类书只采摘材料，述而不作，而是把史料加以组织熔炼，使之成为完整的有机体。其中《文献通考》对关键性问题加"按语"，多能贯通古今，有精辟的论断；《通志》全书仿《史记》体例之二十略则自上古至唐，体现了郑樵在文化史方面的独到见解。

政书的起源最早可以追溯至《周礼》，但较为成熟的政书是唐代刘秩编的《政典》，他奠定了政书这种体裁发展的基础。后来（唐）杜佑根据刘秩的《政典》，加以补充和扩大编成《通典》。到了宋代，郑樵编了《通志》。元代马端临编了《文献通考》。这就是著名的"三通"。后清朝统治者为了维护统治、粉饰太平，将"三通"一续再续，就成了"十通"。

（2）政书的类型

常用的政书可按其体裁分为三大类。

①通史式的政书，专门收录贯通各朝代的典章制度，如《通典》《文献通考》。"十通"中"三通典"、"三通志"、"四通考"各成系统，所辑材料在时间上各自连续，内容又互相重复。其中以《通典》的体例最为严谨，《通志》之"略"较有价值，《文献通考》及其续书记述的时间为最长，为我们提供了从上古到清朝宣统各朝代的典章制度。"十通"各书可互相配合，相互补充。全书总汇历代典制，共计有2700卷，精装成20册，是一套综合性、通史性的政书。目前较通行的版本是上海商务印书馆1935年《万有文库》影印本，并配有《十通索引》。浙江古籍出版社1988年据以重印出版。

"十通"卷帙浩繁，所跨越的时代长久，在利用其查找典章制度时，可借助于《十通索引》等辅助资料。《十通索引》揭示了全部"十通"中的有关资料和出处，能帮助我们获得较为完整的古代文献资料，是查找"十通"的必备工具书。这部索引包括两部分：《十通四角号码索引》和《十通分类索引》。两部索引的特点各有不同，"一便于特索，一利于类推"。我们在检索时要根据实际需要选择使用。

②断代式的政书，专门收录一个朝代的典章制度，称为"会典"、"会要"。

"会要"一般规模不大，对某一朝代典章制度的记述会比"十通"更为丰富详细。且附有分类目录供检索，按所需资料的朝代、门类来寻检，较查"十通"更为简略方便。与"十通"可相互参照、考稽。如《唐会要》《五代会要》《西汉会要》《东汉会要》《七国考》《三国会要》《宋会要辑稿》《明会要》等。

利用"会要"查找有关朝代的各种典章制度，要利用它所列的目录去查。因为"会要"中的资料，是按门类编排的，门类之下再分子目，只要查到子目，就可查出有关资料。例如，查唐朝的两税法——两税法是唐朝的一种田赋制度。我们可从《文献通考》的《田赋考》中去查，但《文献通考》中并无记载，因此，我们从《唐会要》中去查。《唐会要》全书100卷，不分目，只标出514个子目。在该书第83~84卷的"租税"这个子目中，就能查到唐朝实行两税法的详细记载和杨炎呈请实行两税法的奏疏。

除利用"会要"查一个朝代的典章制度外，还可利用"会典"。"会典"和"会要"的不同之处在于"会典"是官修的，偏重于章程法令；以吏、户、礼、兵、刑、工等国家职能机构为纲，详述其编制和各级官员的职责，并有事例和图说。例如《唐六典》《元典章》《明会典》《大清会典》等。

利用"会典"查找资料，和查"会要"一样，利用"会典"的分类目录去查。例如：我们要知道清朝末年的"总理各国事务衙门"是什么机构，从《大清会典》的分类目录中就可查到这个机构的名称，然后查出它的职掌和编制，知道这个机构，相当于今天的外交部。

③专题性的政书，专记某一方面的专门制度、礼仪等，如《谥法》《历代兵法》《历代职官表》《大清律例》等。而《历代职官表》既是专题政书，亦是表谱。

（1）政书的功用及检索

①查检典章制度。常用的有《文献通考》《唐会要》《唐六典》《元典章》《明会典》《大清会典》等。

②查考人物和事物掌故。常用的有《通志》《文献通考》《通典》等。

③查考辑录亡佚的古籍、奏章。常用的有《通典》《文献通考》等。

6.2.4　百科全书

（1）百科全书的定义

百科全书是汇集人类积累的最重要、最有用的各方面知识，分列为条目，加以系统简要的叙述和说明的具有知识总汇性质的工具书。这些条目以词典的形式编排起来，附有完善的检索系统供读者迅速检索查阅。因此，历来受到了人们的重视，被称为"工具书之王"。

百科全书的特点可以用"全"、"精"、"快"、"新"来概括。"全"是指百科全书概要性叙述了各门学科的历史形成和发展面貌，集中说明了各门学科和研究领域的全部成就与研究成果，担负着全面、系统、概括介绍各种知识的任务。"精"是指百科全书编写上的精心设计，从专家的组织到百科全书条目的编写要求、规划都表现出了精心设计。"快"是指百科全书的使用方法上,设计了供人们方便利用的检索方法,或按字母顺序,或按知识体系,或按地区范围,务必使读者从任何角度用最短时间找到所需的知识。"新"是指百科全书强调提供最新的知识,并对所有读者提供系统、全面的全新教育形式。

18世纪法国资产阶级启蒙思想家狄德罗等主编出版的《百科全书,或科学、艺术与手工艺大词典》(Encyclopedie, ou Dictionnaire Raisonnedes Sciences, des Arts et des Metiers),是现代百科全书的奠基之作。现代百科全书在概述人类过去的知识和历史的基础上着重反映当代科学文化的最新成就。因此,是否有一部优秀的百科全书,已成为衡量一个国家科学文化发展的尺度之一。所以,各国相继编出了卷帙浩繁的大型百科全书和各种不同类型的百科全书。目前全世界已有五六十个国家编辑出版了综合性百科全书。如表6.1列举一些较为著名的百科全书。

表格6.1 著名的百科全书

书名	原文书名	新版年代版次	条目总数卷数(万)		出版国家
《新不列颠百科全书》	The New Encyclopaedia Britannica	1988第15修订版	32	9.1	美国
《布洛克豪斯百科全书》	Brockhaus Enzyklopadie	1986第19版	24	26	联邦德国
《(拉鲁斯)大百科全书》	LaGrandeEncyclopedie	1971~1981	21	0.8	法国
《美国百科全书》	The Encyclopedia Americana	1990	30	6	美国
《钱伯斯百科全书》	Chambers'Encyclopaedia	1972第6版	15	2.8	英国
《欧美插图大百科全书》	Enciclopedia Universalilustra-da Europeo-Americana	1907~1933	80	100	西班牙
《苏联大百科全书》		1929~1983	32	10	苏联
《意大利科学、文学与艺术百科全书》	Enciclopedia Itlianadi Scienaelettreedarti	1929~1939	36		意大利
《世界大百科事典》		1972第3版	35	7~8	日本
《中国大百科全书》		1980~1993	74	8~10	中国

我国编纂具有百科全书性质的类书已有悠久的历史,但现代百科全书还是近十几年才出现的。《中国大百科全书》是第一部综合性、学术性大型工具书,从1980年开始,按学科分卷出版至1993年出齐。此后,又陆续编辑出版了一些综合性和专业性的百科全书。

(2)百科全书的类型

现代百科全书已形成完整的系列,以适应不同文化层次的不同专业读者需要,百科全书可分为以下几大类:

①按百科全书收录的范围,分为综合性百科全书和专业性百科全书。综合性百科全书概述人类一切门类知识,供广泛的读者查检基本知识和基本资料;如《不列颠百科全书》和《中国大百科全书》等属综合性百科全书。专业性百科全书收录某一学科或某一领域的知识;如美国的《科学技术百科全书》、中国的《中国医学百科全书》等。还有一些专题性质的百科全书也属这一系列,如苏联的《奥林匹克百科全书》。

②按百科全书的卷帙规模可分为大型、中小型和单卷本。大型百科全书是指有20卷

以上的，卷帙较多的版本。如西班牙的《欧美插图大百科全书》，全书80卷，加逐年所出补卷，已逾百卷。20卷以下的为中小型百科全书，它卷帙较小，内容精炼，使用起来较为方便，有着更大的读者面和适用范围。如《中国小百科全书》只有8卷。另外还有一些单卷本的又称为案头百科全书。如1991年吉林人民出版社出版的《心理咨询百科全书》，全书只有一册。

（3）百科全书的功用及检索

百科全书扼要地概述人类过去的知识和历史，并且着重地反映当代科学文化的最新成就。其完备性几乎包容了各种工具书的成分，囊括了各方面的知识。可供人们查检必要的知识事实资料。如：我们要查阅某一国家、民族的发展概况，某一事物、事件、团体的历史资料，某一学说和理论的沿革发展情况或某一学科的名词概念等，都可借助百科全书来解决。今日的百科全书已经在人类文化活动中起着十分重要的作用，尤其是在知识信息激增的现代社会，它的使用功能和检索功能更为明显突出。

现代百科全书与词典都是以词典的形式编排的工具书。尽管两者有些交叉，但着眼点相同。其区别在于百科全书是以知识主题、概念为对象，对条目既下定义，又加以解释和说明。在释文方面往往要比词典更为系统和全面，且大都附注参考文献，附有较完善的检索系统和参见体系，这些都是词典所不及的。而利用百科全书查阅当代科学及其发展水平，应当选用最新的版本。下面举例介绍一些较著名和较新版本的实用百科全书。

《中国大百科全书》，中国大百科全书编辑委员会编，中国大百科全书出版社1980~1993年出版。这是我国第一部大型综合性百科全书。共七十四卷，一亿二千万字，总条目在十万条左右。内容包括哲学、社会科学、文学艺术、文化教育、自然科学、工程技术等六十多个学科和知识领域。1998年10月中国大百科全书出版社又出版第2版《中国大百科全书（简明版）》（1~12卷）。

《中国小百科全书》，团结出版社1994年4月出版。这是一部综合性的中小型百科全书。共分为八卷：一，物质、宇宙、地球；二，地球上的生命；三，人类历史；四，人类社会；五，技术科学；六，文学与艺术；七，思想与学术；八，附录、索引。

《简明不列颠百科全书》（中译本），中国大百科全书出版社和美国不列颠百科全书公司联合编译，于1985~1986年出版。这是一部以学术性强、权威性高而驰名世界的百科全书。主要根据第15版《不列颠百科全书》的《百科简编》编译而成。分为10卷，第1~9卷为正文及附录，第10卷为索引，共收条目七万多个，插图五千余幅。内容包括社会科学、自然科学、工程技术、文学艺术等各学科的概述和专名、术语、世界各国人物、历史、地理、团体机构等的介绍，在整体上较侧重西方文化、科技成就和当代知识。

《国际教育百科全书》（中译本），N·波斯尔思韦特主编，贵州教育出版社1990年出版。这是一本在国际上享有盛誉的教育百科全书。全书共10卷，第1~9卷为正文，第10卷为索引。

我国近年还编辑出版了一些专业性百科全书，如：《科学技术百科全书》《中国农业百科全书》《中国企业管理百科全书》《中国军事百科全书》等。

6.2.5 年鉴

（1）年鉴的定义

年鉴是系统汇集一年内重要时事文献、学科进展与各项统计资料，供人们查阅的工具书。年鉴按年编辑出版，所收资料一般以当年为限；年鉴又是连续出版的，因此积累起来就是一部编年体的历史。年鉴以记事为主，是知识更新的记录，一般包括概况、专题论述、资料和附录三个部分，其中专题论述是年鉴的主体，通常采用概述的方法，汇集一年中出现的重要事件和新知识、新成果、新资料。年鉴通过分类体系和索引，为读者提供检索的方便，除统计年鉴外，又具有可读的价值。

（2）年鉴的类型

年鉴的类型各式各样，目前各种教材对年鉴的分类一般是从其性质上分为综合性年鉴、专门性年鉴、统计性年鉴、地方性年鉴四种类型。

①综合性年鉴

综合性年鉴比较全面地反映了一国或国际政治、经济、文化等各方面的年度进展情况及有关的资料，涉及的范围比较广泛。通过它能了解到国内外各方面的大事并获得有关的资料，包括政策、法令、人物、事件及有关的统计资料等。

比较重要和常用的综合性年鉴如下：

《中国年鉴》由新华通讯社中国年鉴编辑部编辑，新华出版社、香港新中国新闻有限公司1981年起联合出版。这是一部大型综合性年鉴，用中、英文同时出版。由中国概况、特辑、彩图专辑、大事纪要、分类条目组成。它从1980年起逐年收集和记录中国各方面的新进展、新成就、新情况，每年刊有近1000幅照片，并有大量图表。是一部内容丰富、材料翔实、图文并茂、印刷精美的年鉴。

《世界知识年鉴》由世界知识年鉴编辑委员会编，世界知识出版社出版。原名《世界知识手册》。它是一部关于国际政治、经济和文化等方面的综合性工具书。内容按类编排，一般分为各国概况、国际组织和国际会议、专题统计资料、世界大事记、便览等部分。本年鉴内容丰富，注重时事性和知识性，但征引资料未注明出处。

《中国百科年鉴》由《中国百科年鉴》编辑部编，中国大百科全书出版社出版。1980年开始出版。这是中华人民共和国成立以来第一部大型综合性年鉴。内容一般由专栏、概况、百科和附录四部分组成。《中国百科年鉴》除了是查寻百科知识的重要工具书外，还是《中国大百科全书》的辅助补充工具书。一些不能及时通过《中国大百科全书》反映的内容，可以在百科年鉴中迅速反映出来。

②专门性年鉴

专门性年鉴反映某一专门范围的年度进展情况及有关的资料，多半围绕一定的学科、专业、专题，系统收集和提供有关的情况和资料，一般为专业工作者所使用。如《世界经济年鉴》《中国教育年鉴》《自然科学年鉴》等。

③统计性年鉴

它主要用统计数字来说明有关领域或部门的进展情况，一般供专门人员使用。伴随着数据的社会化，统计性年鉴呈发展之势，既有国际、国家的统计性年鉴，又有地方性的统计年鉴，既有综合性的统计性年鉴，又有专门性统计年鉴。如《中国统计年鉴》《中国人口统计年鉴》《上海统计年鉴》等。

④地方性年鉴

它反映一国之内某一地方各个方面或某一方面的年度进展情况及有关的资料，主要供查检地方性资料使用。地方性年鉴发展很快，既有地方综合性年鉴，又有地方专门性年鉴，还有地方统计性年鉴（入统计性年鉴）。如《广东年鉴》《深圳经济特区年鉴》《香港经济年鉴》《上海文化年鉴》《北京文艺年鉴》等。

（3）年鉴的功用及检索

年鉴的内容以各专题的概述为主，收入有关的书目、索引，必要时也刊载原始文献（包括专为年鉴撰写的文章）。由于年鉴内容完备、项目齐全、记载翔实、查阅方便，所以它是了解新情况、研究新问题、积累资料、撰写历史的信息密集型工具书。年鉴的时间性很强，要注意利用最新的年度本。

年鉴所标年份一般与出版年一致，内容反映上一年度的情况，如1995年本收录的是1994年的资料。部分年鉴所标年份则与收录内容一致，不同于出版年，使用时要注意区分。例如，要想了解1994年有关先秦史的研究情况，就得利用1995年出版的《中国历史学年鉴》，在《史学研究》栏目中的"先秦史"标题下，便可清楚地了解到有关先秦史学术概况和发展趋势。

由于年鉴记载的都是一年内的事物发展的最新情况，反映学科发展的最新动态，具有显明的时代特征。因此，它还可以起到辅助百科全书的续编或补编的作用，弥补百科全书不能经常修订的不足。

6.2.6 手册

（1）手册的定义

手册是汇集某一方面经常需要查考的基本知识和资料，供读者手头随时翻检的一种工具书。手册的名称很多，也称指南、大全、便览、必备、宝鉴、要览、必读等。

手册的内容通常是简明扼要地概述某一学科专业专题的基本知识和基本资料，具有类例分明、资料具体、叙述简练、实用性强等特点，是读者乐于使用的一种灵巧的工具书。目前，手册发展品种之多，数量之大，只有辞典可以与之相媲美。几乎每一个领域，每一门学科均可以找到相类的手册。特别是有关自然科学和应用科学方面的手册，出版数量相当可观，为普及科学知识和发展生产起到了一定的作用。随着人们文化水平的提高和当代信息社会的要求，手册作为汇集基本知识和资料数据的便捷性资料工具书将会得到进一步的发展。

（2）手册的类型

手册根据收选内容的不同，一般分为综合性和专科性两种：

①综合性手册

概括的知识面比较广泛，内容以同时涉及哲学、社会科学、自然科学、工程技术等，亦可不同程度地反映某些分支，一般为读者提供基本知识和学习资料。例如《中华人民共和国资料书册》《青年实用手册》《古代文化知识手册》《世界新学科总览》《吉尼斯世界大全》《中国实用方法大全》等。

②专科性手册

内容只涉及某一领域的专门知识，一般为专业工作者或专门人员提供知识或资料。例如《新闻工作手册》《编辑手册》《经济工作手册》《集邮爱好者手册》《出国旅游指南》《电脑知识手册》《当代工程师手册》等。

（3）手册的功用及检索

手册形式多样，内容丰富，涉及的知识面广泛，而且实用性强，基础知识简明扼要，数据准确。对我们了解国际知识、社科知识、自然科学知识、各专业知识、日常生活常识都是极好的工具书。下面结合手册的功用，列举几例手册做一说明。

①检索国际时事、学习世界知识，掌握各国概况。如：《国际政治手册》，薛龙根主编，南京大学出版社1989年第1版。该手册详细介绍了国际政治的各个方面，是了解国际知识的实用工具书；《中国外交概览》，中国外交部外交史编辑室编，世界知识出版社出版。每年出版一册，主要概述上一年度中国与世界各国的外交关系，其中许多事件联系着国际形势的变化，从中可以了解到国际关系中的许多现状；《各国国家机构手册》，新华社国际部资料编辑室编，中国对外翻译出版公司1993年出版等。

②介绍我国及国内各地区政治、经济、文化等方面概况。如：《中华人民共和国国史全鉴》（1~6卷），本书编委会编，团结出版社1989~1996年出版；《中华人民共和国资料手册》（1949~1985），寿孝鹤等编，中国社会科学文献出版社1986年出版。全书分为概况、文献、统计数据等几个部分，是了解我国概况的资料性工具书等。

③检索文化基础知识，进行文化学习。如：《中国文学百科知识手册》，钱光培主编，辽宁少年儿童出版社1989年出版；《公文·书信·契约大全》，吴绪彬、赵更群主编，中国国际广播出版社1993年出版；《中国珠算心算大全》，徐思众主编，杭州大学出版社1996年出版等。

④对社会科学、自然科学等各类专业知识进行研究学习。如：《当代中国社会科学手册》，汝信、易克信主编，社会科学文献出版社1989年出版；《最新科学指南》，[美]I·阿西英夫著，朱岚等译，科学普及出版社1991年出版；《现代科学技术新概念手册》，朱长超、江世亮主编，浙江科学技术出版社1989年出版；《机械设计手册》（1~5卷），徐灏主编，机械工业出版社1995年出版；《学校教师工作评估实用手册》，张煜主编，中央民族大学出版社1997年出版等。

6.2.7 资料汇编

（1）资料汇编的定义

资料汇编，就是将某一特定专题的有关文献资料，依照一定的分类原则和编排方法编辑而成的工具书。资料汇编所反映的专题内容比较突出，是比较直接地向读者介绍某一专题文献资料的资料汇集。它所反映的信息比较及时和新颖，而且内容丰富，知识广泛，是当前编辑出版较多的资料性工具书。'

资料汇编在许多专著中都列为手册中的一种，许多工具书中又将它与手册区别开来，但又没有完全脱离开手册而独立成为一类工具书介绍。近年来，随着对"社科文献检索"、"中文工具书"、"科技文献检索"等课题的深入研究。对"资料汇编"这种文献类型的认识、研究也进一步深入。从而使"资料汇编"成为一种独立的工具书的地位逐渐得到图书情报学界的共识。

资料汇编具有年鉴和手册的许多特点，例如对资料的系统性整理，介绍内容的完整性、连续性等都是与年鉴有着其共同性，而针对某一专题的研究整理又与手册有异曲同工之处。但是，资料汇编的系统性高于年鉴，许多资料是文献的原始资料，这一点是与年鉴手册有着明显的区别。另外，资料汇编的权威性和可靠性也高于年鉴和手册。由于资料汇编收录的专题资料范围广泛，资料中多数含有原始文献，因此，在对某一专题资料进行检索时，常常是一种不可忽视的检索工具。资料汇编的类型很多，目前也没有固定的分类，只是根据资料汇编所反映的内容范围分门别类介绍。

（2）资料汇编类型及其功用

①法规资料汇编

法规性的资料汇编，就是指一个国家的法令、法律、条例、章程、细则等各有关资料集中编辑成册，按照所反映内容的性质分类编排而成的资料性工具书。如：《中华人民共和国现行法规汇编（1949~1985）》，国务院法制局编，人民出版社出版。1987年按系统行业分卷出版。《中华人民共和国新法规汇编》，国务院法制局。此书按年度编，每年又分若干辑，1989年度由新华出版社出版，1990年起由中国法制出版社出版。《中华人民共和国法律释义全书》（1~3卷），孙琬钟等主编，中国言实出版社1996年出版等。

②条约资料汇编

条约资料汇编是世界上国与国之间订立的有关政治、经济、军事、文化等各方面的，具有约束性的、互利的，并具有各自义务的文书的汇编。它包括国家之间订立的协定、协议书、联合声明、联合公报、换文和条约等。条约资料汇编正是查找上述文件的重要资料工具书。如：《中华人民共和国条约集》，中华人民共和国外交部编，先后由法律出版社、人民出版社于1957~1981年出版。世界知识出版社1994年出版了《中华人民共和国条约集》第34集。《中华人民共和国多边条约集》，中华人民共和国外交部条约法律司编，法律出版社1987年开始出版，共4集。收录了1949~1984年间我国参加的123个多边条约。《国际条约集》，第1~8集，世界知识出版社1961~1962年编辑出版；第9~12集，由商务印书馆1974~1978年编辑出版。该书所收条约上至1917年，下至1978年。

③统计资料汇编

统计资料汇编，是国家有关经济、文化、教育等各个方面的统计资料的汇集成册的工具书。是国家和各部门在制定有关政策、规定、计划时的重要依据和参考资料。统计资料汇编比统计年鉴收集的资料更多更广泛，具有历史资料的参考价值。如：《全国各省、自治区、直辖市历史统计资料汇编（1949~1989）》，国家统计局综合司编，中国统计出版社1990年出版。《中国现代史统计资料选编》北京大学国际政治系编，河南人民出版社1985年出版。

④教学科研资料汇编

教学科研资料汇编是指教学与科研各方面的参考资料的专题汇编和综合汇编。它包括的范围很广，包罗文科、理科及有关的教学科研参考资料。是进行教学科研工作的重要参考工具书。如：《中国近代教育史资料汇编》，陈元晖主编，上海教育出版社自1986年以来已出版多部分册，是研究我国近代教育史的重要参考工具书。《高等学校课程、教材、教法研究文集》，《教学理论与教材建设学术讨论汇编》，高等教育出版社1988年出版。《名校名师教案》（上、下卷），郑尚可主编，专利文献出版社1998年出版。《科学史文集》，自然科学史研究所等编，上海科学技术出版社1978年出版等。

6.2.8 表谱

（1）表谱的定义

表谱是采用图表、谱系形式编写的工具书，大多按时间顺序排列。特点是眉目清楚，容易查检，信息密集，可以代替许多文字说明。通常用于查检时间、历史事件、人物资料等。

（2）表谱的类型

司马迁《史记》中的《十二诸侯年表》等，开创了表谱的体例。由此演变出各种不同类型的表谱，主要有：年表、历表和其他专门性表谱。它们是查考历史年代、查检历史大事、换算不同历法年、月、日，及查考人物生平与职官、地理沿革的工具书。

①年表

年表是查考历史年代和检查历史大事的工具书。它又可分为两类，一类是单纯纪年的纪元年表，主要用于查考历史年代、历代帝王名号及各种历史纪元。如《中国历史纪年表》《公元干支推算表）等；一类是除纪年外还有纪事的纪事年表，主要用于查考各种历史大事，如《中外历史年表》《中华人民共和国大事记》《中国学术界大事记》等。

②历表

历表是换算不同历法年、月、日的工具书。它除可用于查考历史年代和历史纪元外，主要用于换算中、西、回等不同历法的年、月、日。历表按其序列法，又可分为对照表和速查盘两种形式。前者如《中西回史日历》《中国史历日和中西历日对照表》等；后者如《公元干支纪日速查盘》（南京紫金山天文台李天赐编制）等。

③专门性表谱

包括人物表谱和职官、地理沿革表等，主要用于查考人物生卒、生平及职官、地理之沿革情况。前者如《马克思恩格斯生平事业年表》《历代人物年里碑传综表》，后者如《历代职官表》《历代地理沿革表》等。

（3）表谱的功用及检索

①查检年代资料

a.查考历史年代。我国是世界上最早具有较为精确历法的国家之一，早在公元前841年，就开始了确切的历史纪年。最早的确切的历史纪年，就是"帝号纪年"或"王位纪年"，即用帝王在位年次或年号纪年。后来又出现了岁星纪年法和太岁纪年法、干支纪年法、年号纪年法、生肖纪年法。

查考历史年代主要是把历史上错综复杂的各种纪年相互对照或与公元纪年加以对照，以便准确地查对与事件和人物有关的年代。利用历史年表可以直接查出相对应的年代，常用年表有：

《中国历史纪年表》，万国鼎编，中华书局1978年再版。上编主要是公元甲子纪年表，下编包括各朝代年表和中日对照年表等附表，下编的各种年表对于检查年代很有用。

《中国历史纪年》，荣孟源编，三联书店1956年版。本书为三编：历代建元谱、历代纪年表、年号通检。

《历代纪年表》由公元前841年至公元1949年，按时代分为15个年表，列出公元、干支及年号纪年加以对照。

《中国日本朝鲜越南四国历史年代对照表》（公元前660年~公元1918年），山西省图书馆1979年编辑出版。可用于查考使用过年号纪年的亚洲国家的历史年代。

查考年号还可利用《中国历代年号考》（李崇智编，中华书局1981年版）、《中国历史纪年表》（方诗铭编，上海辞书出版社1980年版）、《年号通检》《历代建元谱》《公元干支推算表》（汤有恩编，文物出版社1961年版）。

b.历日换算。世界上较著名的历法有十几种，归纳起来，不外阳历、阴历、阴阳历三类，分别以公历、回历、中国农历为代表。其中：

阳历（太阳历）以地球绕太阳运动的周期为基础。历年的日数平均约等于回归年，历月的日数和一年中的月数则人为地规定。历史上的古埃及历、玛雅历、法国的共和国历，我国的彝族十月太阳历和太平天国的天历，以及世界上通行的公历，都是阳历。

阴历（太阴历）以朔望月作为历法的基本单位，也就是根据月亮圆缺周期制定的。上古时代一些文明古国都使用过阴历。现在只有伊斯兰教国家和地区还使用阴历（通称为回历），用于宗教仪式和纪年。

阴阳历以回归年和朔望月并列为历法的基本单位。历史上古巴比伦历和古希腊历，中国的夏历，都是阴阳历。中国夏历（农历）虽然被称为"阴历"，又严格按照月亮的朔望周期来定历月，但却用设置闰月的办法使历年的平均长度接近回归年，实际上是一种阴历月阳历年式的阴阳合历。由于中国旧的历年长短不一，月大小不定，不易记忆，又有改变历法等情况，故使用时必须查核历书或历表。

在学习研究中，经常会遇到不同历法年月日对照查考的问题，即便是年代的对照，有时也需要深入到月日的层次，而年表只能大体解决不同纪年年代对照查考的问题，要解决这类问题，则需要利用历表。常用的有：

《两千年中西历对照表》，薛仲三等编，三联书店1956年版。本书可供查公元1~2000年中历和公历的历日对照，并推算每日是星期几及其纪日干支。是目前比较精密、使用方便的历表之一。

《近世中西史日对照表》，郑鹤声编，商务印书馆1936年版，中华书局1980年重印。本书从1516年至1941年，将中历、公历合为一表，逐日对照。使用简便，不用换算。

《中西回史日历》陈垣撰，北京大学研究所国学门1926年印行，中华书局1962年重印（修订增补本）。本书以公历为主，自公元元年至2000年逐年列出公历与中历的月、日序，互相对照；公元476年以前加入罗马纪年；自公元622年起加入回历纪年和月、日序，可解决三种历法历日的相互换算。附有"日曜表"和"甲子表"，可据以查检星期和日干支。书末附"年号表"，注明每一个年号元年的公元纪年，供由中历检索公历使用。

《二十史朔闰表》（附西历回历），陈垣撰，北京大学研究所国学门1925年印行，古籍出版社1956年影印，中华书局1962年重印（修补增订本）。本书以中历为主，自汉高祖元年至公元2000年，列出闰月和每月朔日的干支，与公历对照，辅以回历岁首的日期，使用时需要推算。

《天历考及天历与阴阳历日对照表》，罗尔纲著，三联书店1955年版。本书第二部分有天历（太平天国创立的历法）与中历、公历的逐日对照换算。还可利用《1821—2020二百年历表》所附的《太平天国历表》。

②查检历史大事

查历史事件和当代大事，可以通过年表获得具体的了解。常用的有：

《中外历史年表》，翦伯赞主编。该书共2册，第1册记叙公元前4500年至公元1918年间的中外重要史事；第2册记叙1919年至1957年间的中外重要史事。全书按公元纪年顺序编排，每一年中先列中国史事，再列外国史事。特别注重记述有关生产工具和生产技术的改进，经济制度、政治制度的改革和重要法令的颁行，阶级斗争及统治阶级内部的矛盾，重要科学技术的发明与发现，国家间、民族间的相互关系，著名历史人物的生卒年等方面的内容。在编排上，采用了中外对照的形式，便于把中外文明放在同一时间背景下考察比较。

另外，还有《中国历史大事年表》《中国近现代史大事记》《中华人民共和国大事记》《国内外大事记》《中国学术界大事记》《中国古代科学技术大事记》《中华人民共和国科学技术大事记》《自然科学大事年表》《世界现代史大事记》《外国历史大事年表》《世界历史年表》《中国美术年表》《出版工作大事年表》等。

③查考人物、职官、地理等专题资料

a. 查考人物。学习和研究社会、历史，离不开对人物活动的研究。如果只需做一般的了解，可查各种人名词典；若要进行深一步的了解，则应注意充分利用年表、年谱来检索。

第一，查人物生卒年可用。

《释氏疑年录》，陈垣撰，中华书局1964年出版。本书收晋至清初有年可考的僧人2,800人，参考书籍700余种。是查考历史上僧人生卒年的常用工具书。

《中国历史人物生卒年表》，吴海林、李延沛编，黑龙江人民出版社1981年出版。本书收录西周共和行政至清末的中国历代人物6600余人。

《历代人物年里碑传综表》，姜亮夫编，初版于1937年，中华书局1959年重印。本书收录上古孔丘至卒于1919年历代人物12000名。

《历代名人生卒年表》，梁廷灿编，商务印书馆1931年出版。本书收录上起孔丘下至近代的历代名人5033人。

第二，查人物年谱。

年谱是个人编年体的传记，内容包括谱主的籍贯、家族、家庭、事业、著作、师友交往与生平活动。旧时代的年谱往往是谱主一生事迹资料的排比与说明，当今新编年谱，则较注意综合谱主生平与学术活动，紧密联系时代背景，注重著作介绍。如甘肃人民出版社1984年出版的《李大钊年谱》；四川文艺出版社1989年出版的《巴金年谱：1904~1986》；云南民族出版社1989年出版的《老舍创作生活年谱：1899~1966》；中央文献出版社1989年出版的《周恩来年谱：1898~1949》；中华书局1991年出版的《孙中山年谱长编》（全三册）；

b. 查考职官。我国历代官制复杂，官名繁多。可供查考历代职官的书籍很多，其中以职官表一类的工具书最为常用。如：

《历代职官表》（清）永瑢、纪昀等奉敕修撰，中华书局1936年据武英殿本校刊，台湾商务印书馆1983年影印。全书共72卷，以清代官制为纲，按官制分为宗人府、内阁、吏部、户部、礼部、乐部等67门，每门先列表格，本门职官按大小次第依次排列，每一职官下分别把夏、商、周三代至明代的不同名称依次序列。表后叙述"国朝官制"和"历代建置"。"国朝官制"即清代设官制度，包括员额、品秩、职掌等；"历代建置"是摘引设置这些官职的历代文献，并加"按语"予以解说或略加考证。

常用的还有：《历代职官表》（清）黄本骥编，中华书局1965年出版，上海古籍出版社1980年重印；《清代职官年表》（清）钱实甫编，中华书局1980年出版；《辛亥以后十七年职官年表》刘寿林编，中华书局1966年出版；《中国历代官制、兵制、科举制度表释》臧元浦、朱崇业编写，山东人民出版社1981年出版。

c.查考地理沿革等情况。由于"历代之兴废不一，地理之沿革各异"，地理沿革表是一种以表格的形式反映政区设置变迁、历史沿革的工具书，能够直观、明了地反映地理沿革的实况。常用的如：《历代地理沿革表》，（清）陈芳绩编、黄廷鉴校补，商务印书馆1935年出版，反映从秦、汉至明代我国的政区沿革。《历代沿革表》，（清）段长基编，中华书局1936年版，以清代嘉庆年间的行政区域为纲，反映其设置变迁。《中国近现代政区沿革表》，张在普编著，福建省地图出版社1987年出版。该书系统反映1820年至1984年我国县以上政区的沿革。

另外，还有《中华人民共和国县级以上行政区划沿革》（中华人民共和国民政部编，高岩、浦善新主编，测绘出版社1986年起出版）、《陕西地理沿革》（吴镇烽编著，陕西人民出版社1981年出版）等。

6.2.9 图录

（1）图录的定义

图录又称图谱，是以直观的图像或附以简要的文字，反映各种事物、文物、人物、艺术、自然博物及科技工艺等形象的工具书。

人类生活与绘图有着密切的联系。远在产生文字以前，原始社会的人类早有了图绘，成为最早象形文字的形成基础。人类进入文明社会后，图绘的运用就更广了，并被收入史书之中。郑樵是一个重视图谱的目录学家。他在总结古今大学术的二十略中，特设《图谱略》，所著录的图谱，包括了当时各种学术及社会生活的各个方面，足可以表明当时我国图绘发展的高度。几千年来，我国绘图的发展更丰富多彩，涉及到了各专业。如：地图、生产工具和人民生活图、历史文物图、历史人物图、综合性图绘著作等。

（2）图录的类型

①地图

地图又称"舆地图"，起源很早。最古的是西周初年营建洛阳城时画的洛邑图。地图是用一定的方法，将地表事物和现象，标绘于平面上的缩影。可分为普通地图、历史地图与专业地图。地图能直观而清晰地描绘地理知识，补充文字叙述之不足。地图具有直观、形象、易比较的优点，可以解决阅读中的空间概念的问题。因而它有着其他类型工具书所不可代替的独特功用。

②历史图谱、文物图谱、人物图谱、艺术图谱、科技图谱

这类图谱是以图形揭示各种人、事、物形象的工具书。它汇集了各种重要文化遗址、历史文献、古代器物以及重大历史事件、历史人物的图像文献，它为研究历史提供了直观、形象的材料，以图像资料与文字资料互相印证，可以帮助读者增加对事物形象

的直观认识。

（3）图录的功用及检索

我们在研究历代的经济、政治、文化状况时固然要依据文字文献。但在某些时候、某些问题上，单靠文字文献是不够的，必须利用实物（文物）史料与文字结合起来，才能对事物有个正确、全面的了解。为此我们须掌握图录的功用及检索。

①查考地图资料

a.查普通地图。普通地图综合反映地表事物和现象的一般特征，内容包括各种自然地理和社会经济要素。它可供一般学习与查阅地理知识使用。如：《中华人民共和国行政区划图》《中华人民共和国分省地图》《世界地图集》《中国自然地理图集》等。

b.查考历史地图。历史地图反映了人类各个历史时期的运动与发展情况，内容包括各个历史时期的疆域与政区、政治军事形势、民族迁徙、重大历史事件及经济与文化科学成就等基本概况，主要供学习与研究历史使用。如：《中国历史地图集》《简明中国历史地图集》《中国古代史教学参考地图集》（附：中国古今地名对照）、《中国近代史稿地图集》《中国新民主主义革命时期通史地图集》等。

②查考图像资料

历史图谱、文物图录、人物图录、艺术图录、科技图谱等图录，它们或者编集各种历史图片资料，汇集各种绘画资料，或者摹绘、摄制和编集各种文物、人物、自然博物及科技工艺资料，对于历史研究、文艺工作、工艺制作及科学研究，都有重要的参考价值。

a.历史图。查找历史图像资料可利用的图录，如：《中国古代史参考图录》《中国历史参考图谱》（共24辑）、《中国近代史参考图录》《世界历史教学参考图片集》《中国共产党的七十年》（大型画册）等。

b.文物艺术图。文物艺术图的类型和数量非常可观，其中有综合性的也有专科（专门性）的。如：《中国美术全集》（60卷）、《中国纸币标准图录》《中国革命博物馆藏画集》《中国邮票图鉴》（1878~1949）、《世界建筑艺术图集》。其他还有雕塑图、版画图、园林图、兵器图、青铜器图、绘画图、文物图、工具图、服饰图等。

c.人物图。查找古今人物的画像及照片可以利用古今各种类型的图像资料。如：《中国历代名人图鉴》，书中收录了1165幅历史人物图像。《古代人物图像资料》，内容包括从新石器时代至清代共4000多人的画像。《中华杰出人物图集》，书中收录了中国几千年历史中的100位杰出人物，内容包括他们的肖像、纪念地、珍贵文物、历史照片等，并附有人物小传等。

d.其他图录。除以上类型外，图像资料主要还有科技图、经济图、旅游画册、生活图等。如：《水利百科图集》《中国出口产品商标图谱》《黄山》（画册）、《上海家庭布置100例》《第十一届亚洲运动会工程纪念画册》《世界各国国旗集锦》等。

6.2.10 名录

（1）名录的定义

名录是汇集机构名、人名、地名等专名基本情况和资料的一种工具书。其中机构名录，有时又称为"一览"、"概览"、"指南"、"简介"等。

（2）名录的类型

名录按收录内容大体可分为机构名录、人名录和地名录三类。

①机构名录

收录并简介有关机构的基本情况，诸如地址、人员、宗旨、职能、业务范围、产品等。如《中国政府机构名录》《中国工商企业名录》《中国高等学校大全》《中国科学研究与技术开发机构名录》等。

②人名录

收录并简介有关人物的基本情况，包括生卒年、籍贯、学历、'经历、著作等，一般以介绍当代在世人物为主。如《中华人民共和国党政军群领导人名录》《中国人民解放军将帅名录》《中国普通高等学校教授人名录》《中国科学院科学家人名录》等。

③地名录

提供有关地名的正确名称（或加上译名）、所在地域（国别、省别）、地理位置（经纬度）等。如《世界地名录》《全国乡镇地名录》《北京市街巷名称录》《亚洲十二城市街巷名称录》等。

（3）名录的功用

名录和手册一样也是一种事实便览性的工具书，机构名录、人名录和地名录在各自的范围发挥着自己独特的功能和作用。

①名录提供了有关机构、人物、地名的基本知识。机构名录、人名录和地名录分别简述了机构、人物和地名的基本情况，既可供查考具体机构、人物及地名的资料，又可供人们从宏观上了解和掌握有关机构、人物、地名等的发展、变化情况。

②名录还能起指引信息源的作用。机构名录和人名录虽只介绍了有关机构和人物的简况，但提供了有关机构和人物的基本信息，以及产品信息。这对沟通信息、加强联系、促进交流、开展协作有重要作用。

第 7 章　文献合理利用与论文写作

7.1　学术规范

学术规范是指对学术研究活动的主客观方面的约束，包括标准和评价体系，其突出特征和追求目标是求真务实。学术研究活动包括学术研究、学术写作、学术评价（包括学术批评）和学术管理等形式。学术规范体现在学术活动全部过程之中，主要表现为学术道德规范、学术法律规范、学术引文规范、写作技术规范等。

7.1.1　学术道德规范

学术道德规范是学术规范的核心部分，是对学术工作者从思想修养和职业道德方面提出的要求。根据教育部《关于加强学术道德建设的若干意见》等规定，学术道德规范的内容主要有：

①增强献身科教、服务社会的历史使命感和社会责任感。要将自己置身于科教兴国和中华民族伟大复兴的宏图伟业之中，以繁荣学术、发展先进文化、推进社会进步为己任，努力攀登科学高峰。要增强事业心、责任感，正确对待学术研究中的名和利，将个人的事业发展与国家、民族的发展需要结合起来，反对沽名钓誉、急功近利、自私自利、损人利己等不良风气。

②坚持实事求是的科学精神和严谨的治学态度。要忠于真理、探求真知，自觉维护学术尊严和学者的声誉。要模范遵守学术研究的基本规范，以知识创新和技术创新，作为科学研究的直接目标和动力，把学术价值和创新作为衡量学术水平的标准。在学术研究工作中要坚持严肃认真、严谨细致、一丝不苟的科学态度，不得虚报成果，反对投机取巧、粗制滥造、盲目追求数量不顾质量的浮躁作风和行为。

③树立法制观念，保护知识产权、尊重他人劳动和权益。要严以律己，依照学术规范，按照有关规定引用和应用他人的研究成果，不得剽窃、抄袭他人成果，不得在未参与工作的研究成果中署名，反对以任何不正当手段谋取利益的行为。

④认真履行职责，维护学术评价的客观公正。认真负责地参与学术评价，正确运用学术权力，公正地发表评审意见是评审专家的职责。在参与各种推荐、评审、鉴定、答辩和评奖等活动中，要坚持客观公正的评价标准，坚持按章办事，不徇私情，自觉抵制不良社会风气的影响和干扰。

7.1.2　学术法律规范

学术法律规范包括国家制定的法律、法规和有关技术标准等。我国目前尚未制定专门的法律来规范人们的学术活动，与学术活动有关的行为规则分散在民法通则、著作权法、专利法、保密法、统计法、出版管理条例等法律法规中。如，《关于科技工作者行为准则的若干意见》第1条第1款规定：科技工作者应当模范地遵守宪法和法律。《高等学校哲学社会科学研究学术规范（试行）》第5条规定：高校哲学社会科学研究工作者应遵守《中华人民共和国著作权法》《中华人民共和国专利法》《中华人民共和国国家通用语言文字法》等相关法律、法规。

学术法律规范主要内容可以概括为以下几个方面：

①学术研究不得泄露国家秘密和单位的技术秘密。国家秘密是关系国家的安全和利益，依照法定程序确定，在一定时间内只限一定范围的人员知悉的事项。这些事项主要是国家事务的重大决策中的秘密事项、国防建设和武装力量活动中的秘密事项、外交和外事活动中的秘密事项以及对外承担保密义务的事项、国民经济和社会发展中的秘密事项、科学技术中的秘密事项、维护国家安全活动和追查刑事犯罪中的秘密事项、政党的秘密事项，以及其他经国家保密工作部门确定应当保守的国家秘密事项等。学术活动中对涉及的国家秘密必须保密，否则将要承担相应的法律责任。另外，根据《中华人民共和国促进科技成果转化法》等法律的规定，企业、事业单位应当建立健全技术秘密保护制度，保护本单位的技术秘密，职工应当遵守本单位的技术秘密保护制度，在学术活动中必须保守单位技术秘密，不得泄露。

②学术活动不得干涉宗教事务。根据《宗教事务条例》的规定，在出版学术著作时，其中不得含有破坏信教公民与不信教公民和睦相处的内容；破坏不同宗教之间和睦以及宗教内部和睦的内容；歧视、侮辱信教公民或者不信教公民的内容；宣扬宗教极端主义和违背宗教的独立自主自办原则的内容等。

③学术活动应遵守著作权法、专利法规定。学术活动涉及最多的就是知识产权问题。因此，著作权法等知识产权方面的法律法规，往往就是学术活动应遵守的行为准则。其主要内容是：未经合作者许可，不能将与他人合作创作的作品当作自己单独创作的作品发表；未参加创作，不可在他人作品上署名；不允许剽窃、抄袭他人作品；禁止在法定期限内一稿多投；合理使用他人作品等。

④应遵守语言文字规范。学术活动中，应使用国家通用的语言文字，方言、繁体字、异体字只有在特殊情况下，即在出版、教学、研究中确需使用时方可使用；汉语文出版物应当符合国家通用语言文字的规范和标准，汉语文出版物中需要使用外国语言文字的，应当用国家通用语言文字做必要的注释。

7.1.3 学术引文规范

在学术性文章中，只要直接引用了一本书或一篇文章，或者在作品中采用他人的工作成果，需要确认其来源。如果没有这样做，将因剽窃行为而被定罪。2004年6月22日，教育部社会科学委员会一致讨论通过的《高等学校哲学社会科学研究学术规范》，其中对学术引文规范做如下规定：

①引文应以原始文献和第一手资料为原则。凡引用他人观点、方案、资料、数据等，无论曾否发表，无论是纸质或电子版，均应详加注释；凡转引文献资料，应如实说明。

②学术论著应合理使用引文。对已有学术成果的介绍、评论、引用和注释，应力求

客观、公允、准确。伪注、伪造、篡改文献和数据等,均属学术不端行为。

7.1.4 写作技术规范

学术研究中的技术规范主要体现在写作规范中。写作技术规范的内容主要有以下三方面:

①学术成果应观点明确,资料充分,论证严密;内容与形式应完美统一,达到观点鲜明,结构谨严,条理分明,文字通畅。

②学术成果的格式应符合要求。各刊物目前对成果的格式要求并不统一。就学术论文而言,既有执行国家标准GB7713—87的,也有执行自定标准的,如《大学图书馆学报》。不论刊物执行何种标准,论文中都必须具有以下项目:题名、作者姓名及工作单位、摘要、关键词、中图分类号、正文、参考文献、作者简介,以及英文题名、英文摘要和英文关键词等。另外,基金资助项目论文应对有关项目信息加以注明。

③参考文献的著录应符合要求。我国在1987年就制定了国家标准《文后参考文献著录规则》(GB7714—87),对文后参考文献的著录做了明确规定,2005年10月1日,已开始实施修订后的《文后参考文献著录规则》(GB/T7714—2005),但人们在学术活动中往往有意无意的忽视它,使得文后的参考文献著录很不规范。随着学术期刊规范化建设的开展,参考文献著录混乱的现象一定会有很大的改观。因此,作者在学术活动中也应该主动配合期刊规范化工作,认真地、自觉地执行已有的国家学术标准。

7.2 文献的合理使用

7.2.1 合理使用概述

合理使用(fareuse)属于知识产权方面的范畴,是指在特定条件下允许个人和特定组织在未经版权人许可的情况下无偿使用版权作品的法律规范。一般认为,1841年,美国法官Joseph Story在Folsom诉Marshg一案中最先提出合理使用的概念。1976年,合理使用一词首先出现在美国的著作权法中。现在许多国家的著作权法都涉及合理使用,为后续作者创作新作品时利用先前作者的作品提供了法律上的依据。

合理使用的规定实际上是著作权法为平衡著作权人的个体利益与议论自由和信息自由的公共利益而创设的一种制度,这种制度可以理解为是对著作权人所享权利的一种限制。法律在保障著作权人正当权益的同时,也要求著作权人为社会承担一定的义务,防止著作权人对权利的绝对垄断,从而有利于智力成果的广泛传播和使用。

随着现代信息技术、传播技术和传播手段的日新月异,人们获取知识的手段更加方便、快捷、先进。原本依法合理的使用作品方式,也会变得不合理,原本著作权人不必控制的使用方式,如果不控制则会使著作权人的利益损失殆尽,因而违背了合理使用对著作权人的利益损害不大的原则,这些导致了合理使用标准的变化。合理使用传统文献和电子文献,是新时代大学生和科研工作者的基本信息素质。文献的使用者需正确掌握合理使用的标准,在继承与创新的矛盾中找到平衡点,使自己个人的欲望与整个社会的欲望都得到最大的满足。

7.2.2 传统文献的合理使用

一些国际条约和各国的著作权法中对文献的合理使用都有明确的规定。《保护文学艺术作品伯尔尼公约》第一次在国际范围内就合理使用制度做出了具体的规定，列出了三种具体的合理使用行为：适当引用、为教学目的的合理使用以及时事新闻的合理使用。一般而言，合理使用的判断应考虑四种要素：

①使用目的。按照美国学者的解释，使用目的是合理使用的第一要素，是界定合理使用规则的"灵魂"。该要素要求使用他人作品的目的必须正当，即"使用的目的和性质，包括这种使用是具有商业性质或是为了非营利的教育目的"。

②被使用作品的性质。对不同的作品应有不同的合理使用要求，对于未发表作品的合理使用要严于已发表作品。

③使用作品的程度。指同整个有著作权作品相比所使用的部分的数量和内容的实质性。关于被使用作品的数量，许多国家都做出了具体规定。

④对被使用作品的影响。考察对著作权作品的市场影响，关键在于有无损害的发生。

《中华人民共和国著作权法》将"合理使用"纳入"权利的限制"（第二章第四节）中，具体内容为：

①为个人学习、研究或者欣赏，使用他人已经发表的作品；

②为介绍、评论某一作品或者说明某一问题，在作品中适当引用他人已经发表的作品；

③为报道时事新闻，在报纸、期刊、广播电台、电视台等媒体中不可避免地再现或者引用已经发表的作品；

④报纸、期刊、广播电台、电视台等媒体刊登或者播放其他报纸、期刊、广播电台、电视台等媒体已经发表的关于政治、经济、宗教问题的时事性文章，但作者声明不许刊登、播放的除外；

⑤报纸、期刊、广播电台、电视台等媒体刊登或者播放在公众集会上发表的讲话，但作者声明不许刊登、播放的除外；

⑥为学校课堂教学或者科学研究，翻译或者少量复制已经发表的作品，供教学或者科研人员使用，但不得出版发行；

⑦国家机关为执行公务在合理范围内使用已经发表的作品；

⑧图书馆、档案馆、纪念馆、博物馆、美术馆等为陈列或者保存版本的需要，复制本馆收藏的作品；

⑨免费表演已经发表的作品，该表演未向公众收取费用，也未向表演者支付报酬；

⑩对设置或者陈列在室外公共场所的艺术作品进行临摹、绘画、摄影、录像；

⑪将中国公民、法人或者其他组织已经发表的以汉语言文字创作的作品翻译成少数民族语言文字作品在国内出版发行；

⑫将已经发表的作品改成盲文出版。

同时该法要求人们合理使用时应遵守三个一般性义务：使用的必须是他人已发表的作品；使用时必须指明作者姓名、作品的名称和作品的出处；不得侵犯著作权人依法享有的其他合法权益。

按《著作权法实施条例》第21条的规定："依照著作权法有关规定，使用可以不经著作权人许可的已经发表的作品的，不得影响该作品的正常使用，也不得不合理地损害著作权人的合法利益。"

另外，文化部出版局颁布的《图书、期刊版权保护试行条例实施细则》（2003年12月4日起废止）第15条对"适当引用"做出的界定，创作实践时仍可参考。具体内容为：指作者在一部作品中引用他人作品的片断，并对引用的量做出了具体的规定。非诗词类作品不得超过2500字或被引用作品的1/10，如果多次引用同一部长篇非诗词类作品，总字数不得超过1万字；引用诗词类作品不得超过40行或全诗的1/4（古体诗词除外）；凡引用一人或多人的作品，所引用的总量不得超过本人创作作品总量的1/10（专题评论文章和古体诗词除外）。

7.2.3 电子文献的合理使用

数字化文献资源是以网络为依托，在线高效传输并具有信息量大、复制容易的特点。面对这一新变化，原有的著作权法确实在某些方面存在缺漏，一些固有的概念、原则已无法解释和规范诸多与数字技术共生的现象，许多国际组织和诸多国家都对著作的使用制定了新措施，这无疑也触及到图书馆及其用户对电子文献的"合理使用"。

（1）图书馆对电子文献的合理使用

在《世界知识产权组织版权条约》（WCT）、《世界知识产权组织表演和录音制品条约》（WPPT）中规定了"传输权"（Right of Communication），而在1990年颁布的《中华人民共和国著作权法》中则是没有"信息网络传播权"的。2001年，加入WTO前夕，我国新修改的著作权法中新增加了"信息网络传播权"，即以无线方式或者有线方式向公众提供作品，使公众可以在其个人选定的时间和地点获得作品的权利。这一规定基本采纳了WCT的精神，"信息网络传播权"因此成为权利人在网络环境中享有的一项新权利，保护权利人在网络环境下的这种专有权，从而进一步维护权利人的利益。

我国现行的《著作权法》对传统著作权的限制方式是否同样适用于信息网络环境，未做明确规定，但2006年5月18日国务院颁布的《信息网络传播权保护条例》（2006年7月1日实施）第六条规定："通过信息网络为学校课堂教学或者科学研究，向少数教学、科研人员提供少量已经发表的作品，可以不经著作权人许可，不向其支付报酬"；第七条规定："图书馆、档案馆、纪念馆、博物馆、美术馆等可以不经著作权人许可，通过信息网络向本馆馆舍内服务对象提供本馆收藏的合法出版的数字作品和依法为陈列或者保存版本的需要以数字化形式复制的作品，不向其支付报酬，但不得直接或者间接获得经济利益。当事人另有约定的除外。"可见，上述规定赋予了图书馆等机构在一定条件下可以不经著作权人的许可将其作品复制并在本馆网上进行传播，即赋予图书馆的"法定许可"权限。

（2）图书馆用户对电子文献的合理使用

由于网络传输作品的一些特殊情况，扩大了图书馆用户合理使用电子文献的范畴，如个人浏览时在硬盘或RAM中的复制用脱线浏览器下载；下载后阅读的打印行为；网站定期制作备份；远距离图书馆网络服务；服务器间传输所产生的复制及系统自动产生的复制等。

一般来说，规定为合理使用可考虑因素有：第一，作品使用的目的及性质，如是为商业营利还是为个人学习研究、公众使用的图书馆为收藏而复制等；第二，作品的性质，如是小说还是新闻或是法律文件；第三，所使用部分在作品中的质量和所占比例；第四，对未来潜在市场与价值的影响等。

目前，我国高等院校和科研院所的图书馆对网络电子期刊、电子数据库合理使用的具体规定各不相同，但一般性的原则是一致的，即授权用户出于个人的研究和学习目的，可以对网络数据库进行下列的合理使用：

①检索网络数据库；
②阅读检索结果（包括文摘索引记录或全文，下同）；
③打印检索结果；
④下载并保存检索结果；
⑤将检索结果发送到自己的电子信箱里；
⑥承担使用单位正常教学任务的授权用户，可以将作为教学参考资料的少量检索结果，下载并组织到本单位教学使用的课程参考资料包（coursepack）中，置于内部网络中，供选修特定课程的学生在该课程进行期间通过内部网络进行阅读。

下列行为超出合理使用范围，是侵犯网络数据库商知识产权的行为，应严格禁止：

①对文摘索引数据库中某一时间段、某一学科领域或某一类型的数据进行批量下载；
②下载全文数据库中某种期刊（或会议录）或它们中的一期或者多期的全部文章；
③利用netants、Hashget等批量下载工具对网络数据库进行自动检索和下载（个别数据库一篇文章不能方便下载的除外）；
④存储于个人计算机的用于个人研究或学习的资料以公共的方式提供给非授权用户使用；
⑤把课程参考资料包中的用于特定课程教学的资料以公共方式提供给非授权用户使用；
⑥设置代理服务器为非授权用户提供服务；
⑦在使用用户名和口令的情况下，有意将自己的用户名和口令在相关人员中散发，或通过公共途径公布；
⑧直接利用网络数据库对非授权单位提供系统的服务；
⑨直接利用网络数据库进行商业服务或支持商业服务；
⑩直接利用网络数据库内容汇编生成二次产品，提供公共或商业服务。

7.2.4 学术造假与剽窃

美国于2005年公布的一份研究报告指出，越来越多的学术造假行为在科学界大行其道，有三分之一参加调查的美国科学家们承认在过去的3年里至少有一项实验研究给他们带来了麻烦。学术造假与剽窃行为可能对科学的严谨性与真实性构成严重的威胁。学术规范，自律与他律都不能少。在北美等地大学被广泛使用的"Turnitin"网站（http://www.turnitin.com），就是一个防止互联网剽窃的很好资源，其出色的表现为人类增添了一个"魔高一尺，道高一丈"的成功范例。

（1）什么是学术造假与剽窃

学术造假行为大致包括三方面内容：在实验过程中忽略次要研究规则，过多借用同行的错误实验数据以及剽窃。

我国虽有多部法律、法规、规章禁止剽窃，却都没有为中文作品剽窃行为定义的立法规范。据商务印书馆出版的《新华字典》，抄袭他人著作，视为剽窃；而把别人的文章或者作品照着写下来当作自己的，是为抄袭。据此，抄袭与剽窃为同一概念，国家版权局版权管理司也持相同意见。按照国外学术研究最重要的规范指导书之一《美国语文学会研究论文写作指南》（MLA Handbook for Writers of Research Papers）（第5版）的定义，"剽窃"指的是一种欺骗形式，它被界定为"虚假声称拥有著作权，即取用他人思想之产品，将其作为自己的产品拿出来的错误行为。"凡是在自己的文章中使用他人的思想见解或语言表述，而没有申明其来源的，就是剽窃。

（2）剽窃的形式

《美国语文学会研究论文写作指南》（第5版）提到几类"剽窃形式"，包括几种情况下对见解、资料、用语的来源出处没有给予相应的承认的行为，即："复述他人行文或特别贴切的词语"、"变换措词使用他人的论点和论证"、"呈示他人的思路"等。

"Turnitin"网站对剽窃行为有如下界定：

①把别人的作品当成自己的交上来；

②拷贝别人的句子或观点，却没有说明；

③在引用的话上没有打引号；

④对于所引材料的来源提供了错误的信息；

⑤拷贝原文的结构，改动了其中的字词，却没有说明；

⑥如果大量拷贝其他人的句子和观点构成文章的大部分内容，那么，无论有没有说明，都被视作剽窃。

一般而言，剽窃有以下几种形式：

①总体的剽窃：整体立论、构思、框架等方面抄袭。

②直接抄袭：直接的从他人论著中寻章摘句，整段、整页地抄袭；为了隐蔽，同时照搬原著中的引文和注释。

③在通篇照搬他人文字的情况下，只将极少数文字做注，这对读者有严重的误导作用。

④为改而改，略更动几个无关紧要的字或换一种句型。

⑤错误理解综述的概念："综述"的意义在于，相同或相近的思想出自不同的论者，因而有必要将其归纳整合，形成一种更具有普遍意义的分析视角。抄袭是将部分综述对象照单全收。

⑥跳跃颠转式抄袭：从同一源文本中寻章摘句，并不完全遵循源文本的行文次序和论述逻辑。

⑦拼贴组合式抄袭：将来自不同源文本的语句拼凑起来，完全不顾这些语句在源文本中的文脉走向。

（3）司法实践中对剽窃的界定

一般而言，行为是否构成剽窃往往是很难认定的，实践中司法机关常常从如下几方

面判断:

①被告对原作品的更改程度。如果被告的文章整体上与原告相似,只是个别词句上稍做改动,则一般认为是剽窃。

②作品的性质。如果原作品是喜剧,但被告的作品是正剧或者悲剧,即使有些情节相同,也很难说后者是抄袭。如果原作品是经济学论文,被告作品是哲学论文,即使两者在论据、论点上有相似甚或相同之处,也很难说是剽窃。但如果所用篇幅过多,又未加注,则可能构成侵权。

依《著作权法》第46条规定,剽窃他人作品的,应当根据情况,承担停止侵害、消除影响、赔礼道歉、赔偿损失等民事责任。

7.3 学术论文的撰写

文献检索与利用的最终目的之一是为撰写学术论文服务。学术论文的撰写与投稿行为可以反映一个人的科研能力、学识水平、写作功底以及信息素质等方面的综合能力。同时学术论文的撰写与投稿必须遵循一定的规范与约定,否则即使是一篇优秀论文也有被期刊编辑部退稿的可能。因此,掌握学术论文撰写的基本规范,了解论文投稿的相关要求,是一名科研工作者取得成功,获得同行认可的前提。

7.3.1 学术论文概述

(1) 定义

学术论文又称科技论文或研究论文,我国国家标准(GB7713—87)将它定义为:"某一学术课题在实验性、理论性或观测性上具有新的科研成果或创新见解和知识的科学记录;或是某种已知原理应用于实际中取得新的进展的科学总结,用以提供学术会议上宣读、交流或讨论;或在学术刊物上发表;或作其他用途的书面文件。"

(2) 特征

学术论文具有科学性、学术性和创新性的特征。科学性指文章的论点客观公允,论据充分可靠,论证严谨周密,有较强的逻辑性;学术性要求论文对事物的客观现象和外部特征作出描述,站在一定的理论高度,揭示事物内在本质和变化规律;创新性是学术论文的基本特征,是世界各国衡量科研工作水平的重要标准,是决定论文质量高低的主要标准之一,也是反映它自身价值的标志。

(3) 形式

学术论文的形式包括期刊论文、会议论文和学位论文。另外,文献综述、专题述评和可行性报告(开题报告)三种类型的情报调研报告也属于学术性论文的范畴。

7.3.2 学术论文的编写格式

学术论文一般分为三个部分:前置部分、主体部分和附录部分。前置部分包括题名、著者、中英文摘要、关键词、中国图书馆分类法分类号等;主体部分包括前言、材料和方法、对象和方法、结果、讨论、结论、致谢、参考文献等;附录部分包括插图和表格等。

(1) 章、条的编号

参照国家标准GB/T1.1—2000《标准化工作导则第1部分:标准的结构和编写规则》

第5章第2节"层次的描述和编号"的有关规定，学术论文的章、条的划分、编号和排列均应采用阿拉伯数字分级编写，即一级标题的编号为1，2，…，二级标题的编号为1.1，1.2，…，2.1，2.2，三级标题的编号为1.1.1，1.1.2，…，如此等等，详细参见GB/T1.1—2000和GB7713—87《科学技术报告、学位论文和学术论文的编写格式》。

国标规定的这一章条编号方式对著者、编者和读者都具有显著的优越性。

（2）题名（篇名）

题名是学术论文的必要组成部分。它要求用最简洁、恰当的词组反映文章的特定内容，把论文的主题明白无误地告诉读者，并且使之具有画龙点睛、启迪读者兴趣的功能。一般情况下，题名中应包括文章的主要关键词。总之，题名的用词十分重要，它直接关系到读者对文章的取舍态度，务必字字斟酌。题名像一条标签，切忌用冗长的主、谓、宾语结构的完整语句逐点描述论文的内容，以保证达到"简洁"的要求；而"恰当"的要求应反映在用词的中肯、醒目、好读好记上。当然，也要避免过分笼统或哗众取宠的所谓简洁，缺乏可检索性，以至于名不符实或无法反映出每篇文章应有的主题特色。

题名应简短，不应很长，国际上不少著名期刊都对题名的用字有所限制。对于我国的科技期刊，论文题名用字不宜超过20个汉字，外文题名不超过10个实词。使用简短题名而语意未尽时，或系列工作分篇报告时，可借助于副标题名以补充论文的下层次内容。

题名应尽量避免使用化学结构式、数学公式、不太为同行所熟悉的符号、简称、缩写以及商品名称等。

（3）著者

著者署名是学术论文的必要组成部分。著者系指在论文主题内容的构思、具体研究工作的执行及撰稿执笔等方面的全部或局部上做主要贡献的人员，能够对论文的主要内容负责答辩的人员，是论文的法定主权人和责任者。文章的著者应同时具备三项条件：课题的构思与设计，资料的分析和解释；文稿的写作或对其中重要学术内容做重大修改；参与最后定稿，并同意投稿和出版。

著者的排列顺序应由所有作者共同决定，每位作者都应该能够就论文的全部内容向公众负责。论文的执笔人或主要撰写者应该是第一作者；对于贡献相同作者，可用"共同第一作者"、"通讯作者"来表达。应避免随意"搭车"署名，不能遗漏应该署名的作者，不可擅自将知名人士署为作者之一以提高论文声誉和影响。对于不够署名条件，但对研究成果确有贡献者，可以"致谢"的形式列出，作为致谢的对象通常包括：第一，协助研究的实验人员；第二，提出过指导性意见的人员；第三，对研究工作提供方便（仪器，检查等）的机构或人员；第四，资金资助项目或类别（但不宜列出得到经费的数量）；第五，在论文撰写过程中提出建议，给予审阅和提供其他帮助的人员（但不宜发表对审稿人和编辑的过分热情的感谢）。

著者的姓名应给出全名。科学技术文章一般均用著者的真实姓名，不用变化不定的笔名。同时还应给出著者完成研究工作的单位或著者所在的工作单位或通信地址，以便读者在需要时可与著者联系。

例如：

熊易群1，贾改莲2，钟小锋1，刘建君1

（1陕西师范大学教育系，陕西西安710062;2陕西省教育学院教育系，陕西西安

710061）

（4）摘要

摘要是现代学术论文的必要附加部分，只有极短的文章才能省略。它是解决读者既要尽可能阅读众多的信息内容，又要面对自身精力十分有限这一对矛盾的有效手段。

根据GB6447—86的定义，摘要是以提供文献内容梗概为目的，不加评论和补充解释，简明确切地记述文献重要内容的短文。

摘要有两种基本写法：

报道性摘要——指明一次文献的主题范围及内容梗概的简明摘要（也称简介）；

指示性摘要——指示一次文献的陈述主题及取得的成果性质和水平的简明摘要。

介乎其间的是报道/指示性摘要，即以报道性摘要形式表述一次文献中信息价值较高的部分，而以指示性摘要形式表述其余部分的摘要。一般的学术论文都应尽量写成报道性摘要，而对综述性、资料性或评论性的文章可写成指示性或报道/指示性摘要。

摘要应简明，它的详简程度取决于文献的内容。通常中文摘要以不超过400字为宜，纯指示性摘要可以简短一些，应控制在200字上下（GB6447—86规定：报道性摘要和报道/指示性摘要一般以400字为宜；指示性摘要一般以200字左右为宜。GB7713—87规定：中文摘要一般不宜超过200~300字；外文摘要不宜超过250个实词。如遇特殊需要字数可以略多）。对于使用英、俄、德、日、法等外文书写的一次文献，它们的摘要可以适当详尽一些。学位论文等文献具有某种特殊性，为了评审，可写成变异式的摘要，不受字数的限制。摘要的编写应该客观、真实，切忌掺杂进编写者的主观见解、解释和评论。如果发现一次文献有原则性错误，可加注"摘者注"。

摘要应具有独立性和自明性，并拥有与一次文献同等量的主要信息，即不阅读文献的全文，就能获得必要的信息。因此摘要是一种可以被引用的完整短文。

编写摘要应注意以下事项：

①排除在本学科领域方面已经成为常识的内容。

②不得简单地重复文章篇名中已经表述过的信息。

③要求结构严谨，语义确切，表述简明，一气呵成，一般不分或力求少分段落；忌发空洞的评语，不做模棱两可的结论。没有得出结论的文章，可在摘要中做扼要的讨论。

④要用第三人称，不要使用"作者"、"我们"等作为摘要陈述的主语。

⑤要采用规范化的名词术语。尚未规范化的，以采用一次文献所采用的为原则。如新术语尚无合适的中文术语译名，可使用原文或译名后加括号注明原文。

⑥不要使用图、表或化学结构式，以及相邻专业的读者尚难于清楚理解的缩略语、简称、代号。如果确有必要，在摘要首次出现时必须加以说明。

⑦不得使用一次文献中列出的章节号、图号、表号、公式号以及参考文献号等。

⑧必要提及的商品名应加注学名。

当然，应该使用法定计量单位以及正确地书写规范字和标点符号。

摘要的书写要求详细见国标GB6447—86、GB7713—87。

（5）关键词

为了便于读者从浩如烟海的书刊中寻找文献，特别是适应计算机自动检索的需要，GB3179/T—92规定，现代科技期刊都应在学术论文的摘要后面给出3~8个关键词。关键词作为论文的一个组成部分，列于摘要段之后。关键词的标引应按GB3860—83《文献主题标引规则》的规定，在审读文献题名、前言、结论、图表，特别是在审读文献的基础上，逐篇对文献进行主题分析，然后选定能反映文献特征内容，通用性比较强的关键词。首先要从综合性主题词表（如《汉语主题词表》）和专业性主题词表（如NASA词表、INIS词表、TEST词表、MeSH词表）中选取规范性词（称叙词或主题词）。对于那些反映新技术、新学科而尚未被主题词表录入的新产生的名词术语，亦可用非规范的自由词标出，以供词表编纂单位在修订词表时参照选用。要强调的一点是：一定不要为了强调反映文献主题的全面性，把关键词写成是一句句内容"全面"的短语。

（6）引言

论文的引言又叫绪论。写引言的目的是向读者交代本研究的来龙去脉，其作用在于唤起读者的注意，使读者对论文先有一个总体的了解。

①引言内容

a.研究的理由、目的和背景：包括问题的提出，研究对象及其基本特征，前人对这一问题做了哪些工作，存在哪些不足；希望解决什么问题，该问题的解决有什么作用和意义；研究工作的背景是什么。

b.理论依据、实验基础和研究方法：如果是沿用已知的理论、原理和方法，只需提及一笔，或注出有关的文献。如果要引出新的概念或术语，则应加以定义或阐明。

c.预期的结果及其地位、作用和意义：要写得自然，概括，简洁，确切。

②引言的写作要求

a.言简意赅，突出重点：引言中要求写的内容较多，而篇幅有限，这就需要根据研究课题的具体情况确定阐述重点。共知的、前人文献中已有的不必细写。主要写好研究的理由、目的、方法和预期结果，意思要明确，语言要简练。

b.开门见山，不绕圈子：注意一起笔就切题，不能铺垫太远。

c.尊重科学，不落俗套：有的作者在论文的引言部分总爱对自己的研究工作或能力表示谦虚，寻几句客套话来说，如"限于时间和水平"或"由于经费有限，时间仓促"，"不足或错误之处在所难免，敬请读者批评指正"等。其实大可不必。因为，第一，这本身是客套话，不符合科学论文严肃性的要求。第二，既然是论文，作者应有起码的责任感和自信心。这里的责任感表现在自我要求不能出差错，自信心表现为主要问题上不会有差错，否则就不要投稿，不要发表。第三，水平高低，质量好坏，应让读者去评论。

确实需要作说明或表示歉意，可以在文末处写，但要有分寸，实事求是；同时要具体写，不能抽象和笼统。

当然，必要时引言中可以交待方法和结果等可以供哪些人、干什么作参考。

d.如实评述，防止吹嘘自己和贬低别人。

（7）正文

正文是学术论文的核心组成部分，主要回答"怎么研究（how）"这个问题。正文应充分阐明论文的观点、原理、方法及具体达到预期目标的整个过程，并且突出一个"新"字，以反映论文具有的首创性。根据需要，论文可以分层深入，逐层剖析，按层设分层标题。

正文通常占有论文篇幅的大部分。它的具体陈述方式往往因不同学科、不同文章类型而有很大差别，不能牵强地做出统一的规定。一般应包括材料、方法、结果、讨论和结论等几个部分。

试验与观察、数据处理与分析、实验研究结果的得出是正文的最重要成分，应该给予极大的重视。要尊重事实，在资料的取舍上不应该随意掺入主观成分，或妄加猜测，不应该忽视偶发性现象和数据。

写学术论文不要求有华丽的词藻，但要求思路清晰，合乎逻辑，用语简洁准确、明快流畅；内容务求客观、科学、完备，要尽量让事实和数据说话；凡是用简要的文字能够讲解的内容，应用文字陈述。用文字不容易说明白或说起来比较繁琐的，应由表或图（必要时用彩图）来陈述。表或图要具有自明性，即其本身给出的信息就能够说明欲表达的问题。数据的引用要严谨确切，防止错引或重引，避免用图形和表格重复地反映同一组数据。资料的引用要标明出处。

物理量与单位符号应采用《中华人民共和国法定计量单位》的规定，选用规范的单位和书写符号；不得已选用非规范的单位或符号时应考虑行业的习惯，或使用法定的计量单位和符号加以注解和换算。

教科书式的撰写方法是撰写学术论文的第一大忌。对已有的知识避免重新描述和论证，尽量采用标注参考文献的方法；不泄密，对需保密的资料应做技术处理；对用到的某些数学辅佐手段，应防止过分注意细节的数学推演，需要时可采用附录的形式供读者选阅。

（8）结论和建议

结论又称结束语、结语。它是在理论分析和实验验证的基础上，通过严密的逻辑推理而得出的富有创造性、指导性、经验性的结果描述。它又以自身的条理性、明确性、客观性反映了论文或研究成果的价值。结论与引言相呼应，同摘要一样，其作用是便于读者阅读和为二次文献作者提供依据。

①结论的内容与格式

结论不是研究结果的简单重复，而是对研究结果更深入一步的认识，是从正文部分的全部内容出发，并涉及引言的部分内容，经过判断、归纳、推理等过程，将研究结果升华成新的总观点。其内容要点如下：

a.本研究结果说明了什么问题，得出了什么规律性的东西，解决了什么理论或实际问题；

b.对前人有关本问题的看法做了哪些检验，哪些与本研究结果一致，哪些不一致，作者做了哪些修正、补充、发展或否定；

c.本研究的不足之处或遗留问题。

对于某一篇论文的"结论"，上述要点①是必需的，而②和③视论文的具体内容可以有，也可以没有；如果不可能导出结论，也可以没有结论而进行必要的讨论。

结论的格式安排可做如下考虑：

如果结论的内容较多，可以分条来写，并给以编号，每条成一段，包括几句话或一句话；如果结论段内容较少，可以不分条写，整个为一段，几句话。结论里应包括必要的数据，但主要是用文字表达，一般不再用插图和表格。

②结论和建议的撰写要求

a.概括准确：措词严谨。结论是论文最终的、总体的总结，对论文创新内容的概括应当准确、完整，不要轻易放弃，更不要漏掉一条有价值的结论，但也不能凭空杜撰。措词要严谨，语句要像法律条文那样，只能做一种解释，清清楚楚，不能模棱两可，含糊其词。肯定和否定要明确，一般不用"大概"、"也许"、"可能是"这类词语，以免使人有似是而非的感觉，怀疑论文的真正价值。

b.明确具体，简短精练。结论段有相对的独立性，专业读者和情报人员可以只看摘要和（或）结论而能大致了解论文反映的成果和成果的价值，所以结论段应提供明确、具体的定性和定量的信息。对要点要具体表述，不能用抽象和笼统的语言。可读性要强，如一般不单用量符号，而宜用量名称，比如，说"T与p呈正比关系"不如说"XX温度与XX压力呈正比关系"易读。行文要简短，不再展开论述，不对论文中各段的小结作简单重复。语言要锤炼，删去可有可无的词语，如"通过理论分析和实验验证，可得出下列结论"这样的行文一般都是废话。

c.不做自我评价。研究成果或论文的真正价值是通过具体"结论"来体现的，所以不宜用如"本研究具有国际先进水平"、"本研究结果属国内首创"、"本研究结果填补了国内空白"一类语句来做自我评价。成果到底属何种水平，是不是首创，是否填补了空白，读者自会评说，不必由论文作者把它写在结论里。

"建议"部分可以单独用一个标题，也可以包括在结论段，如作为结论的最末一条。如果没有建议，也不要勉强杜撰。

（9）致谢

现代科学技术研究往往不是一个人能单独完成的，而需要他人的合作与帮助，因此，当研究成果以论文形式发表时，作者应当对他人的劳动给以充分肯定，并对他们表示感谢。

致谢的对象是，凡对本研究直接提供过资金、设备、人力，以及文献资料等支持和帮助的团体和个人。

致谢一般单独成段，放在文章的最后面，但它不是论文的必要组成部分。致谢也可以列出标题并给以序号，如"6.致谢"放在如"5.结论"段之后，也可不列标题，空1行置于"结论"段之后。

（10）参考文献

"参考文献"即"文后参考文献"，据新的《文后参考文献著录规则》（GB/T7714—2005），是指"为撰写或编辑论文和著作而引用的有关文献信息资源"。按规定，在科技论文中，凡是引用前人（包括作者自己过去）已发表的文献中的观点、数据和材料等，都要对它们在文中出现的地方予以标明，并在文末（致谢段之后）列出参考文献表。这项工作叫做参考文献著录。

被列入的参考文献应该只限于那些著者亲自阅读过和论文中引用过，而且正式发表的出版物，或其他有关档案资料，包括专利等文献。私人通信、内部讲义及未发表的著作，一般不宜作为参考文献著录，但可用脚注或文内注的方式，以说明引用依据。

文后参考文献的著录方法有"顺序编码制"和"著者—出版年制"。前者根据正文中引用参考文献的先后，按著者、题名、出版事项的顺序逐项著录；后者首先根据文种

（按中文、日文、英文、俄文、其他文种的顺序）集中，然后按参考文献著者的姓氏笔画或姓氏首字母的顺序排列，同一著者有多篇文献被参考引用时，再按文献出版年份的先后依次给出。其中，

顺序编码制为我国科学技术期刊所普遍采用，本书只介绍这一种。

①文内标注格式

采用顺序编码制时，在引文处，按它们出现的先后用阿拉伯数字连续编码，并将序码置于方括号内，视具体情况把序码作为上角标，或者作为语句的组成部分。

②文后参考文献的著录格式

文后参考文献应按国家标准（GB/T7714—2005）要求的格式列出。各类文献著录格式及举例如下：

a.期刊：

[序号]作者.题名[J].刊名，出版年份，卷号（期号）：起止页码.

[1]朱建平，张润楚.数据挖掘的发展及其特点[J].统计与决策，2002（3）：55-60.

[2]DOWLERL. There search university's dilemma; resource sharing and research inatrans institutional environment[J]. Journal Library Administration, 1995, 21（1/2）:5-26.

b.图书：

[序号]著者.书名[M].版本（第一版不写）.出版地：出版者，出版年：起止页码.

[1]贺奇，郑岩，魏藜等.构建面向CRM的数据挖掘应用[M].北京:人民邮电出版社，2001:230-252.

[2]Slowinski R. Intelligent decision support: handbook of applications and advances of the rough sets theory[M]. Netherland: Kluwer Academic Publishers, 1992.

[3]昂温G，昂温PS.外国出版史[M].陈生铮，译.北京：中国书籍出版社，1988.

c.学位论文：

[序号]作者.题名[D].保存地点：保存单位，年.

[1]孙玉文.汉语变调构词研究[D].北京：北京大学出版社，2000.

[2]张筑生.微分半动力系统的不变集[D].北京：北京大学数学系数学研究所，1983.

d.报纸：

[序号]作者.题名[N].报纸名称，出版年份-月-日（版数）.

[1]傅刚，赵承，李佳路.大风沙过后的思考[N].北京青年报，2000-04-12（14）.

e.科技报告：

[序号]作者.题名[R].报告题名及编号，出版年.

[1]Kyungmoon Nho. Automatic landing system design using fazzy logic[R]. AIAA-98-4484,1998.

f.标准：

[顺序号]起草责任者.标准编号（标准代号标准顺序号-发布年），标准名称[S].出版地：出版者，出版年（也可略去起草责任者、出版地、出版者和出版年）.

[1]GB/T16159—1996，汉语拼音正词法基本规则[S].北京：中国标准出版社，1996.

[2]全国量和单位标准化技术委员会. GB3100—3102—93，量和单位[S].北京：中国标准出版社，1994.

g.专利：

[序号]专利申请者或所有者.专利题名：专利国别，专利号[P].公告日期或公开日期.

[1]姜锡洲.一种温热外敷药制备方案：中国，88105607.3[P].1989-07-26.

h.会议文献著录格式：

[序号]会议主办者.会议（或会议录）名称[C].地点：出版者，出版日期.

[4]张佐光，张晓宏，仲伟虹，等.多相混杂纤维复合材料拉伸行为分析//张为民编.第九届全国复合材料学术会议论文集（下册）[C].北京：世界图书出版公司，1996:410-416

[5]AGRAWAL R, IMIELINSKI T, SWAMI A. Mining association rules between sets of items inlarge databases, Washington, American, February15-22, 1993[C]. Berlin: Springer, c, 1993.

i.电子文献：

[序号]主要责任者.题名：其他题名信息[文献类型/文献载体标志].出版地：出版者，出版年（更新或修改日期）[引用日期].获取或访问路径.

[1]萧钰.出版业信息化迈入快车道[EB/0L].（2001-12-19）[2002-04-15].http://www.creader.com/news/20011219/200112190019.html.

[2]METCALF S W. The Tort Hall air emission study[C/OL]//The International Congress on Hazardous Waste, Atlanta Marriott Marquis Hotel, Atlanta, Georgia, June5-8, 1995: impact on human and ecological health. [1998-09-22]. http://atsdrl.atsdr.cdc.gov:8080/cong95.html.

j.专著中的析出文献：

文献类型和标志代码见表7.1。

表7.1　文献类型和标志代码

文献类型	普通图书	会议录	汇编	报纸	期刊	学位论文	报告	标准	专利	数据库	计算机程序	电子公告
代码	M	C	G	N	J	D	R	S	P	DB	CP	EB

电子文献和标志代码见表7.2。

表7.2　电子文献和标志代码

载体类型	磁带（magnetictap）	磁盘（disk）	光盘（CD-ROM）	联机网络（online）
标志代码	MT	DK	CD	OL

新版《规则》将分号";"的用法修改为"用于期刊后续的年卷期标志与页码以及同一责任者的合订题名前"，示例分别为：

[例1]1981①:37-44;1981②:47-52

[例2]顾炎武.昌平山水记；京东考古录[M].北京：北京古籍出版社，1982.

另外，外国人名不管姓还是名全部字母均要大写，团体责任者第一个单词和实词的首字母大写；题名中的专有名词和第一个单词首字母大写，其他小写，题名不可用斜体。如：

【例】[1] World Health Organization.Factors regulating theimmuneresponse: report of WHO Scientific Group[R].Geneva:WHO,1970.

（11）附录

附录是论文的附件，不是必要组成部分。它在不增加文献正文部分的篇幅和不影响正文主体内容叙述连贯性的前提下，向读者提供论文中部分内容的详尽推导、演算、证明、仪器、装备或解释、说明，以及提供有关数据、曲线、照片或其他辅助资料如计算机的框图和程序软件等。

附录与正文一样，编入连续页码。

附录段置于参考文献表之后，依次用大写正体A、B、C…编号，如以"附录A"、"附录B"做标题前导词。

附录中的插图、表格、公式、参考文献等的序号与正文分开，另行编制，如编为"图A1"，"图B2"，"表B1"，"表C3"，"式（A1）"，式（C2），"文献[A1]；"文献[B2]"等。

（12）注释

解释题名项、作者及论文中的某些内容，均可使用注释。能在行文时用括号直接注释的，尽量不单独列出。

不随文列出的注释叫做脚注。用加半个圆括号的阿拉伯数字1）、2）、3）等，或用圈码①、②、③等作为标注符号，置于需要注释的词、词组或句子的右上角。每页均从数码1）或①开始，当页只有1个脚注时，也用1）或①。注释内容应置于该页地脚，并在页面的左边用一短细水平线与正文分开，细线的长度为版面宽度的1/4。

7.3.3 数字的使用规则

（1）汉字数字与阿拉伯数字

什么情况使用汉字数字，什么情况使用阿拉伯数字，国家标准有规定。

总的原则是：凡是可以使用阿拉伯数字而且又很得体的地方，均应使用阿拉伯数字。

①使用阿拉伯数字的场合

a.公元世纪、年代、年、月、日、时刻。如：20世纪90年代；1999年1月15日；12时5分18秒。

注意：年份不能简写，如1999年在任何地方都不能写作99年。

"时刻"可用标准化格式表示，如"12时5分18秒"可写为"12:05:38"。

日期与日的时间的组合，表示方法是：年-月-日T时：分：秒。T为时间标志符。"时"、"分"、"秒"之间的分隔符是冒号（：）而不是比号（：）。例如"1999年1月15日12时5分18秒"，可表示为"1999-01-15T12:05:18"。这种方式更多地用在图表中。

b.计量单位和计数单位前的数字。如：食盐200g,木料5m³；猪15头，羊2只，鱼1条；3个特点，2条意见，200多人。

c.纯数字，包括整数、小数、分数、百分数、比例，以及一部分概数。如：4,-0.3，4/5，56%，3：2,10多，300余。

d.产品型号、样品编号，以及各种代号或序号。

e.文后参考文献著录中的数字（古籍除外）。

②使用汉字数字的场合

a.定型的词、词组、成语、惯用语、缩略语，以及具有修辞色彩的词语中作为语素的数字，必须用汉字数字。例如：第一，二倍体，三氧化二铝，十二指肠，星期五，"十一五"计划，第一作者，一分为二，三届四次理事会，他一天忙到黑。

b.相邻两个数字连用表示的概数。例如：一两千米，二三十公顷，四百五六十万元（注意：其间不用顿号"、"）。

c.带有"几"字的数字表示的概数。例如：十几，几百，三千几百万，几万分之一。

d.各国、各民族的非公历纪年及月日。

e.含有月日简称表示事件、节日和其他特定含义的词组中的数字。例如："一二·九"运动，"五四"运动，"一·一七"批示。

（2）数字的书写规则

①书写和排印4位和4位以上的数字要采用三位分节法，即从小数点算起，向左和向右每3位数之间留出1/4个汉字大小的空隙。例如：3 245，3.141 592 6。

②小数点前用来定位的"0"不能省略。如0.85不能写作.85。

③阿拉伯数字不能与除"万"、"亿"外的汉字数词连用。如"十二亿一千五百分"可写为"121500万"或"12.15亿"，但不能写为"12亿1千5百万"。

④数值的有效位数必须全部写出。例如：一组有3位有效数字的电流值"0.250,0.500, 0.750A"，不能写作"0.25,0.5,0.75A"。

⑤表示数值范围和公差时应注意以下几点：

a.表示数值范围采用浪纹号（~）。例如：120~130kg，70~80头（羊）。

注意：如果不是表示数值范围，就不要用浪纹号。如"1995~2000年"，"做2~3次试验"表示都不妥：前者是2个年份（不是数值），其间"~"应改为连接号"—"（一字线）；后者"2次"与"3次"之间不可能有其他数值，应改为"两三次"，但"做2~4试验"这样的表述则可以。

b.表示百分数范围时，前一个百分号不能省略。如"52%~55%"不能写成"52~55%"。

c.用"万"或"亿"表示的数值范围，每个数值中的"万"或"亿"不能省略。如"20万~30万"不能写成"20~30万"。

d.单位不完全相同的量值范围，每个量值的单位应全部写出，如"3h~4h20min"不能写作"3~4h20min"；但单位相同的量值范围，前一个量值的单位可以省略，如"100g~150g"可以写作"100~150g"。

e.量值与其公差的单位相同、上下公差也相等时，单位可以只写1次，如"12.5mm ± 0.5mm"可写作"（12.5 ± 0.5）mm",但不能写作12.5 ± 0.5mm"。

f.量值的上下公差不相同时，公差应分别写在量值的右上、右下角，如"20^cm"；量值与公差的单位不相同时，单位应分别写出，如"20cm=35mm"。

g.表示带百分数公差的中心值时，百分号（%）只需写1次，同时"%"前的中心值与公差应当用括号括起。例如"（50 ± 5）%"任何时候都不得写作"50 ± 5%"，也不得写作"50%±5%"。

⑥用量值相乘表示面积或体积时,每个数值的单位都应写出。例如:60m×40m,不能写作60×40m,也不能写作60×40m2;50cm×40cm×20cm,不能写作50×40×20cm,也不能写作50×40×20cm3。

⑦一组量值的单位相同时,可以只在最末一个量值后写出单位,其余量值的单位可以省略。如"50mm,45mm,42mm,37mm",可以写作"50,45,42,37mm"。各量值后的点号可以用",",也可以用"、",但全文应统一。

7.3.4 图表的设计和制作原则

插图和表格是论文的重要组成部分,对于它们的设计和制作,应遵循一些基本的原则。

(1) 精省性原则

一般能用文字表示清楚的内容就不必用图表,用大量文字还说不明白而用图或表就能方便说明的内容才用图表;只用1幅图或1个表就能说明的内容,就不要用2个或更多的图或表。

(2) 应有图序或表序

每个图表都应有图序或表序,图序的格式为"图1"、"图2"、"图3"等,表序的格式为"表1"、"表2"、"表3"等。

(3) 应有图题或表题

每个图表都应有图题或表题。图题或表题应是以最准确、最简练的并能反映图或表特定内容的词语的逻辑组合,一般是词组(很少用句子),而且绝大多数是以名词或名词性词组为中心语的偏正词组(很少用动宾词组),要求准确得体,简短精练,容易认读。

(4) 图表中标目的形式

图表中的标目采用量与单位比值的形式,即"量名称或(和)量符号/单位",比如"p/MPa",或"压力/MPa";而不用传统的、不科学并容易引起歧义的表示方法,如p,MPa",或"压力,MPa",或者"p(MPa)"或"压力(MPa)",或"压力p(MPa)"。

百分号"%"虽然不是单位,但在这里也可按单位处理,如"相对压力/%"或"η_p/%"传统的表示法是"相对压力,%"或"η_p,%",或者"相对压力(%)或η_p(%)"。

7.3.5 中图分类号和文献标识码的选取

为了从论文的学科属性方面揭示其表达的中心内容,同时为了使读者从学科领域、专业门类的角度进行(族性)检索,并为文章的分类统计创造条件,期刊编辑部、学位论文审定机构往往要求论文作者对自己的论文标注中图分类号。

(1) 中图分类号选取的原则

①在文献内容与形式的关系上应以内容为主要依据;在基础科学与应用科学的关系上以其内容重点、作者写作意图、读者对象的需要为依据。

②尽可能给予较详细的分类号,以准确反映文献内容的学科属性。

③在涉及文献内容中应用与被应用的关系时，一般都选取被应用的学科专业所属的分类号。

④在分化学科与边缘学科、交叉学科关系上，如果这门新兴学科是由某一门学科分化出来的则应选取该学科分类号。

（2）中图分类号选取的方法

①利用《中国分类主题词表》选取正确的分类号：对于一般作者而言，要想通过较短的时间学会和了解《中国图书馆分类法》，进而掌握这部大型工具书的使用是不现实的。而通过使用《中国分类主题词表》则能帮助作者既快又准地选取相应的分类号。具体做法是利用该词表中"主题词—分类号对应表"部分，以主题词款目和主题词串标题的字顺为序，从主题词入手，及时、便捷地查到分类号。

②通过查找数据库中类似的主题论文，了解其中图分类号，经过分析、比较，选定相应的分类号。具体步骤是：在"中国科技期刊数据库"（或其他有关数据库）中检索与作者即将投稿的论文主题相类似或相近的主题词，可以在得到一批相关文献的同时，清楚了解相应的分类号并限定所需的分类号。

（3）文献标识码的选取

文献标识码是我国目前较有影响的大型全文学术期刊数据库"中国期刊全文数据库"对其收录的期刊上刊登的论文的类型所规定的标识码。各标识码的具体含义是：

A——理论与应用研究学术论文（包括综述报告）；

B——实用性技术成果报告（科技）、理论学习与社会实践总结（社科）；

C——业务指导与技术管理性文章（包括领导讲话、特约评论等）；

D——一般动态性信息（通讯、报道、会议活动、专访等）；

E——文件、资料（包括历史资料、统计资料、机构、人物、书刊、知识介绍等。

另外，不属于上述各类型的文章以及文摘、零讯、补白、广告、启事等不加文献标识。

7.4 学术论文的投稿

7.4.1 国际学术成果发表制度

（1）学术刊物的运作流程与编辑供应链

国际学术期刊运作流程与编辑供应链可概括为：作者—主编—责任编辑—生产—使用者（包括作者）。

链条的第一阶段是作者，接下来是主编。国外著名学术刊物的主编一般不是终身专职编辑，而是大学教授或研究机构资深学者，其编辑部由主编+副主编构成，他们都不是全职编辑，而是教学、研究、编辑"三栖"。主编是出版社的vip，是期刊的主任，他们负责征稿、和编辑顾问团联系、参加会议、向他的同行推荐期刊、发展期刊的新覆盖领域。作为某一学科的专家，主编决定什么样的文章可以在期刊中发表。如果期刊是同行专家评审期刊，主编负责发送文章出去到部分评审委员。因此作者和主编交流，给他们发电子邮件很重要。一般他们会很乐意阅读作者的文摘和草稿，并给予反馈意见。

责任编辑负责编辑部的具体操作，在主编和副主编对稿件作出学术决定后，把决定付诸实施。他们负责直接联系主编和出版社，帮助主编使期刊进入顶尖的世界知名的行列,和主编一道,拟定期刊长期发展计划,在市场中定位期刊。责任编辑也经常参加会议以提高负责期刊的档次或知名度。

责任编辑每天的工作是确保期刊从主编处转来后,及时送到生产部门去。一旦一期期刊被送到责任编辑后,将很快转至质检部分。质检部门会在进入生产程序前,检查文字输入错误、逻辑矛盾等,需要经过排版、校对、最后转换成SGML格式的文件,使文章可以通过数据库和印刷纸本进行发送。

最后,进入到读者阶段,也回到有效的链条开头,因为作者通常也是期刊的用户。他们可以通过很多方式,如纸本、数据库或第三方协议(如二次文献库、文摘库)等,看到期刊内容。

(2)匿名评审制度

匿名评审制度是一套专业的隐名的外部人审稿制度。这是当代世界学术规范的程序表征,具有下列特征:

"专业的":审稿人不能是行政主管或财界大亨,而须是对稿件主题素有研究的学者。在专业化分工的今天,若非某一领域的专家,很难对别人的研究成果作出评判。

"隐名的":被审稿件的作者和审稿人的名字均不告知对方,以保证审稿人"对文不对人"。

"外部人":审稿人不应限于编辑部成员,更不应是稿件作者本单位的同事;越是与作者无个人关系的,越适合作审稿人。

(3)双匿名评审及出版周期

多数B类以上期刊(A类基本为一级学会的学报、SCI收录期刊和一流大学的学报等,B类为公认的核心刊物)都为双匿名或多匿名评审。一般当编辑部收到稿件会给通讯作者发出稿件收悉确认涵。评审期内稿件不得它投。发表的论文一般要经过3~5次评审,三次评审后拒绝发表也并不少见。顺利的情况下,一篇论文从第一次寄出评审到最后接受需1~2年;从接受到刊出约1年。

论文发表已变得日益困难,高水平期刊的文章发表比例很低(每百篇来稿中被接受发表的篇数为3%~8%)。切记,论文拒绝发表是常态,但不要认为这是终点,最重要的是要坚持。

(4)评审费

评审人有少量的补偿,因此多数期刊需交付稿件评审费,但评审费与稿件接收与否无关,评审人主要看重对其学术的承认。

7.4.2 投稿与审稿结果的处理

(1)拟投稿期刊的选择

投稿期刊的选择应考虑的因素包括:稿件的主题是否适合期刊所规定的范围,"读者须知"中有关刊登论文范围的说明,作者本人经常阅读和引用的期刊,期刊的声誉,引证指标(影响因子、总被引频次),期刊在科学界的影响力(同行的看法),出版时滞(稿件自接收至发表的时间),是否收取版面费等。

影响因子(Impact Factor)是一个动态指标,表示了期刊在近2年所发表论文的平均被引率,因而被认为是最能客观地反映不同大小期刊的相对学术水平和学术影响的重要指标。不同学科期刊的影响因子没有可比性,一般综述类期刊通常具有较高的影响因子。

总被引频次(Total Citations)指某刊自创刊以来所刊登的全部论文在某年被引用的总次数(包括期刊自引),是期刊在学术交流中实际被利用次数的最直接指标,指示了期刊受重视的程度,较客观地反映了相关期刊在学术交流中的地位。

(2)投稿前的准备

①稿件的录入与排版

稿件录入与排版应注意:尽量不要使用脚注;A4纸,Times New Roman字体,12号字,单面,通栏,隔行打印(视要求决定是否附寄软盘文件);打印稿应留有足够的页边距(不少于25mm);注意美国英语和英国英语拼写方面的不同;文字处理软件视要求选用(备份一个纯文本格式);使用指定的绘图软件制作图件(>600dPi的分辨率);避免使用连字符来分隔单词(各行的右端不必对齐)。

②打印稿的阅读

作者本人一定要仔细阅读打印稿(包括投稿信);投稿前请一位或多位同事阅读稿件(检查一下稿件中是否还有拼写错误或表达不够明白的地方);如有可能,请英语国家的合作者或朋友阅改,以提高文字的表达质量,符合西方人的思维。另外,还要花两周以上的时间在引言和结论上。

③检查的项目

投稿前需要检查的项目包括:是否满足期刊所要求足够份数的原件和复印件;作者详细的通信地址、E-mail地址、电话号码;论文的字数、摘要的格式等是否符合刊物的要求;表格和插图分别单独打印,并按其在论文中出现的先后顺序连续编号;确保参考文献目录中的各著录项准确且完整无缺,并且在正文中分别有引用标注;注明正文的字数,附寄所有作者签名的声明信(贡献单),说明已获得所有致谢人的书面同意,附寄所有直接引用资料的书面同意函等。

④注意事项

务必遵照期刊的要求将期刊投寄给指定的收稿人或收稿单位(期刊的编辑部、编委会、主编、执行编委或助理编辑);仔细检查稿件内容并确保满足拟投稿期刊的全部投稿要求(投稿前需要检查的项目);与编辑部联系的所有信件(包括磁盘、打印稿或复印件等)都应标注联系作者的姓名;在磁盘上标明电子文档使用的是哪种软件,哪种版本,并以打印件的形式附带一份磁盘中的文件名清单,并列出各文件的具体内容。

(3)投稿信与同行评议的内容

投稿信(cover letter)应简短明了、重点突出,最好不要超过一页,基本内容包括稿件的栏目类型,建议的审稿人或需回避的审稿人,联系人或通讯作者详细的联系地址、电话号码、E-mail地址、传真号码等。推荐的审稿人需要考虑的因素包括:与期刊主办单位的关系,是否曾经是期刊的作者,知名度等。审稿人可以是引文的作者、期刊的编委、重要的研究群体或个人。

同行评议的内容一般包括稿件的内容是否新颖、重要,实验描述是否清楚、完整,讨论和结论是否合理,参考文献的引用是否必要、合理,文字表达与图表使用是否正确。

(4)向国内、国际核心期刊投稿的方法

投国际刊物,请参考JCR(包括科技版和社科版),选择自己想要找的学科类目,按照影响因子排序,挑选适合的刊物。然后在《乌利希国际期刊指南》(Ulrich's Periodicals Directory)或其WEB站点(http://www.ulrichsweb.com)查找刊物的地址或网站信息,登陆刊物的网站,查找在线投稿信息。

投国内刊物,请参考《中文核心期刊要目总览》和《中国科技期刊引证报告》,从中选择自己想要找的学科类别,然后按照影响力,挑选适合的刊物。投稿地址信息可以参考工具书《中文核心期刊要目总览》,也可以登陆"中国期刊网"(http://c79.enki.net/oldcnki/index4.htm),进入"期刊征稿公告"栏目查找刊物的投稿信息。

在向国际学术核心期刊投稿的过程中,需要注意以下几点:

①尽量不要投增刊;

②单位署名要规范,例如,写上海理工大学要同时写上"Shanghai, Peoples Republic of China"这在SCI中尤其要注意。

③来稿的作者要寄几份复印本。文章中一律不得带或隐含作者信息。作者信息一般在标题页(作者姓名、单位、地址、电话和E-mail)。

④尽量不要在文中"自我引证"。

⑤文中利用了成套的经验数据或资料(如问卷调查等),作者须准备提供它的完整的原始形态,以接受审稿人或读者的检验。

⑥引用数据和资料时文中杜绝"据调查……"、"据匡算……"、"据透露……"且不注明出处的现象。

(5)审稿结果的处理

①处理意见

稿件寄出后的2~3个月,编辑部的责任主编会将评审报告和编辑部对该文的处理意见反馈给通讯作者。如果没有收到期刊的"收稿回执",可在2~3周后通过E-mail或电话询问编辑部;如果3个月后没有收到是否录用的决定,可以询问。一般处理意见有以下几种形式:

a.同意接收毋须修改;

b.原则上接收但须根据匿名评审人的意见进行一些小修改;

c.原则上可以发表,但须做重大修改;

d.先做重大修改,再重新审阅是否够格发表;

e.没有修改的必要,拒绝发表。

几乎没有人有把握其论文能在某一期刊发表,即使是学科顶尖的专家也是如此。因此,绝大多数作者得到的是第四,第五种回复。第四种已是非常满意的回复,应根据评审人的报告进行论文修改,一般须在半年或规定的时间内完成修改并寄出再评审。

②修改信

修改信应逐条说明按要求修改的内容,如果认为审稿人或编辑的修改建议不合理,可坚持己见,但一定要有充足的理由。尽快返回修改稿。

③退稿的处理

如果收到的是一封退稿信,应认真思考审稿人或编辑提出的退稿意见(一般都是一些如何加强文章某些薄弱环节的建议,如果没有,可以询问他们)。处理退稿的方式有:

暂不再投稿；修改稿件，并重投到同一份期刊；修改稿件，改投其他期刊。被拒绝的论文一般不再寄回同一期刊再次申请评审，也不要将不做任何修改的原稿件转投他刊。

7.4.3 学术论文成功发表的策略

（1）论文发表意味着什么

首先，论文被出版意味着文章是可信的。如果是评审期刊，该学科有很多有影响力的人都会认为发表的文章是非常好的，否则不会通过评审。再者，发表的文章是永久的。论文一旦出版，就会有一个永久的位置，即论文的作者总是在为研究服务。最后，论文被出版意味着会被许多人阅读。在线出版在文章的认证等方面等同于纸本出版，但文章会被更多的人看到。

（2）论文发表的基础

正在从事博士或硕士论文的写作，成功地完成某一研究项目，正在斟酌某一没有解决方法的问题，有与导师或咨询员合作的经历，对某一主题有自己的观点或评论，给学术会议提交过论文或在学术会议上有发言的经历。

（3）论文成功发表的技巧

①提供高质量的文摘

文摘是作者向主编和读者推销文章的东西，一个好的文摘可以帮助责任编辑很快将文章投递到合适的期刊，同时可以帮助主编一眼看出这是一篇值得发送出去进行评审的文章。因此，确保文章有清晰、准确和完整覆盖文章要点的文摘是每一位作者首先要考虑的事情。

现在，一些国外期刊（如英国Emerald Group Publishing Ltd出版的管理学方面的期刊）都要求提供结构式文摘。这种形式的文摘字数一般不要超过250个单词，内容一般包括：目的，说明研究要解决的问题，突出论文的主题内容；对象和方法，说明研究所采用的方法、途径、对象、仪器等，新的方法须详细描写；结果，介绍所发现的事实、获得的数据、资料，发明的新技术、新方法、取得的新成果；研究的限定性和暗示性，即有一些什么没有被包含，下一步的研究是什么；实践性，即文章对于实践有什么价值；原创性或价值，主要说明文章如何为知识体系服务，以及在知识体系中的贡献或价值。

包含上述信息的文摘会更吸引读者的注意力，促使他们阅读整篇文章。当然，不是每篇文章都包含上述6个方面，有的是不太容易体现的，但要尽可能设法完成它们。

②寻找目标期刊

很多经过努力的研究和文章发表失败仅仅是选择了一本错误的期刊。为了避免这种情况的发生，作者应浏览期刊出版社网站上的作者指南，以获取有关期刊的范围、目标和类型的信息；阅读投稿程序，了解投稿的步骤；发送文章的文摘或大纲给主编，看看主编是否对文章感兴趣；阅读一期拟要投稿的期刊，以了解期刊的品味。另外，和主编沟通也非常重要。主编一般都希望每一位作者的文章被出版，但为了保持期刊的质量，他们会帮助更多的作者传播他们的研究成果。

③进一步考虑的问题

在投出最后定稿的文章之前，需要进一步考虑下列5个问题：

a.文章是否可读,是否能和读者达到交流的作用。由于不是所有的读者都是学科专家,所以不要过分简化文章,但要尽量使它直观易懂。
　　b.文章是否具有创新性。创新是大家都在寻求的东西,找出文章的新颖之处并让大家知道,这样会让自己比别人走在前面一步。
　　c.文章的可信度。采用的方法论是否清晰和有力。另外,保证方法论叙述简单易懂,不要用太专业的行话。
　　d.如何应用自己的研究成果。要考虑文章将怎样改变人们的工作,能给人们来什么。
　　e.国际化。文章是否表达国际化、全球性、超越国家界限的观点。
　　④作者本人同行评审
　　文章成功出版的另一个有效方法是将论文给自己周围的同事或不是学科专家的人评审,以征求客观的评价,并认真对待每个意见。作者自己也要反复阅读自己的文章,检查拼写错误,并确保参考文献的完整性和新颖性。
　　⑤在线传播
　　在当今的新技术条件下,确保文章容易进行电子传播也非常重要。这就要求作者提供简单描述性题目(字数越少越好),选择5~6个广泛但又准确联系文章的关键词。文章题目、关键词和文摘越好,文章被在线阅读的机会就越大。如果作者自己看到这个题目和文摘时都不会阅读整篇文章,请更改文章的题目、关键词和摘要。
　　⑥文章的修改
　　几乎所有被发表的文章都至少要求修改一次。主编和评审专家一般不会要求作者修改文章,如果收到文章修改的通知,表明主编和评审专家已经认为文章适合在期刊中发表。即使评审的意见是尖锐和生硬的,也不要丧气,因为他们都是非常繁忙的人士,而且所有的建议都不是针对个人的。下面是文章修改的一些具体的操作方法:
　　首先,通知主编一个修改好的最晚日期,并遵守时间。其次,如果对某些建议的含义不明确,别羞于提问;如果对修改建议有不同看法,也要告诉主编,例如,给主编一个认为不必要修改的好理由。再次,应该逐一在每个意见上下功夫,这样能大大提高文章的接受率。最后,文章修改结束后,在文章发回的同时加上一封信,清楚写明原来的更改要求和自己是如何修改的,如果能同时提供诸如修改处页码等会更好。

7.4.4　二次发表与一稿多投

　　(1) 二次发表
　　二次发表是指使用同一种语言或另外一种语言再次发表,尤其是使用另外一种语言在另外一个国家再次发表。二次发表必须满足以下所有条件:
　　①已经征得首次和二次发表期刊编辑的同意,并向二次发表期刊的编辑提供首次发表的文章;
　　②二次发表与首次发表至少有一周以上的时间间隔;
　　③二次发表的目的是使论文面向不同的读者群;
　　④二次发表的论文应在论文首页采用脚注形式说明首次发表的信息。
　　(2) 一稿多投
　　一稿多投是指同一作者或同一研究群体不同作者,在期刊编辑和审稿人不知情的情况下，试图或已经在两种或多种期刊同时或相继发表内容相同或相近的论文。但下列情况不属于一稿多投：

①在专业学术会议上做过口头报告，或者以摘要或会议板报形式报道过的研究结果；

②对首次发表的内容充实了50%以上数据的论文；

③有关学术会议或科学发现的新闻报道（简单的内容描述）。

（3）规范投稿行为，切忌一稿多投

在实践中，作者与报社、杂志社的合同都是通过当事人双方的有关行为推定成立的。一般说来，报社、杂志社如果要求取得专有出版权，应当在经常刊登的征稿启事中规定不得一稿多投。作者向报社、杂志社投稿，应当视为按相同条件发出要约，杂志社就要取得了这一作品的专有出版权。因此，在投稿之后的一定期限内，作者受到要约的约束，即不得将稿件再投给第二家。造成一稿两投、多投的原因是多方面的。从作者方面来看，为了使稿件早日见刊，采用"广种薄收"的办法，同时将稿件投往两家或两家以上的刊物。或不等时限，又投往另一家刊物，明知不对而为之，从而造成一稿两登或数登的严重后果。这部分作者抱有侥幸心理，认为不可能两家刊物同时采用，事实上，造成一稿两投的多是这种情况。

根据《著作权法》，报刊编辑部应在规定的时限内回复，即杂志30日，报刊15日。由于此时限是从作者发出稿件之日计算，目前确有困难，如偏远地区，交通通讯不便，编辑部人手不够等，但回复也不能超过目前约定俗成的3个月，这也是指"双方另有约定的除外"。关于双方的约定，著作权法实施条例允许报刊、杂志不采用书面合同，在实践中，报刊编辑部不可能像图书出版那样与每一位作者签约，编辑部一般在征稿启事中声明处理稿件的时限，并说明只要向该刊投稿，就算承诺该刊的约定。这一点，作者在向报刊投稿时应注意。

关于禁止一稿两投或多投的法律依据，《著作权法》第十条规定："著作权包括下列人身权和财产权：（一）发表权，即决定作品是否公之于众的权利。"本条规定的人身权有：①发表权。所谓发表权，即决定作品是否公之于众的权利。这里的"公之于众"是指作者将自己的作品，首次向公众见面，使公民能够看到或者听到，如果一部已经发表过的作品，再次拿出来与公众见面，就不是著作权法律意义上的发表。由此可见，发表权只能使用一次，当作品发表后，权利人就不能再次行使此项权利，也不再受法律保护。此外，《图书、期刊版权保护试行条例实施细则》第十三条第一款规定："作者向期刊或出版单位投稿或与出版单位签订约稿合同，不得一稿多投。因一稿多投给期刊或出版单位带来的损失，作者应予以适当赔偿。"因此，一稿两投或多投，不受法律保护。

一稿两投、多投对个人和社会均会造成的严重的后果。如果一稿两登或几登，可引起版权纠纷，并给刊物造成经济损失。这种行为不但占用了刊物宝贵的版面，而且使刊物的声誉受到了损害，所以任何刊物都不想刊发这类稿件。因侵权而造成刊物经济损失的，可以区分责任，要求作者赔偿。另外，一稿两投也助长了不良的学术风气，污染了学术环境，是急功近利的表现。

7.4.5 常用投稿网址

我们将常用的投稿网址分为三类（论坛、在线投稿网站、国际会议网站），以方便用户的查询与投稿。

（1）投稿论坛

①科学网——论文投稿

网址：http://bbs.sciencenet.cn/forum.php?mod=forumdisplay&fid=79

在该论坛中可以查到2012SCI收录期刊中科院分区表、2011版北大核心期刊要目总览等期刊信息，也可找到如何高效阅读文献、科技英语写作常见句型、英文论文写作三件套等分享主题。

②论文写作与投稿——维普学术论坛

网址：http://bbs.cqvip.com/showfotum-647.aspx

该论坛有辩论、撰写与修改、论文发表、开题报告、论文格式、选题、论文答辩、范文与评析、心得体会、积累资料、求助等板块，更适合在校大学生、研究生参考使用。

③分子模拟论坛——论文投稿

网址：http://siumlation.haotui.com/forumdisplay.php?fid=123

该论坛设有经验心得、讨论交流、资源分享等栏目，是一个偏重学科内交流讨论的投稿论坛。

④文学艺术论文投稿网

网址：http://www.xici.net/b1250158/

该论坛的帖子主要包括《文学界》《文学与艺术》《文艺生活》等期刊的投稿方式，一些管理类论文等。

⑤小木虫论坛——论文投稿

网址：http://emuch.net/html/f125.html，该论坛有最新点评的SCI期刊、最新点评的中文期刊、原创经验、交流、论文写作、投稿求助、转载等栏目。用户可以通过其他用户的点评选择适合投稿的期刊。

（2）在线投稿网站

目前，很多国内外的期刊编辑部或会议主办方都采用了在线投稿的方式。并且，许多国内期刊都采用了在线投稿平台来方便读者投稿，读者在投稿时可参考其中的投稿模板修改自己的论文格式。在平台投稿完成后，读者可进入查稿系统查询自己稿件所处的评审阶段（一般分为初审、编辑评审、专家外审、定稿等阶段）。由于各个期刊的在线投稿网站过于繁多，本书不予一一列举。下文仅列出几个大的出版机构或者数据库商的在线投稿平台以供参考。

①爱思唯尔——Green Open Access

网址:http://www.elsevier.com/about/open-access/green-open-access

该网站允许作者在线提交论文，作者不用为论文的开放获取付费，因此称为Green Open Access。作者在该网站投稿经过三个阶段，即pre-print、accepted author manuscript、Published journal article。

②威力—作者投稿园地

网址：http://olabout.wiley.com/WileyCDA/Section/id-404516.html。

该园地设置了作者服务网站为作者提供撰写论文等服务。并且该公司的中国博客定期开展论文写作与投稿系列讲座，讲座内容涉及学术道德、在顶尖期刊上发表论文等内容，对于作者的帮助较大。

（3）国际会议网站

①IEEE upcoming conferences and events

网址：http://www.ieee.org/conferences_events/index.html

该网站提供IEEE即将召开会议的预报信息及已经召开的会议信息，用户可根据自己的学科特点找到相应的国际会议进行投稿。

②中国学术会议在线

网址：http://www.meeting.edu.cn/meeting/

该网站分为最新发布境内会议、最新发布境外会议、即将召开境内会议、即将召开境外会议四个栏目，用户可从中选择会议投稿。

③Conference Alerts

网址：http://www.conferenceferencealerts.com/

该网站将会议按主题及国家（城市）分类，便于用户查询。

④Science Careers—Meetings&Events

网址：http://sciencecareers.sciencemag.org/mettings

该网站建立的数据库可供进行会议、声明、奖励课程等的查询，并支持高级检索功能。